JN087384

文部科学省後援事業

家庭料理検定 模擬問題集

1級 準1級 2級 3級 4級 5級

監修／香川明夫（家庭料理技能検定会長）

家庭料理技能検定専門委員会編

「家庭料理検定」「料検」は「家庭料理技能検定」の略称です。

あっぷりん

れんぷう

らっきぴー

きゃろみん

ぴーなしゅ

料検®

女子栄養大学出版部

目　次

料検とは（家庭料理検定）

　学校法人香川栄養学園の創立者 香川綾は、昭和の初期、「料理」は食べる人の生命（いのち）に直結する重要なものと考え、調理学と栄養学とを組み合わせて実践栄養学とし、それまで勘に頼っていた料理を科学的に研究してきました。和食が無形文化遺産に登録された今、日本の料理が注目されていますが、現代の豊かな食生活は、家庭の食事に中食、外食が取り入れられ、時代とともに変化してきています。

　"料検"こと家庭料理検定は、1963年に女子栄養大学調理技術検定として誕生してから、文部科学省認定（現在は後援）となって、通算60年以上実施をしています。

　この間、社会情勢は大きく変化し、2005年には食育基本法が施行されて、知育、徳育および体育の基礎となるべきものとして、食育という言葉が追加されました。社会環境の変化に伴い食生活の多様化が進む中で、望ましい食習慣や栄養バランスのとれた食生活の形成が国民的課題となっています。特に成長期にある子どもの望ましい食習慣が心身の健全な成長に不可欠な要素であることから、児童、生徒への食育の普及が求められています。

　食生活に関する正しい知識を持つことはもちろんのこと、包丁を手にし、味がよく、見た目にも美しく、栄養バランスのよい料理が作れるようになり、日常で実践されることが健康にもつながっていきます。

　健康を得ることは、生きがいのある豊かな人生を送るための基本となります。当検定の受験をきっかけとして、ご自身の食生活の充実と健康の維持・増進を目指してみませんか。

🍎料検は、知識試験（一次）と実技試験（二次）があります。知識試験は、難易度によって５級、４級、３級、２級、準１級、１級に分けられます。

　３級以上の級については、知識試験（一次）に合格されたかたが実技試験（二次）を受験することができます。知識試験と実技試験の両方を合格すると、その級の合格となります。

　５級と４級については、知識試験のみで合否が決まります。実技試験はありませんが、次代を担う小学生や中学生に日本の食文化の理解、食事の大切さ、作り方など、まずは食に興味を持ってもらうことを目的としています。義務教育で習う栄養や調理の基礎知識はとても大切ですが、社会人のかたも知識をブラッシュアップするために受験してみるのもよいでしょう。

🍎実技試験（二次）は、知識試験（一次）合格者が受験できます。

　難易度によって３級、２級、準１級、１級に分けられています。

　自分の目標を定めて、栄養と調理の基礎をしっかりと学び、それぞれの程度に応じてさ

らに知識と技術を深め、受験してみてください。

　自宅でいつも料理をしている自分の調理技術が何級程度であるかを試してみるのもよいでしょう。だれでも気軽にチャレンジすることができる検定です。

料検のメリット

●小学生・中学生
①食に関する興味や関心を持ち、何をどれだけ食べればよいかがわかります。

②生涯を通して健康的に生きる知識を身につけることができます。

③自分の健康を守る知識を備え、加えておいしい料理を作る知識を身につけることができます。

④上級学校へ進学する際に調査書に記入してアピールできます。

●高校生・短大生・大学生
①食への興味や関心が深まり、健康的に生きる実生活に役立ちます。

②進学や就職活動の際に調査書や履歴書に記入してアピールできます。

③実技試験の練習をくり返し行うことで調理技能が大幅に向上します。

④調理実習で養った調理技術を客観的に証明することができます。

⑤栄養学や調理学において学びの学習の幅が広がります。

⑥養成施設での資格（管理栄養士・栄養士等）に加えて調理技術習得の証明になります。

●社会人・一般の方
①正しい食の知識を身につけることができます。

②何をどれだけ食べればよいかを簡単に見つけることができ、日常生活の食事の食べ方に役に立ちます。

③就職活動の際、履歴書の資格欄に書いてアピールできます。

④実技試験の練習をくり返し行うことで調理技能が大幅に向上します。

⑤取得している資格（管理栄養士・栄養士等）に加えて調理技術習得の証明になります。

⑥食にかかわる職業人としての知識面・技術面の向上につながります。

●成績優秀者表彰（個人・団体）
　成績優秀合格者および団体には文部科学大臣賞、全国検定振興機構理事長賞、女子栄養大学学長賞、家庭料理技能検定会長賞、成績優秀団体賞、食育推進奨励賞等が贈られます。

受験概要

受験級の目安

級	試験内容	目安
5級	知識試験	小学生までに学ぶ食の知識
4級		中学生までに学ぶ食の知識
3級		高等学校、大学・短大・専門学校1年生までに学ぶ食の知識
2級	知識試験（一次）	食物系大学・短大・専門学校1〜2年生までに学ぶ食の専門知識
準1級	実技試験（二次）	食物系大学・短大・専門学校2年生までに学ぶ食の専門知識
1級		食物系大学卒業までに学ぶ食の専門知識

受験資格

学歴・年齢・性別等の受験制限はありません。どの級からでも受験できます。

試験概要

●5・4級

知識試験

級	領域	出題数	出題形式	試験方式	試験時間	合格基準
5級	1．食生活と栄養	50問	二肢択一	IBT	45分	60%以上
4級	2．調理と衛生	60問	二〜三肢択一			

※出題数は、5級が領域1と2（詳細は12ページ）からそれぞれ25問ずつ、4級が領域1と2（詳細は12〜13ページ）からそれぞれ30問ずつ、出題されます。

※試験方式IBTとは「Internet Based Testing」の略称で、自宅・学校等からパソコン、タブレット、スマホなどを使用して受験します。

●3〜1級

知識試験（一次）

級	領域	出題数	出題形式	試験方式	試験時間	合格基準
3級	1．食生活と栄養 2．調理と衛生	60問	三〜四肢択一	個人：CBT 団体：IBT	45分	60%以上
2級						
準1級			四肢択一		60分	
1級			四肢択一（複数回答含む）	個人：CBT		

※出題数は、各級の領域1と2（詳細は13〜16ページ）からそれぞれ30問ずつ出題されます。

※3級以上は、『検定公式ガイド』（227ページ）の実技試験の内容も範囲に含まれます。

※試験方式CBTとは「Computer Based Testing」の略称で、コンピューターを使った試験方式のことです。予約した日時にテストセンターで受験します。

※試験方式IBTとは「Internet Based Testing」の略称で、自宅・学校等からパソコン、タブレット、スマホなどを使用して受験します。

実技試験（二次）

級	領域	出題数	試験時間	合格基準
3級	基礎技能	1問（事前公表する）	1分30秒〜10分	基礎技能と調理技能の それぞれの70%以上
	調理技能	1問（事前公表する）	10〜30分	
2級	基礎技能	1問（事前公表する）	3〜10分	
	調理技能	1問（事前公表する）	10〜20分	
準1級	基礎技能	1問（事前公表する）	3〜10分	基礎技能と調理技能の それぞれの80%以上
	調理技能	1問（事前公表する）	50〜60分	
1級	基礎技能	1問（事前公表する）	90分	基礎技能と調理技能の それぞれの90%以上
	調理技能	1問（事前公表する）		

※試験時間は出題問題によって異なります。

試験日程

●【第1回】

知識試験5〜4級 知識試験（一次）3〜1級	受付期間	4月1日〜6月中旬
	試験日	6月上旬〜中旬（約2週間）
	合否発表日	7月上旬
実技試験（二次）3〜1級	受付期間	7月上旬〜下旬
	試験日	9月中旬〜下旬
	合否発表日	10月中旬

●【第2回】

知識試験5〜4級 知識試験（一次）3〜1級	受付期間	9月1日〜11月上旬
	試験日	10月下旬〜11月上旬（約2週間）
	合否発表日	11月下旬
実技試験（二次）3〜1級	受付期間	11月下旬〜12月中旬
	試験日	2月上旬
	合否発表日	2月下旬

※詳細な日程は、家庭料理検定公式サイト受験概要ページよりご確認ください。

検定料（税込）

●個人受験

5・4級

級	IBT
5級	2,000円
4級	3,000円

3〜1級

級	知識試験（一次）CBT	実技試験（二次）
3級	4,800円	5,500円
2級	5,800円	7,000円
準1級	6,800円	8,500円
1級	7,800円	10,000円

※検定料納入後の受験級の変更、検定料の返金および次回への振替は理由のいかんにかかわらずできません。
※天災その他のやむを得ない事情により、検定を中止する場合があります。その場合は検定料をお返ししますが、
　その他の責任は一切負いません。
※団体受験での申し込みの場合、検定料は各団体の担当者までお問い合わせください。

受験の流れ

※団体でお申し込みの場合は受験の流れが異なります。料検事務局か各団体の担当者までお問い合わせください。

知識試験

5・4級：知識試験IBT および3〜1級：知識試験（一次）CBT・IBT は、（株）シー・ビー・ティ・ソリューションズが提供する CBT・IBT 検定システムを導入しています。そのため、受験予約や結果確認はマイページから行います。初めて受験される場合はマイページの登録が必要です。

マイページ
アカウント作成

●【申し込み】

初めて受験する人

新規登録（マイページアカウント作成）
仮登録メールアドレス登録
仮登録完了メール受信

マイページ
アカウント作成方法

本登録
本登録完了メール受信

マイページへログイン
ログインＩＤ・パスワードを入力

マイページアカウントを作成済みの人

ログイン ID・パスワードを入力

マイページへログイン

知識試験（一次）　申し込み	
5・4級	3・2・準1・1級
IBT 申し込み → ［級の選択］	CBT 申し込み → ［級・会場・日時の選択］
住所等の必須項目の入力	

検定料支払方法選択

クレジットカード決済		コンビニ支払

支払方法通知メール受信

入金

申し込み完了

申し込み完了メール受信

●【試験当日】

指定の試験期間内に都合のよい日時で受験してください。

利用する端末（PC、スマホ、タブレット等）、インターネットに接続するための通信回線は受験者自身＊が用意します。

＊利用に際して発生する費用は受験者負担となります。

試験開始

1．申し込み完了後に送付されるメール"【家庭料理検定】4・5級 受験方法のご案内"をご確認ください。
2．マイページにログインしてください。
　　メールに記載のログイン URL または公式サイト「申し込み～結果確認」ー「家庭料理検定 4・5級 IBT マイページ」よりログインします。ログイン ID、パスワードがわからないかたは再発行ができます。
3．「IBT 受験」を選択し、試験開始を選択してください。
4．試験終了ボタンを押したら、試験終了となります。試験時間内でも終了することが可能です。

■通信環境について
常時接続が可能なインターネット通信環境が必要です。

3～1級　知識試験（一次）　CBT 当日の流れ

申し込み完了メールに記載の会場・日時で受験してください。

試験開始30分～5分前までに、試験会場に到着してください。

遅刻してしまうと受験することができません。

試験当日に持参するもの
□身分証明書

受付

1．試験当日、試験会場に到着したら、本人確認書類を提示してください。
2．受付担当者より「受験ログイン情報シート」をお渡しします。記載内容を確認してください。
3．携帯電話や上着などお手荷物すべてを指定のロッカーにお預けください（ロッカーがない会場の場合は、会場に応じて対応が異なります）。
4．試験中に利用できる筆記用具とメモ用紙を受け取り、試験室に入室してください。

試験会場入室後

1．試験会場入室後、「受験ログイン情報シート」に記載されている ID とパスワードを入力し、試験を開始してください。
2．テストマシン上で、試験科目を確認してください。
3．試験の開始です。
4．試験内容に関する質問には一切お答え致しません。マシントラブルが発生した場合は、速やかに試験官までご報告ください。

試験終了後

1．終了の確認画面が表示されましたら、試験官をお呼びください。
2．試験のスコアレポート（試験終了書等）を受け取り、試験は完了です。

●【合否結果】

マイページにログインし、合否の確認をします。

マイページへログイン

5・4級	3・2・準1・1級
IBT 受験 → ［結果表示］	CBT 申し込み → ［申し込み・受験履歴］ → ［結果表示］
合格者はマイページにデジタル合格証が交付される。	合否発表日2日後に一次合否通知が郵送される。一次合格者は実技試験（二次）の申し込み案内を確認し、実技試験申し込みへ。

実技試験

家庭料理検定3〜1級：実技試験（二次）の受験申し込みおよび結果確認は家庭料理検定公式サイトより行います。知識試験（一次）とは受験申し込みや結果確認が異なりますのでご注意ください。

●【申し込み】

実技試験（二次）申し込みは、年度・回数・級・申し込み ID［知識試験（一次）合格通知書に記載］が必要です。

二次試験
申し込みページ

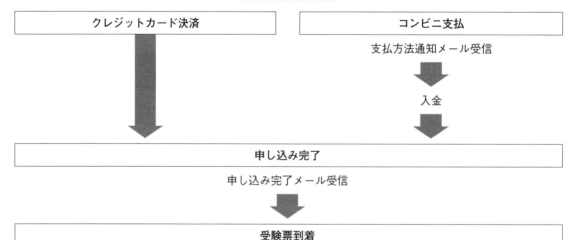

試験申し込み

知識試験（一次）合格年度・回数・級・申し込み ID
の入力

試験申し込み

住所等の必須項目の入力、受験級・試験会場の選択

検定料支払方法選択

クレジットカード決済	コンビニ支払
	支払方法通知メール受信
	入金

申し込み完了

申し込み完了メール受信

受験票到着

受験票が郵送で届く

●【試験当日】

実技試験会場

受験票に記載の受験級・会場・日時で受験してください。

試験当日に持参するもの		
□受験票	□身分証明書	□包丁
□手ふき	□上履き	□下履き入れ
□胸あてつきエプロンまたは白衣		
□三角巾または調理帽子		
□筆記用具（準1・1級のみ）		

●【合否結果】
家庭料理検定公式サイトから合否の確認をします。

合否結果の確認

合否確認を選択し、受験番号・カナ氏名・生年月日を入力し、結果を確認します。確認期間は1週間となります。合否結果発表の2日後に合否通知（合格者には合格カードが交付）が郵送されます。

二次試験
合否確認ページ

試験申し込み上の諸注意

・知識試験（一次）CBTの受験日時・会場の変更は受験日の3日前までマイページ上で可能です。
・知識試験（一次）CBTは同一の試験期間内で、同じ級の再受験はできません。
・検定料支払い完了後の受験級の変更、キャンセル、検定料の返金および次回への振替はできません。
・天災その他のやむを得ない事情により、検定を中止する場合があります。
・中止する場合は検定料を返金しますが、その他の責任は一切負いません。

5級

食事の役割を理解し、健康で安全な食生活の基礎を知っている

領域		内容	出題範囲
知識試験	食生活と栄養	食事の役割を知っている	人と食べ物の関係
			食べ物の栄養の特徴
			五大栄養素
			三色食品群
			１食分の献立（主食・主菜・副菜）
			健康によい食習慣
		日本の食文化を知っている	食卓での料理の並べ方
			一汁二～三菜の配膳
			食事のマナー
			食事のあいさつ
			箸や食器の持ち方
			日本の伝統的な食事
			旬の食べ物
			伝統的な加工食品
			行事と食事、お茶
	調理と衛生	安全で衛生的な調理の仕方を知っている	調理の手順
			計画、準備、調理、盛りつけ、後かたづけ
			調理器具
			計量スプーン、カップ、はかり、包丁、まな板、なべ類　他
			加熱調理器具、冷凍冷蔵庫
			計量、洗う、むく、切る、ゆでる、いためる
		食品の特徴を知っている	穀類、肉、魚介、卵、大豆・大豆製品、野菜、きのこ、海藻、芋、果物、牛乳・乳製品、調味料
			種類、部位、鮮度の見分け方
			食品の表示
			賞味期限、消費期限
		初歩的な調理法を知っている	初歩的な料理
			ごはんの炊き方、和風だしのとり方とみそ汁の作り方
			卵料理、芋・野菜料理　他
			日本茶のいれ方

4級

食事の基礎を理解し、健康で安全な食生活の仕方を知っている

領域		内容	出題範囲
知識試験	食生活と栄養	食事の役割を知っている	人と食べ物の関係
			食べ物と環境の関係
			食べ物の栄養の特徴
			五大栄養素と食物繊維・水
			６つの基礎食品群
			１日分の献立
			健康によい食習慣
		日本の食文化を知っている	和食の配膳方法
			一汁二～三菜の配膳

知識試験	食生活と栄養		食事のマナー 　食事のあいさつ 　箸や食器の持ち方 　一尾魚の食べ方 日本の伝統的な食事 　旬の食べ物 　伝統的な加工食品 　行事と食事、お茶
	調理と衛生	安全で衛生的な調理の仕方を知っている	調理の手順 　計画、準備、調理、盛りつけ、後かたづけ 調理器具 　計量スプーン、カップ、はかり、包丁、まな板、なべ類　他 　加熱調理器具、冷凍冷蔵庫 計量、洗う、むく、切る、あえる、ゆでる、煮る、いためる、焼く
		食品の特徴を知っている	穀類、肉、魚介、卵、大豆・大豆製品、野菜、きのこ、海藻、芋、牛乳・乳製品、果物、調味料 　種類、部位、鮮度の見分け方 食品の表示と保存 　賞味期限、消費期限 　栄養成分表示 　食材や料理の保存
		基本的な調理法を知っている	基本的な料理 　ごはん、だしと汁物 　肉、魚介、卵、大豆・大豆製品、野菜、芋料理 お茶の種類といれ方 　日本茶、紅茶、ウーロン茶

3級

健康で安全な食生活で求められる知識を持って、初歩的な「切る」、「むく」および、基本的な日常の料理を作ることができる

	領域	内容	出題範囲
知識試験	食生活と栄養	食生活と社会・環境とのかかわりを知っている	私たちの生活と食生活とのかかわり 私たちの健康と食生活の課題
		健康の維持に必要な栄養を理解し、何をどれだけ食べればよいかを知っている	栄養素の種類とその働き 日本人の食事摂取基準 食品の分類 　4つの食品群 食事の構成 　主食・主菜・副菜と料理の一皿分の適量 1日分の献立作成
		日本の食文化を理解している	日本の食文化 季節の料理 盛りつけと配膳の基本
	調理と衛生	基本的な調理方法を理解している	切る、ゆでる、煮る、蒸す、焼く、いためる、揚げる、炊飯、だしのとり方、寄せる 調理器具の扱い方、加熱調理機器等の特徴
		食品の特徴と調理による変化を理解している	穀類、肉類、魚介類、卵類、乳類、野菜類、芋類、果物類、油脂類　他 調味料と調味の割合

知識試験	調理と衛生	食事を衛生的に整えるための基礎的内容を理解している	衛生的な調理 食中毒の原因と予防 食品の表示 環境に留意した調理
実技試験	基礎技能	初歩的な包丁操作「切る」「むく」ができる	輪切り 　輪切りができる 半月切り 　半月切りができる いちょう切り 　いちょう切りができる 皮むき 　食品形状に合わせて、皮むきができる
	調理技能	日常の食事に必要な単品の調理ができる	基本的な単品料理の作成 　生や焦げのない加熱状態に仕上げられる 　適切な調味ができる 　衛生的に調理ができる

2級

健康で安全な食生活で求められる専門的な知識を持って、「切る」、「むく」および、日常の料理を作ることができる

	領域	内容	出題範囲
知識試験	食生活と栄養	食生活と社会・環境とのかかわりを理解している	食生活と社会・環境とのかかわり 健康と食生活の課題 日本の健康増進の対策
		健康と栄養・食事との関係を理解している	栄養素の種類とその働き 日本人の食事摂取基準 食品の分類 　4つの食品群
		ライフステージごとの栄養・食事を理解している	1日分の献立作成 健康・栄養状態の特徴 食事の特徴
		食文化と料理の特徴を理解している	日本の食文化 日本の季節の料理と行事食 盛りつけと配膳
	調理と衛生	基本的な調理方法を理解している	下処理、非加熱調理、加熱調理 調理器具の扱い方、加熱調理機器等の特徴
		食品の調理特性を理解している	穀類、肉類、魚介類、卵類、乳類、野菜類、芋類、果物類、油脂類　他
		調味を理解している	調味のタイミング 調味の割合
		食事を衛生的に整えるための基礎的内容を理解している	食品衛生の基本 　食中毒を起こす細菌、ウイルス、原因物質 食品の表示 環境に留意した調理
実技試験	基礎技能	基本的な包丁技術「切る」「むく」を有している	薄切り 　不定形食材で、2mm以下の均一な厚さの薄切りができる せん切り 　繊維に沿って、均一な幅・厚さのせん切りができる

	領域	内容	出題範囲
実技試験	基礎技能		みじん切り 　5mm以下の均一な大きさのみじん切りができる 皮むき 　むき残しなく、なめらかに皮むきができる
	調理技能	自分の食事を作ることができる	1食分の献立のうち、複数の食材を使った料理1品の作成 　適切な下処理ができる 　適切な加熱状態に仕上げられる 　適切な調味ができる 　適切な盛りつけができる

準1級

健康で安全な食生活で求められる高度な専門的知識を持って、目的に応じた献立・調理ができる

	領域	内容	出題範囲
知識試験	食生活と栄養	食生活と社会・環境とのかかわりを理解している	食生活と社会・環境とのかかわり 健康と食生活の課題 食料の生産・流通と環境とのかかわり 日本の健康増進の対策
		健康と栄養・食事との関係を理解している	日本人の食事摂取基準 食品の分類
		対象者の食事改善の課題を、栄養素レベル、食品レベル、料理レベルで説明できる	栄養素、食品、料理のつながりを踏まえた食事のアセスメント 1日分の献立作成
		対象者に応じた栄養・食事を理解している	ライフステージ別の食事計画 生活習慣病予防の食事計画
		食文化と料理の特徴、供食形式を理解している	日本の食文化 日本の季節の料理と行事食 世界の代表的な食文化 供食の形式
	調理と衛生	食品の特徴を理解し、調理に展開できる	食品の調理特性 各調理法、調理器具の特徴 食品加工と貯蔵
		調味の標準化を理解している	調味のタイミング 調味の割合
		食事を衛生的に整えるための基礎的内容を理解している	食中毒、食品添加物　他 食品の表示
実技試験	基礎技能	各種の包丁技術「切る」「むく」を身につけている	薄切り 　不均一な（内外差のある）かたさの食材で薄切りができる 短冊切り 　均一な大きさの短冊切りができる せん切り 　3mm以下の均一なせん切りができる 皮むき（丸むき） 　連続した均一の厚みで、球形食品の皮むきができる
		魚の下処理ができる	魚のつぼ抜き・手開き 　衛生的に、簡単な魚の下処理ができる
	調理技能	ライフステージを考慮した日常の食事を作ることができる	指定された料理で構成された日常の1食分の献立の料理の作成 　指定された複数の料理を適切に仕上げられる 　適切な調味ができる 　適切な盛りつけ、配膳ができる

1級

健康で安全な食生活で求められるより高度な専門的知識を生かし、対象者に応じた献立・調理を実践できる

	領域	内容	出題範囲
知識試験	食生活と栄養	食生活と社会・環境とのかかわりを説明できる	食生活と社会・環境とのかかわり 健康と食生活の課題 食料の生産・流通と環境とのかかわり 日本の健康増進の対策
		健康と栄養・食事との関係を説明できる	日本人の食事摂取基準 食品の分類
		対象者の食事改善のためのアセスメントをし、その結果に基づく食事改善が提案できる	食事のアセスメントと食事改善計画 連続した複数日の献立作成
		対象者に応じた食事計画を作成できる	ライフステージ別の食事計画 生活習慣病予防の食事計画
		食文化と料理の特徴、供食形式を説明できる	食文化と歴史 世界の代表的な食文化 季節の料理と行事食、郷土料理等 供食の形式
	調理と衛生	日本料理、西洋料理、中国料理の特徴を理解し、説明できる	各調理の特徴、および代表的な料理 家庭における日常食や供応食
		調味の標準化を説明できる	多様な調味料の調味割合
		食事を衛生的に整えるための基礎的内容を説明できる	衛生と安全を考えた調理
実技試験	基礎技能	高度な包丁技術「切る・むく・おろす」を有している	せん切り 　2mm以下の均一なせん切りができる かつらむき 　均一な薄さのかつらむきができる 魚の三枚おろし 　一尾魚をおろすことができる
	調理技能	対象者に応じた目的別の食事を作ることができる	指定された条件や材料と調理法を取り入れた和食1食分の献立の料理の作成 　指定された場面設定に沿って、嗜好性が高く、品質のよい料理が作れる 　合理的な調理操作ができる 　日本の食文化の継承・伝達ができる

知識試験（一次）問題

5級 IBT　　50問45分　トライアル①

1．健康を保つために、することとして、望ましいのはどちらですか。
　①1日3回、規則正しく食事をとる。
　②おなかがすいたら食事をとる。

2．食べ物を栽培し収穫する場所として、正しいのはどちらですか。
　①農場
　②市場

3．環境のことを考えた後片づけとして、正しいのはどちらですか。
　①食器を洗う前に、紙や古布で油をふく。
　②洗剤をたっぷり使って、食器を洗う。

4．五大栄養素と体の中でのおもな働きとして、正しい組み合わせはどちらですか。
　①炭水化物　──　　おもにエネルギーのもとになる。
　②脂質　　　──　　おもに体の調子をととのえる。

5．おもに体を作るもとになる働きがある栄養素として、正しいのはどちらですか。
　①たんぱく質
　②炭水化物

6．少量でたくさんのエネルギーに変わる栄養素として、正しいのはどちらですか。
　①脂質
　②たんぱく質

7．カルシウムのおもな働きとして、正しいのはどちらですか。
　①血液を作る。
　②骨や歯を作る。

8．おもに体の調子をととのえる働きがある栄養素として、正しいのはどちらですか。
　①ビタミン
　②たんぱく質

9．三色食品群の中で、おもに体を作るもとになる群の食品として、正しいのはどちらですか。
　①とり肉
　②ごはん

10．三色食品群の中で、かまぼこが分類される群として、正しいのはどちらですか。
　①赤（おもに体を作るもとになる食品）
　②黄（おもにエネルギーのもとになる食品）

11. 三色食品群の中で、炭水化物を多くふくむ群の食品として、正しいのはどちらですか。
①ごはん
②牛乳

12. ある日の朝ごはんを、三色食品群に分けました。足りない食品群として、正しいのはどちらですか。

①黄（おもにエネルギーのもとになる食品）
②赤（おもに体を作るもとになる食品）

13. フルーツヨーグルトの材料は、「ヨーグルト、フルーツミックス、コーンフレーク」です。これらを、三色食品群に分けたときの説明として、正しいのはどちらですか。
①1つだけちがう食品群に入り、2つは同じ食品群に入る。
②それぞれちがう食品群に分けられる。

14. 栄養バランスのよい朝ごはんを計画するときの組み合わせとして、望ましいのはどちらですか。
①主食・主菜・副菜を組み合わせる。
②主菜を2品組み合わせる。

15. 次の朝ごはんの栄養バランスをよくするために加える料理として、望ましいのはどちらですか。

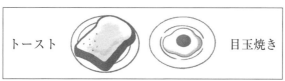

①野菜サラダと牛乳
②コーンフレークとハム

16. 「おにぎり、玉ねぎとわかめのみそしる」の朝ごはんの栄養バランスをよくするために、加える料理として、望ましいのはどちらですか。
　①粉ふきいも
　②たまご焼き

17. 生活リズムとして、望ましいのはどちらですか。
　①毎日うんちが出ている。
　②2～3日に一度うんちが出ている。

18. 朝起きてからの胃や腸の働きをよくするためにする行動として、望ましいのはどちらですか。
　①朝ごはんを食べる。
　②朝ごはんを食べずに学校に行く。

19. 一汁二菜として、正しいのはどちらですか。
　①ごはん、しる物、主菜1品、副菜1品の組み合わせ。
　②ごはん、しる物、主菜2品の組み合わせ。

20. みそしるの食べ方として、正しいのはどちらですか。
　①わんを持ってから、はしを取り上げる。
　②はしを持ってから、わんを取り上げる。

21. 春が旬の野菜はどちらですか。
　①グリーンピース
　②枝豆

22. 煮干しの材料として、正しいのはどちらですか。
　①イワシ
　②マグロ

23. 小正月（1月15日）に食べる行事食として、正しいのはどちらですか。
　①あずきがゆ
　②おはぎ

24. おせち料理で「よろこびが広がりますように」の願いをこめて作る料理として、正しいのはどちらですか。
　①紅白かまぼこ
　②こぶ巻き

25. 「せん茶」をいれたときの色として、正しいのはどちらですか。
　　①うす緑色
　　②うす茶色

26. 調理実習で次のイラストのように身じたくをしたら、先生に注意されました。注意
　　された内容はどちらですか。
　　①「シャツのそで口をまくりましょう。」
　　②「ズボンをひざまでまくりましょう。」

27. スクランブルエッグを作ります。食中毒を予防するために、こまめに手を洗います。
　　手洗いのタイミングとして、正しいのはどちらですか。
　　①調理を始める前と、フライパンにバターを入れたあとと、スクランブルエッグをお
　　　皿に盛りつけたあと。
　　②調理を始める前と、たまごをわったあとと、スクランブルエッグをお皿に盛りつけ
　　　る前。

28. 食品をはかるために使う調理器具として、正しいのはどちらですか。
　　①

　　②

29. 火を使って加熱する調理器具として、正しいのはどちらですか。
　　①ＩＨクッキングヒーター
　　②ガスこんろ

30. 計量スプーン小さじ1ぱいの容量として、正しいのはどちらですか。
　①5 mL
　②10mL

31. 包丁の★の部分の名前として、正しいのはどちらですか。
　①あご
　②柄

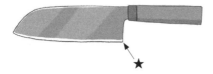

32. ほうれん草を洗います。土やよごれが残りやすいのはどちらですか。
　①葉
　②根元

33. 包丁で食品を切るときの材料のおさえ方として、正しいのはどちらですか。
　①指先をのばしておさえる。

　②指先を丸めておさえる。

34. 蒸して作る料理として、正しいのはどちらですか。
　①シューマイ
　②オムレツ

35. 精米の説明として、正しいのはどちらですか。
　①玄米から、もみがらを取りのぞくこと。
　②玄米から、ぬか層を取りのぞくこと。

36. 肉の加工品として、正しいのはどちらですか。
　①ベーコン
　②チーズ

37. 新鮮な魚の見分け方として、正しいのはどちらですか。
　①えらがあざやかな赤色。
　②えらがにごった赤色。

38. 大豆から作られる加工食品として、正しいのはどちらですか。
　①酒
　②しょうゆ

39. 淡色野菜（たんしょく）として、正しいのはどちらですか。
　①さやえんどう
　②きゅうり

40. 海藻（かいそう）として、正しいのはどちらですか。
　①きくらげ
　②ひじき

41. あまい味の調味料として、正しいのはどちらですか。
　①しょうゆ
　②みりん

42. 和風だしをとる材料として、正しいのはどちらですか。
　①こんぶやカツオ節
　②牛肉や野菜

43. 賞味期限の説明として、正しいのはどちらですか。
　①おいしく食べられる期限。
　②安全に食べられる期限。

44. 次のイラストの水加減の表現（ひょうげん）として、正しいのはどちらですか。
　①ひたひた
　②かぶるくらい

45. じゃがいものゆで方として、望ましいのはどちらですか。
　①水からゆでる。
　②ふっとうしたお湯でゆでる。

46. 青菜いためを作ります。しゃきっと仕上げるときの火加減として、望ましいのはどちらですか。
　①強火
　②弱火

47. 米（精白米）の洗い方として、望ましいのはどちらですか。
　　①たっぷりの水で、手早く洗う。
　　②少ない水で、ゆっくり洗う。

48. カツオだしをとる方法として、望ましいのはどちらですか。
　　①ふっとうしたらカツオ節を入れ、そのまま強火にする。
　　②ふっとうしたら火を弱め、カツオ節を入れる。

49. 目玉焼きの作り方として、望ましいのはどちらですか。
　　①フライパンを火にかけ、油を入れて温まったらたまごを入れる。
　　②フライパンを火にかけ、油を入れてすぐにたまごを入れる。

50. 生野菜サラダにドレッシングをかけるタイミングとして、望ましいのはどちらですか。
　　①かけてから長くおく。
　　②食べる直前にかける。

1．郷土料理を伝え、受けついでいくためにすることとして、望ましいのはどちらですか。
　①家族や身近な人といっしょに調理をする。
　②ひとりで調理をする。

2．トマトを食品工場でジュースにすることを表す言葉として、正しいのはどちらですか。
　①生産
　②加工

3．食品の包装容器などの資源を回収し、再生して利用することを表す言葉として、正しいのはどちらですか。
　①リデュース
　②リサイクル

4．炭水化物のおもな働きとして、正しいのはどちらですか。
　①体温を保つためのエネルギーになる。
　②体を作る材料となる。

5．五大栄養素として、正しいのはどちらですか。
　①水
　②たんぱく質

6．脂質のおもな働きとして、正しいのはどちらですか。
　①エネルギーのもとになる。
　②体を作るもとになる。

7．おもに体を作るもとになる働きがある栄養素として、正しいのはどちらですか。
　①無機質
　②炭水化物

8．ビタミンの説明として、正しいのはどちらですか。
　①健康を保つために必要な栄養素。
　②消化されるとすぐエネルギーになる栄養素。

9．三色食品群の中で、おもに体の調子をととのえるもとになる群の食品として、正しいのはどちらですか。
　①なす
　②うどん

10. 三色食品群の中で、バターが分類される群として、正しいのはどちらですか。
　　①赤（おもに体を作るもとになる食品）
　　②黄（おもにエネルギーのもとになる食品）

11. 三色食品群の中で、たんぱく質を多くふくむ群の食品として、正しいのはどちらですか。
　　①チーズ
　　②マヨネーズ

12. 休日の昼食に、ラーメンを作りました。栄養バランスをよくするために加える食品として、望ましいのはどちらですか。
　　①焼き肉をのせる。
　　②野菜いためをのせる。

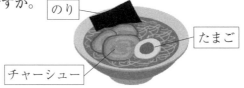

のり　たまご　チャーシュー

13. 「ロールパンと牛乳（ぎゅうにゅう）」の朝ごはんの栄養バランスをよくするために、三色食品群をチェックしました。加える料理として、望ましいのはどちらですか。
　　①ウインナソーセージと野菜サラダ
　　②焼きいもとヨーグルト

14. 「主食」の料理として、正しいのはどちらですか。
　　①焼きいも
　　②トースト

15. 次の朝ごはんの栄養バランスをよくするために加える料理として、望ましいのはどちらですか。

ごはん　なっとう

①具だくさんのみそしる

②焼き魚

16. 栄養バランスのよい食事として、望ましいのはどちらですか。
　　①うどん、おにぎり、野菜サラダ、お茶
　　②ごはん、ぶた肉のしょうが焼き、野菜サラダ、お茶

17. 朝ごはんをしっかり食べるためにする行動として、望ましいのはどちらですか。
　　①早起きする。
　　②ねぼうする。

18. 朝ごはんを食べることがたいせつな理由として、正しいのはどちらですか。
　　①午前中、元気に勉強できるようにするため。
　　②午前中、元気に動かないようにするするため。

19. 一汁三菜の「菜」の意味として、正しいのはどちらですか。
　　①根菜
　　②おかず

20. ごはん茶わんの持ち方として、正しいのはどちらですか。
　　①

　　②

21. 秋が旬のくだものはどちらですか。
　　①かき
　　②すいか

22. 「合わせだし」の正しい組み合わせはどちらですか。
　　①こんぶと煮干し
　　②こんぶとみそ

23. 七五三（11月15日）に食べる、えんぎ物として、正しいのはどちらですか。
　　①ちとせあめ
　　②こんぺいとう

24. おせち料理とその料理にこめられた願いとして、正しい組み合わせはどちらですか。
　　①黒豆　　── 　誠実に働き、健康に過ごせますように。
　　②数の子 　── 　お金持になれますように。

25. 日本茶の湯のみ茶わんをのせる受け皿の名前として、正しいのはどちらですか。
　　①皿
　　②茶たく

26. 調理をするときの身じたくとして、正しいのはどちらですか。
　　①つめは長くのばしてある。
　　②つめは切ってある。

27. 食中毒を予防するのに効果がある行動として、正しいのはどちらですか。
　　①うがい
　　②手洗い

28. 次の調理器具の名前として、正しいのはどちらですか。
　　①しゃもじ
　　②フライ返し

29. 電子レンジで使えるものとして、正しいのはどちらですか。
　　①アルミホイル
　　②ラップ

30. 計量スプーン1ぱいのさとうのはかり方として、正しいのはどちらですか。
　　①山盛りにする。
　　②山盛りにしてからすり切る。

31. まな板の使い方として、正しいのはどちらですか。
　　①洗ったら、ぬれたままにしておく。
　　②洗ったら、水けをふきとる。

32. ブロッコリーの下処理の方法として、正しいのはどちらですか。
　　①ふさを切らずに、まるごと洗う。
　　②ふさを切り分けてから洗う。

33. 次のイラストの切り方で、半月切りとして、正しいのはどちらですか。
① 　　　②

34. 料理とその調理方法として、正しい組み合わせはどちらですか。
　　①青菜のおひたし　──　蒸す
　　②肉じゃが　　　　　──　煮る

35. もちの原料として、正しいのはどちらですか。
　　①小麦
　　②米

36. たまごのからの色がちがう理由として、正しいのはどちらですか。
　　①栄養
　　②にわとりの種類

37. ちくわの材料として、正しいのはどちらですか。
　　①白身魚
　　②肉

38. 大豆から作られる加工食品として、正しいのはどちらですか。
　　①とうふ
　　②こんにゃく

39. ピーマンの分類として、正しいのはどちらですか。
　　①緑黄色野菜
　　②淡色野菜

40. れんこんの食べる部分として、正しいのはどちらですか。
　　①果実
　　②地下茎

41. マヨネーズに使う材料として、正しいのはどちらですか。
　　①生クリーム
　　②卵黄

42. こんぶやカツオ節を組み合わせて作るだしとして、正しいのはどちらですか。
　　①和風だし
　　②中華だし

43. 消費期限の説明として、正しいのはどちらですか。
　①おいしく食べられる期限。
　②安全に食べられる期限。

44. キャベツとハムの野菜いためを作ります。フライパンを火にかけて油を入れるとき中火にしました。炎の状態として、望ましいのはどちらですか。
　①フライパンの底から炎がはみ出さない程度。
　②フライパンの底に炎がちょうどふれる程度。

45. ゆでたあとに、ざるにあげて、そのままさますことが適している食品はどちらですか。
　①アスパラガス
　②小松菜

46. いため物をおいしく作る方法として、望ましいのはどちらですか。
　①材料をいためる前に、調味料をはかっておく。
　②材料をいため始めてから、調味料をはかる。

47. 米（精白米）を洗うときの注意点として、正しいのはどちらですか。
　①たっぷりの水で洗う。
　②少ない水で洗う。

48. みそしるの作り方として、望ましいのはどちらですか。
　①みそを入れて、煮立てる。
　②みそを入れたら、火を消す。

49. ゆでたまごのからをきれいにむく方法として、望ましいのはどちらですか。
　①ゆでたたまごは水でさまし、水を入れたボールの中でからをむく。
　②ゆでたたまごはお湯から出してそのままさまし、水につけずにからをむく。

50. 日本茶のいれ方として、望ましいのはどちらですか。
　①きゅうすに茶葉を入れてお湯を注ぎ、1分待ち、湯のみにつぐ。
　②きゅうすに茶葉を入れて、お湯を注いだら、すぐに湯のみにつぐ。

1．食事についての記述として、望ましいのはどちらですか。
　①だれかと楽しく食べる。
　②いつもひとりで食べる。

2．環境(かんきょう)に配慮(はいりょ)したごみの捨て方として、正しいのはどちらですか。
　①紙とプラスチックは、分別して捨てる。
　②紙とプラスチックは、分別せずに捨てる。

3．たんぱく質の体の中でのおもな働きとして、正しいのはどちらですか。
　①筋肉や血液などを作るもとになる。
　②骨や歯を作るもとになる。

4．細胞膜(さいぼうまく)などの構成成分になる栄養素として、正しいのはどちらですか。
　①炭水化物
　②脂質(ししつ)

5．炭水化物のうち、エネルギーになる栄養素として、正しいのはどちらですか。
　①糖質
　②食物繊維(せんい)

6．脂溶性(しよう)ビタミンとして、正しいのはどちらですか。
　①ビタミンA
　②ビタミンC

7．水のおもな働きとして、正しいのはどちらですか。
　①貧血を予防する。
　②体温調節をする。

8．6つの基礎(きそ)食品群で、たんぱく質を多くふくむ食品群として、正しいのはどちらですか。
　①1群
　②4群

9．6つの基礎(きそ)食品群で、糖質を多くふくむ食品群として、正しいのはどちらですか。
　①1群
　②5群

10．6つの基礎(きそ)食品群で、2群の食品として、正しいのはどちらですか。
　①ヨーグルト
　②牛肉

11. 6つの基礎食品群で、玉ねぎが分類される群として、正しいのはどれですか。
　　①2群
　　②4群

12. 6つの基礎食品群で、もちが分類される群として、正しいのはどちらですか。
　　①5群
　　②6群

13. 「カレーライス・野菜サラダ・りんご」に組み合わせるものとして、望ましいのはどちらですか。
　　①ウインナー
　　②牛乳

14. 献立を立てるときに、先に決めるものとして、望ましいのはどちらですか。
　　①ごはん、パン、めんの中から1つを選ぶ。
　　②野菜の中から何を選ぶかを決める。

15. 次の献立「卵とハムのサンドイッチ・牛乳・りんご」をよりよくするために6つの基礎食品群の中から食品を選びます。組み合わせる群として、望ましいのはどちらですか。
　　①1群
　　②3群

16. 次の1日の献立に不足している6つの基礎食品群として、正しいのはどちらですか。

朝食＝ロールパン・目玉焼き・オレンジジュース
昼食＝スパゲティナポリタン（スパゲティ、ウィンナー、玉ねぎ、ケチャップ） 　　　きのこサラダ（しめじ、レタス、きゅうり）
間食＝みかん
夕食＝ごはん・ぶた肉のしょうが焼き・ほうれん草のおひたし・じゃがいものみそ汁

　　①1群
　　②2群

17. 6つの食品群で献立を作ります。次の1日の献立について、昼食に1品追加するものとして、望ましいのはどちらですか。

> 朝食＝ごはん・サケの塩焼き・ひじきの煮物・キャベツのみそ汁
> 昼食＝親子どん・きのこ汁
> 夕食＝ロールパン・ハンバーグ・レタスときゅうりのサラダ・ヨーグルト
> 間食＝クッキー・紅茶

①ほうれん草のおひたし
②りんご

18. 成長に必要なエネルギーを摂取するためにすることとして、望ましいのはどちらですか。
①1日に朝、昼、夕と3回の食事をとる。
②1日に朝、昼、夕のうち、2回の食事はしっかり食べ、必要に応じて間食をとる。

19. 朝ごはんの役割について、正しいのはどちらですか。
①体温を下げる。
②腸の働きを活発にする。

20. 脳のエネルギー源となるブドウ糖がふくまれている栄養素として、正しいのはどちらですか。
①炭水化物
②無機質

21. 次の料理の組み合わせをさす言葉として、正しいのはどちらですか。

> ごはん、焼きザケ、ほうれん草のおひたし、みそ汁

①一汁二菜
②一汁三菜

22. 一汁三菜の配膳として、正しいのはどちらですか。
①
②

33

23. 主菜の食材として、正しいのはどちらですか。
   ①魚
   ②いも

24. かつどんの料理の分類として、正しいのはどちらですか。
   ①主食と主菜
   ②主食と副菜

25. A君は、給食の時間に、イラストのような食べ方をしていたら、先生に注意されました。注意された理由はどちらですか。
   ①食器を手に持って食べているから。
   ②ひじをついて食べているから。

26. 夏が旬の野菜はどちらですか。
   ①ブロッコリー
   ②オクラ

27. 合わせだしとして、正しいのはどちらですか。
   ①カツオ節としょうゆ
   ②こんぶとカツオ節

28. みそ汁の実に使うねぎの種類とその産地の組み合わせとして、正しいものを1つ選びなさい。
   ①九条ねぎ　　　──　　京都府
   ②深谷ねぎ　　　──　　群馬県
   ③下仁田ねぎ　──　　埼玉県

29. おせち料理で「豊作祈願」の願いをこめて作る料理として、正しいのはどちらですか。
   ①田作り（ごまめ）
   ②黒豆

30. 煎茶をいれるお湯の温度として、望ましいのはどちらですか。
   ①80℃
   ②100℃

31. 調理をするときの身じたくで、つめの切り方として、正しいのはどちらですか。
   ①手のひら側から見て、つめが指先から見えないくらいの長さに切る。
   ②手のひら側から見て、つめが指先から少し見えるくらいの長さに切る。

32. ハンバーグを焼くときに食中毒を防ぐ焼き方として、正しいのはどちらですか。
   ①ハンバーグの表面に焼き色がつき、竹ぐしをさしたときに透明な肉汁がでてきた状態。
   ②ハンバーグの表面に焼き色がつき、竹ぐしをさしたときに赤い肉汁がでてきた状態。

33. 食中毒を防ぐために、食品を低温で保存する理由として、正しいのはどちらですか。
   ①細菌をつけない。
   ②細菌を増やさない。

34. ブロッコリーをゆでて、お湯から取り出すときに使う調理器具として、正しいのはどちらですか。
   ①ざる
   ②ボール

35. ガスこんろの特徴として、正しいのはどちらですか。
   ①ガスはにおいがあり、ガス漏れに気がつきやすい。
   ②ガスは無臭であり、ガス漏れに気がつきにくい。

36. 焼き魚を調理するのにガスこんろについているグリルが適している理由として、正しいのはどちらですか。
   ①直接火が当たらず調理できる。
   ②直接火を当てて調理できる。

37. 茶わん1ぱいのごはんは電子レンジを使うと1分で温められます。茶わん3ばいのごはんをいっしょに温める場合の時間の目安として、正しいのはどちらですか。
   ①3分
   ②9分

38. 冷蔵庫の省エネを考えた使い方として、正しいものを1つ選びなさい。
   ①直射日光の当たらない場所に設置する。
   ②冷蔵庫の上にものを置く。
   ③壁につけて設置する。

39. 精白米150gは、何合ですか。
   ①1合
   ②2合

40. じゃがいもの皮をむくときに使う包丁の部分として、望ましいのはどちらですか。
　①刃元
　②峰

41. フッ素樹脂加工のフライパンの洗い方として、望ましいのはどちらですか。
　①スポンジを用いて洗い、ふきんでふく。
　②たわしを用いて洗い、火にかけてかわかす。

42. 赤飯を作るのに適した米として、正しいのはどちらですか。
　①うるち米
　②もち米

43. たんぱく質の割合が多い小麦粉として、正しいのはどちらですか。
　①薄力粉
　②中力粉

44. 次の斜線Ⓐで示したとり肉の部位を使う料理として、望ましいのはどちらですか。
　①サラダ
　②からあげ

45. 生のときはやわらかく、加熱すると身がしまる魚として、正しいのはどちらですか。
　①サバ
　②タラ

46. 卵の入っている食品として、正しいのはどちらですか。
　①ちくわ
　②厚揚げ

47. 大豆製品として、正しいのはどちらですか。
　①おから
　②粉チーズ

48. ふろふき大根やおでんを作るときに使う大根の部位として、望ましいのはどちらですか。
　①真ん中
　②下部

49. 米、米こうじ、糖類を原料として作られる調味料として、正しいのはどちらですか。
　①みりん
　②しょうゆ

50. Bさんは、家族といっしょにスーパーマーケットに買い物に行きました。牛乳パックの期限表示が気になり家族に聞くと「おいしく食べられる期限だよ」と教えてくれました。その表示として、正しいのはどちらですか。
　①賞味期限
　②消費期限

51. 温かい料理の保存方法として、適切なものを1つ選びなさい。
　①熱いうちにラップやふたをして保存する。
　②30～40℃まで冷ましてから、ラップやふたをして保存する。
　③室温まで冷ましてから、ラップやふたをして保存する。

52. ほうれん草をゆでるときのお湯の状態として、望ましいのはどちらですか。
　①なべ肌に小さい泡がぷつぷつとついている。
　②ぐらぐらと大きい泡が出ている。

53. 野菜のいため物を作るとき、切り方と大きさをそろえて切る理由として、正しいのはどちらですか。
　①早く切ることができるため。
　②火の通りを均一にするため。

54. 茶わん4杯分のごはんを準備するために必要な米の量として、正しいのはどちらですか。
　①1合
　②2合

55. 煮干しこんぶだしのとり方として、望ましいのはどちらですか。
　①水に30分以上入れておいた後、沸騰まで30分かけて煮出す。
　②水に30分以上入れておいた後、沸騰まで7～8分かけて煮出す。

56. 4人分のみそ汁を作るためのだしの量として、正しいのはどちらですか。
　①1カップ
　②3カップ

57. 次のイラストで、魚の照り焼きのつけ合わせにゆで野菜を添える場合、お皿に置く位置として、正しいのはどちらですか。

① 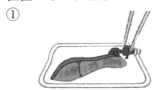　　　　②

58. せん切りキャベツに塩をふったあとの変化として、正しいのはどちらですか。
①パリッとする。
②しんなりする。

59. フライドポテトを作るとき、いもの吸油量が少ない切り方はどちらですか。
①くし形切り
②せん切り

60. ほうじ茶の説明として、正しい組み合わせはどちらですか。
①発酵させないお茶 ── 沸騰したお湯でいれる。
②発酵させたお茶 ── 80℃前後のお湯でいれる。

4級トライアル①

1．食文化の継承（けいしょう）について、アとイに当てはまる言葉の正しい組み合わせはどちらですか。

> 地域で生産された食材の（　ア　）や、その土地ならではの食材や調理方法で作られ、地域の伝統として受けつがれてきた（　イ　）を家族や地域の人と作ることは、食文化の継承（けいしょう）につながります。

①ア：リサイクル　――　イ：行事食
②ア：地産地消　　――　イ：郷土料理

2．くだものを食品工場でジュースにすることを表す言葉として、正しいのはどちらですか。
①流通
②加工

3．五大栄養素として、正しいのはどちらですか。
①たんぱく質
②水

4．脂質（ししつ）の体の中でのおもな働きとして、正しいのはどちらですか。
①エネルギー源になる。
②筋肉や臓器、血液などを作るもとになる。

5．炭水化物にふくまれる栄養素として、正しいのはどちらですか。
①無機質
②食物繊維（せんい）

6．カルシウムの吸収をよくする栄養素として、正しいのはどちらですか。
①ビタミンD
②ビタミンA

7．不足すると貧血になりやすくなる栄養素として、正しいのはどちらですか。
①鉄
②ビタミンB_1

8．6つの基礎（きそ）食品群で、2群に多くふくまれる栄養素として、正しいのはどちらですか。
①ビタミンD
②カルシウム

9. 6つの基礎食品群で、6群に多くふくまれる栄養素として、正しいのはどちらですか。
　①糖質
　②脂質

10. 6つの基礎食品群と食品の正しい組み合わせはどちらですか。
　①2群 ── のり
　②3群 ── しいたけ

11. 6つの基礎食品群で、りんごが分類される群として、正しいのはどちらですか。
　①1群
　②4群

12. 6つの基礎食品群と食品の正しい組み合わせはどちらですか。
　①5群 ── さつまいも
　②3群 ── キャベツ

13. 「ごはん・サケの塩焼き」の献立に組み合わせるものとして、望ましいのはどちらですか。
　①納豆
　②野菜をたくさん入れたみそ汁

14. 献立を立てる順番として、望ましいのはどちらですか。
　①主食 → 主菜 → 副菜・汁物 → 飲み物・くだもの
　②飲み物・くだもの → 主食 → 主菜 → 副菜・汁物

15. 次の献立「スパゲティミートソース・レタスときゅうりのサラダ・牛乳」をよりよくするために、6つの基礎食品群の中から食品を選びます。組み合わせる群として、望ましいのはどちらですか。
　①3群
　②5群

16. ある日の朝食です。6つの基礎食品群のうち、ふくまれていない群として、正しいのはどちらですか。

トースト・目玉焼き・アスパラガスとベーコンソテー・じゃがいもと玉ねぎのスープ・みかん

　①1群
　②2群

17.　6つの食品群で献立を作ります。次の1日の献立について、昼食に1品追加するものとして、望ましいのはどちらですか。

> 朝食＝トースト・スクランブルエッグ・きのこスープ
> 昼食＝おにぎり・とり肉のからあげ・りんご・ヨーグルト
> 夕食＝ごはん・サケの照り焼き・キャベツのおひたし・豆腐のみそ汁
> 間食＝クッキー・紅茶

①かぼちゃの煮物
②フライドポテト

18.　夕ごはんを食べる時間として、望ましいのはどちらですか。
①ねる時間の直前。
②ねる時間の2時間前まで。

19.　朝ごはんの役割について、正しいのはどちらですか。
①体温を上げる。
②体温を下げる。

20.　脳のエネルギー源として、正しいのはどちらですか。
①ブドウ糖
②ビタミンC

21.　一汁三菜の「菜」の意味として、正しいのはどちらですか。
①ごはん（飯）
②おかず

22.　家族に夕食を作りました。和食の配膳として、ア、イ、ウの正しい組み合わせはどちらですか。

> ごはんとみそ汁は（　ア　）に、ブリの照り焼きと筑前煮は（　イ　）に、はしは（　ウ　）ほうをきき手側にして手前に置きます。

①ア：奥　　――　　イ：手前　　――　　ウ：細い
②ア：手前　――　　イ：奥　　　――　　ウ：太い

23.　副菜のおもな食品・材料として、正しいのはどちらですか。
①野菜
②肉

24.　とり肉の照り焼きの料理の分類として、正しいのはどちらですか。
①主食
②主菜

25. 夕食を食べるときに、家族がごはんを盛りつけてテーブルの真ん中に置いてくれました。そのごはんを自分のところに持ってこようとしたときに家族から注意されました。注意された理由はどちらですか。
　　①はしを持ったまま、はしを持った手で茶わんを取ったから。
　　②はしを一度置いて、茶わんを取ったから。

26. 冬が旬の野菜はどちらですか。
　　①ほうれん草
　　②さやえんどう

27. だしをとるために用いる食品とそのうま味成分について、正しい組み合わせはどちらですか。
　　①貝類　　──　　コハク酸
　　②こんぶ　　──　　イノシン酸

28. みその特徴として、正しいのはどちらですか。
　　①西京みそは、ほかのみそに比べて米こうじの割合が高い。
　　②麦みそは、「八丁みそ」ともいわれ、色の白いみそである。

29. 行事と行事食について、正しい組み合わせはどちらですか。
　　①先祖の霊を供養する行事食　　──　　精進料理
　　②先祖に感謝する日の行事食　　──　　月見団子

30. 茶葉を入れる容器の名前として、正しいのはどちらですか。
　　①茶たく
　　②茶筒

31. 食中毒を防ぐために、注意することとして、正しいのはどちらですか。
　　①調理中はこまめに手を洗う。
　　②最初に1回だけ手を洗う。

32. 食中毒を防ぐために、肉や魚を十分に加熱する理由として、正しいのはどちらですか。
　　①細菌をつけないため。
　　②細菌をやっつけるため。

33. 食中毒を防ぐために、生肉を冷蔵庫に入れる理由として、正しいのはどちらですか。
　　①細菌やウイルスをやっつけるため。
　　②細菌やウイルスを増やさないため。

34. ほうれん草をフライパンでいためるときに使う調理器具として、正しいのはどちら
ですか。
　①玉じゃくし
　②菜ばし

35. 次のイラストのガス栓_{せん}の状態として、正しいのはどちらですか。
　①ガス栓_{せん}が閉じている。
　②ガス栓_{せん}があいている。

36. 冷凍_{れいとう}のごはんを温めるのに適した加熱調理器具として、正しいのはどちらですか。
　①グリル
　②電子レンジ

37. 電子レンジの使い方として、正しいのはどちらですか。
　①容器にアルミホイルをかぶせて温める。
　②容器にラップをかぶせて温める。

38. 冷蔵庫の庫内温度として保っておくとよい温度として、正しいのはどちらですか。
　①1〜5℃
　②18℃以下

39. 水小さじ1ぱいの量として、正しいのはどちらですか。
　①5 mL
　②15mL

40. 次のイラストの切り方で、くし形切りとして、正しいのはどちらですか。
　①

　②

41. 使った調理器具や食器を洗う順番として、望ましいのはどちらですか。
　　①よごれの少ないものから洗う。
　　②よごれの多いものから洗う。

42. 次の米のイラストの斜線Ⓐで示した部位として、正しいのはどちらですか。
　　①胚乳
　　②胚芽

43. スポンジケーキの材料となる小麦粉として、正しいのはどちらですか。
　　①強力粉
　　②薄力粉

44. 次の斜線Ⓐで示したぶた肉の部位として、正しいのはどちらですか。
　　①もも
　　②バラ

45. 赤身の魚として、正しいのはどちらですか。
　　①サバ
　　②タラ

46. 固ゆで卵を作るとき、卵をゆですぎると卵黄が黒くなる理由として、正しいのはどちらですか。
　　①卵白にふくまれるイオウと卵黄の鉄が反応するから。
　　②卵白にふくまれる鉄と卵黄のイオウが反応するから。

47. 豆腐をあげて作るものとして、正しいのはどちらですか。
　　①がんもどき
　　②湯葉

48. 花やつぼみを食べる野菜として、正しいのはどちらですか。
　　①ブロッコリー
　　②アスパラガス

49. マヨネーズを作ります。材料として、正しいのはどちらですか。
　　①油、卵黄、酢、塩、こしょう
　　②油、牛乳、酢、塩、こしょう

50. アレルギー表示の特定原材料として表示が義務づけられている食品として、正しいのはどちらですか。
　　①エビ
　　②イカ

51. 野菜の保存方法として、適切なものを1つ選びなさい。
　　①土つきごぼうは、土がついたまま保存する。
　　②里いもは、土を洗い落としてから保存する。
　　③新玉ねぎは、冷暗所で保存する。

52. じゃがいものゆで方として、望ましいのはどちらですか？
　　①水からゆでる。
　　②沸騰したお湯でゆでる。

53. 厚みのある肉を焼くときの火加減はどちらですか。
　　①強火　→　弱火
　　②弱火　→　強火

54. ごはんの盛りつけ方として、望ましいのはどちらですか。
　　①平べったく盛る。

　　②真ん中が高くなるように盛る。

55. カツオこんぶだしのとり方として、望ましいのはどちらですか。
　　①こんぶとカツオ節の両方を水から入れて煮出す。
　　②こんぶを水から入れて煮出したあとにカツオ節を入れて煮出す。

56. 大根のみそ汁を作ります。だしの中に先に入れる材料として、望ましいのはどちら
ですか。
①大根
②みそ

57. 焼き魚を作ります。魚をきれいに焼く方法として、望ましいのはどちらですか。
①盛りつけるとき上になる面を先に焼く。
②盛りつけるとき上になる面を後に焼く。

58. 生野菜のサラダを作りました。ドレッシングをかけるタイミングとして、望ましい
のはどちらですか。
①食べる2時間くらい前
②食べる直前

59. 肉じゃがを作ります。いもがまだかたいのに、煮汁が少なくなったときにすること
として、望ましいのはどちらですか。
①だしを加えて、さらに煮る。
②だしを加えて、火を止める。

60. ミルクゼリーに必要な材料として、正しいのはどちらですか。
①粉ゼラチン
②かたくり粉

1．食事について、正しいものを1つ選びなさい。
　①1日1回の食事で、エネルギーを補充することが望ましい。
　②成長期の食事は、将来の健康にかかわる。
　③エネルギーの過不足は、骨の量でわかる。

2．エネルギーを産生する栄養素について、正しいものを1つ選びなさい。
　①1gあたり最も多くのエネルギーを産生するのは、脂質である。
　②炭水化物は、消化されアミノ酸となる。
　③たんぱく質は、体内にとりこまれるとすぐにエネルギーに変わる。

3．たんぱく質について、正しいものを1つ選びなさい。
　①消化されると、脂肪酸になる。
　②筋肉の構成成分になる。
　③30種類のアミノ酸から構成される。

4．脂質について、正しいものを1つ選びなさい。
　①中性脂肪は、グリセリンと脂肪酸が結合したものである。
　②エイコサペンタエン酸は、n-6系脂肪酸である。
　③必須脂肪酸は、体内で合成される。

5．炭水化物について、正しいものを1つ選びなさい。
　①炭水化物のエネルギー産生効率は、脂質より高い。
　②消化されると、アミノ酸になる。
　③激しい運動時に、筋肉の主要なエネルギー源として、利用される。

6．食物繊維について、正しいものを1つ選びなさい。
　①脂質の腸管吸収を促進する。
　②腸内の有害菌の働きを抑えて、腸内環境をよくする。
　③血糖値を上昇させる。

7．ミネラルの欠乏症について、正しいものを1つ選びなさい。
　①亜鉛が欠乏すると、味覚障害がおきる。
　②カルシウムが欠乏すると、貧血になる。
　③鉄が欠乏すると、骨粗鬆症になる。

8．脂溶性ビタミンとして、正しいものを1つ選びなさい。
　①ビタミンD
　②ビタミンB_1
　③ビタミンC

9．日本人の食事摂取基準（2020年版）の成人（18～49歳）の目標とするBMIの範囲について、正しいものを1つ選びなさい。
  ①17.0～24.9kg/m^2
  ②18.5～24.9kg/m^2
  ③18.5～25.5kg/m^2

10．わが国で利用されている食品群における「芋」の分類について、正しい組み合わせを1つ選びなさい。
  ①三色食品群　　　　――　　緑群
  ②6つの基礎食品群　――　第3群
  ③4つの食品群　　　――　第3群

11．4つの食品群の栄養学的特徴について、正しいものを1つ選びなさい。
  ①第1群は、ビタミンB$_1$の供給源となる食品群である。
  ②第2群は、たんぱく質の供給源となる食品群である。
  ③第4群は、ビタミンCの供給源となる食品群である。

12．4つの食品群について、正しいものを1つ選びなさい。
  ①第1群は、栄養を完全にする食品群である。
  ②第2群は、体の調子をよくする食品群である。
  ③第4群は、血や肉を作る食品群である。

3級トライアル①

13．食品と4つの食品群の分類について、正しい組み合わせを1つ選びなさい。
  ①湯葉　　　　　　――　第1群
  ②さやいんげん　　――　第3群
  ③ピータン　　　　――　第4群

14．栄養指導における緑黄色野菜について、正しいものを1つ選びなさい。
  ①にがうり
  ②かいわれだいこん
  ③キャベツ

15．料理の分類について、正しいものを1つ選びなさい。
  ①主菜は、穀物を主材料とする料理である。
  ②主食は、たんぱく質が主体の食品を用いた料理である。
  ③一汁三菜は、主食、主菜、副菜、副々菜、汁物の組み合わせである。

16．食事バランスガイドについて、正しいものを1つ選びなさい。
  ①「コマ」のイラストは、1食に「何を」「どれだけ」食べたらよいかを示している。
  ②「コマ」は、主食、副菜、主菜、牛乳・乳製品の4つで区分されている。
  ③食事区分は、「コマ」の上から下へ多くとりたい順に示されている。

17. 1人分の料理に使われる食品の目安量として、適切なものを1つ選びなさい。
　①魚の切り身　　　　　　　　　　　——　　70～100g
　②つけ合わせのせん切りキャベツ　——　100～150g
　③みそ汁のじゃが芋　　　　　　　　——　　70～100g

18. 1日分の献立作成の留意点について、適しているものを1つ選びなさい。
　①主食は、朝・昼・夕いずれかでとることが望ましい。
　②主菜の主材料は、夕食に多くふり分ける。
　③副菜は、野菜・芋などを5皿以上とする。

19. 成人男子の昼食献立である。改善点として、適切なものを1つ選びなさい。
　昼食：ラーメン
　①チャーハンを加える。
　②鶏肉のから揚げを加える。
　③野菜サラダを加える。

次の文を読み、問題「20」、「21」、「22」に答えなさい。

健康な18歳の女子学生の1日の食事例である。
朝食：「チーズトースト、目玉焼き、いちご、牛乳」
昼食：「ごはん、麻婆豆腐、なすの中華風あえ物、小松菜の煮浸し」
夕食：「ごはん、主菜のつけ合わせとしてかぶの酢の物、ほうれん草のごまあえ、
　　　　かぼちゃの煮物、せん切り野菜のすまし汁」

---

20. この女子学生の朝食に組み合わせる料理として、適しているものを1つ選びなさい。
　①たまごサラダ
　②コールスローサラダ
　③フルーツサラダ

21. この女子学生の昼食に組み合わせる料理として、適しているものを1つ選びなさい。
　①わかめと豆腐のみそ汁
　②きのこのスープ
　③コーンポタージュ

22. この女子学生の夕食に組み合わせる主菜として、適しているものを1つ選びなさい。
　①魚の塩焼き
　②かに玉
　③豚肉のソテー

23. ユネスコの無形文化遺産に登録された「和食」について、適切なものを1つ選びなさい。
　　①和食の献立は、一汁一菜を基本にしている。
　　②ユネスコに登録された「和食」は、伝統的な食文化全体のことである。
　　③和食の特徴は、年中行事のかかわりが少ないことである。
　　④和食の特徴は、地域差が少ないことである。

24. おせち料理の意味として、適切なものを1つ選びなさい。
　　①数の子は、子宝に恵まれることを願う。
　　②きんとんは、知識が増えることを願う。
　　③だて巻きは、健康を願う。
　　④田作りは、長寿を願う。

25. 日本の伝統的な行事と料理について、適切な組み合わせを1つ選びなさい。
　　①ひな祭り　　――　　いなりずし
　　②こどもの日　――　　ぼたもち
　　③冬至　　　　――　　かぼちゃの煮物

26. 食材と旬について、適切な組み合わせを1つ選びなさい。
　　①ほうれん草　　――　　春
　　②ブロッコリー　――　　冬
　　③さやえんどう　――　　夏

27. 「迷い箸」の説明として、適切なものを1つ選びなさい。
　　①箸を宙に浮かせて、料理の上で何を食べるかあれこれ選ぶ。
　　②箸を使って、器に盛った料理の下のほうから食べたいものを探るようにしてとる。
　　③箸を使って、料理の入った器を自分のほうに引き寄せる。

28. 西洋料理のマナーで、食事を始める前のカトラリーの位置として、適切なものを1つ選びなさい。

①

②

③

29. 日本料理のあえ物の盛りつけについて、適切なものを1つ選びなさい。
　①盛りつけは平たくする。
　②全量を1回で盛りつける。
　③器の縁に料理をつけないように盛りつける。

30. 中国料理の食器と配膳の特徴について、適切なものを1つ選びなさい。
　①料理は、各自に盛りつけられて提供されるのが一般的である。
　②取り皿は、料理が変わっても同じものを使う。
　③汁の器は、手で持って食べる。
　④配膳の位置は、汁の器は平皿の奥に置く。

31. 浸漬について、正しいものを1つ選びなさい。
　①乾物を膨潤させ、砂出しをする。
　②りんごの切断面や皮を除いた部分を、褐変させる。
　③ほうれん草や竹の子のアクが抜ける。

32. 湿式加熱について、正しいものを1つ選びなさい。
　①湿式加熱は、水を利用しない加熱方法である。
　②1つのなべで、肉や魚、野菜を煮ると、それぞれのうま味や香りが混ざり合いおいしくなる。
　③煮るは、ほかの調理法の下処理として行われることが多い。

33. 揚げ物について、正しいものを1つ選びなさい。
　①小麦粉をつけて揚げることを、素揚げという。
　②冷凍コロッケは、140℃で揚げる。
　③材料によっては、二度揚げすることもある。

34. だしのとり方について、正しいものを1つ選びなさい。
　①カツオこんぶだしのカツオ節は、水から入れる。
　②煮干しこんぶだしの煮干しは、沸騰直後に入れる。
　③こんぶだしのとり方では、30〜60分水に浸けておく方法がある。

35. 家庭用冷凍冷蔵庫の諸室と一般的な設定温度の組み合わせを示したものである。正しいものを1つ選びなさい。
　①冷蔵室　　　——　　　1〜5℃
　②チルド室　　——　　　3〜7℃
　③冷凍室　　　——　　−1〜2℃

36. 加熱調理器具について、正しいものを1つ選びなさい。
　①電子レンジは、摩擦熱により食品自体が発熱する。
　②電磁（IH）調理器は、トッププレート下のコイルの発熱により加熱する。
　③電子レンジで使用する容器は、金属が適している。

37. 白玉粉について、正しいものを1つ選びなさい。
　①原料はうるち米である。
　②白玉粉は、熱湯でこねる。
　③白玉団子は、粘りが強く老化しにくい。

38. 小麦粉の膨化調理について、正しい組み合わせを1つ選びなさい。
　①中華まんじゅう　　——　　卵の気泡
　②スポンジケーキ　　——　　イースト
　③シュー生地　　　　——　　水蒸気圧

39. 肉の部位と料理について、適した組み合わせを1つ選びなさい。
　①牛肉のリブロース　　——　　しゃぶしゃぶ
　②豚肉のヒレ　　　　　——　　シチュー
　③鶏肉のささ身　　　　——　　煮込み

40. 肉をやわらかくする方法について、正しいものを1つ選びなさい。
　①食塩に漬け込む。
　②すじを切り、肉たたきでたたく。
　③肉の線維に平行に切る。
　④アミラーゼを含む食品を加熱前の下処理で用い、肉にまぶしたり、漬け込んだりする。

41. 魚介類について、正しいものを1つ選びなさい。
　　①魚類は、産卵後の脂質量の少ない時期を「旬」と呼ぶ。
　　②魚類の脂質は、不飽和脂肪酸が多い。
　　③エビやタコは、脂質含量が多い。

42. 魚の調理について、正しいものを1つ選びなさい。
　　①魚に塩をふった後、出てきた水分はふきとらずに調理する。
　　②煮魚は、煮汁を煮立ててから魚を入れる。
　　③焼き魚の焼き始めは、弱火にする。

43. 卵の調理について、正しいものを1つ選びなさい。
　　①卵白は、65℃で完全にかたまる。
　　②卵に塩を加えて加熱すると、かたまりやすくなる。
　　③薄焼き卵を作るときは、弱火で焼く。

44. 乳・乳製品の調理について、正しいものを1つ選びなさい。
　　①牛乳で野菜を長時間加熱すると、牛乳の口当たりが悪くなる。
　　②焼き菓子を作るときに牛乳を加えると、色がつきにくい。
　　③脂肪含量の高いクリームは、泡立てるときに分離しにくい。

45. 豆類の調理について、正しいものを1つ選びなさい。
　　①大豆は、いんげん豆よりでんぷんが多い。
　　②あずきは、加熱前に3〜5時間の浸水を行う。
　　③甘煮を作るときは、豆が十分やわらかくなった後に、数回に分けて砂糖を加える。

46. ほうれん草の調理について、正しいものを1つ選びなさい。
　　①ゆでるときのゆで湯量の倍率は、キャベツのときより少ない。
　　②ゆでるときには、ふたをしない。
　　③ゆでた後は、水に取らずにざるに広げる。

47. 野菜の色と色素について、正しい組み合わせを1つ選びなさい。
　　①さつま芋の皮の紫色　　——　　カロテノイド
　　②玉ねぎの白色　　　　　——　　フラボノイド
　　③かぼちゃのオレンジ色　——　　アントシアニン

48. さつま芋の調理について、正しいものを1つ選びなさい。
　　①きんとんを作るときは皮を厚くむくと、色がきれいに仕上がる。
　　②電子レンジで加熱すると、蒸し器で蒸すより甘みが強くなる。
　　③粘りがでないようにするには、ゆでたさつま芋をさましてから裏ごす。

49. 果物について、正しいものを1つ選びなさい。
　①ジャムのゼリー化に必要な成分は、プロテアーゼである。
　②果物の切り口の褐変は、ビタミンCの酸化が原因である。
　③生の果物は、カリウムの摂取源となる。

50. かんてんとゼラチンの調理について、正しいものを1つ選びなさい。
　①ゼラチンゼリーは、砂糖が多いほどかたくなる。
　②かんてんゼリーは、離水しにくい。
　③かんてんゼリーの透明感は、かんてん濃度が高いほど高くなる。

51. 調味料について、正しいものを1つ選びなさい。
　①うす口しょうゆの食塩濃度は、濃い口しょうゆより低い。
　②砂糖は、糊化でんぷんの老化を促進する。
　③八丁みそは、豆みそに分類される。

52. さつま芋400gを6％糖分で煮る。砂糖の使用量として、正しいものを1つ選びなさい。
　①大さじ2杯
　②大さじ2と2/3杯
　③大さじ3杯

53. 食べ物の味と温度について、正しいものを1つ選びなさい。
　①食品や料理の適温は、体温±10〜15℃とされている。
　②酢の物は、冷やすと酸味が強くなる。
　③果物は、冷やしたほうが甘く感じる。

54. 食中毒を予防する身支度として、最も適当なものを1つ選びなさい。
　①爪を短く切る。
　②イヤリング、ピアスをはずす。
　③香りの強い香水をつけない。

55. 食中毒を予防する調理時のポイントとして、正しいものを1つ選びなさい。
　①盛りつけ、配膳の後に、水でよく手を洗う。
　②魚の表面を、真水でよく洗う。
　③大きい食品は火が通りやすいため、加熱状態を確認しなくてよい。
　④二枚貝の中心部を75℃・1分以上加熱したことを確認する。

56. 夏季（6〜8月）より冬季（12〜2月）に多く発生する食中毒について、正しいものを1つ選びなさい。
   ①寄生虫による食中毒
   ②細菌性食中毒
   ③植物性食中毒（きのこ）
   ④ウイルス性食中毒

57. 細菌が増殖しやすい水分活性について、最も適当なものを1つ選びなさい。
   ①0.95
   ②0.75
   ③0.55
   ④0.35

58. 果物の缶詰に表示されている期限表示について、正しいものを1つ選びなさい。
   ①消費期限が表示されている。
   ②開缶後も有効である。
   ③年月の表示ができる。
   ④製造から5日前後の日付が表示されている。

59. 次の食品の容器・包装につけられている表示マークの中で、国の基準で定められているマークとして、正しいものを1つ選びなさい。

①

②

③

④

60. 環境と衛生に配慮した食器・器具の洗浄について、正しいものを1つ選びなさい。
   ①肉を切ったまな板は、すぐに洗剤を用いて洗浄する。
   ②野菜を油でいためたフライパンは、すぐに洗剤を用いて洗浄する。
   ③食べ終わった茶わんは、汚れをふきとらずに洗浄する。
   ④野菜いためを盛りつけた器の後に、湯のみを洗う。

1．郷土料理について、正しいものを1つ選びなさい。
　①根菜類を中心とした料理のことである。
　②季節の区切りに用意する料理のことである。
　③その地域で収穫される食材を利用した料理のことである。

2．エネルギー産生栄養素として、正しいものを1つ選びなさい。
　①ビタミン
　②ミネラル
　③たんぱく質

3．たんぱく質について、正しいものを1つ選びなさい。
　①たんぱく質は、消化されるとアミノ酸となる。
　②たんぱく質を構成するアミノ酸は、9種類ある。
　③必須アミノ酸は、5種類である。

4．脂質（脂肪酸）について、正しいものを1つ選びなさい。
　①脂質をとり過ぎると、血中脂質が上昇する。
　②飽和脂肪酸は、魚類に多く含まれる。
　③エイコサペンタエン酸は、牛乳に多く含まれる。

5．炭水化物について、正しいものを1つ選びなさい。
　①乳糖は、穀類に多く含まれる。
　②ブドウ糖は、脳のエネルギー源である。
　③砂糖はでんぷんに比べ、消化・吸収が遅い。

6．食物繊維について、正しいものを1つ選びなさい。
　①人の消化酵素で消化できる。
　②腸の運動を刺激し、便秘を招く。
　③血中のコレステロール濃度を低下させる。

7．ミネラルについて、正しいものを1つ選びなさい。
　①カルシウムは、骨・歯の成分になる。
　②鉄は、体液の浸透圧を調節する。
　③ナトリウムは、酸素の運搬を行う。

8．ビタミンについて、正しいものを1つ選びなさい。
　①ビタミンB_1は、体内で合成できる。
　②ビタミンCは、尿中に排泄されない。
　③ビタミンAのとりすぎは、過剰症を招く。

9. 体格指数（BMI）の算出方法について、正しいものを1つ選びなさい。
　①体重(kg)÷身長(m)
　②体重(kg)÷身長(m)^2
　③身長(m)^2÷体重(kg)

10. 食品の分類について、正しいものを1つ選びなさい。
　①三色食品群は、主食・主菜・副菜を色で分類している。
　②6つの基礎食品群は、緑黄色野菜と淡色野菜を異なる群に分類している。
　③4つの食品群は、肉と卵を同じ群に分類している。

11. 4つの食品群の栄養学的特徴について、正しいものを1つ選びなさい。
　①第1群は、カルシウムの供給源となる食品群である。
　②第2群は、炭水化物の供給源となる食品群である。
　③第3群は、たんぱく質の供給源となる食品群である。

12. 4つの食品群について、正しいものを1つ選びなさい。
　①第1群は、体の調子をととのえる食品群である。
　②第2群は、肉や血を作る食品群である。
　③第3群は、栄養を完全にする食品群である。

13. 食品と4つの食品群の分類について、正しい組み合わせを1つ選びなさい。
　①豆乳　　　　　──　　第1群
　②こんにゃく　──　　第3群
　③チーズ　　　　──　　第4群

14. 緑黄色野菜に豊富に含まれる栄養素について、正しいものを1つ選びなさい。
　①たんぱく質
　②脂質
　③葉酸

15. 料理の分類について、正しいものを1つ選びなさい。
　①主菜は、魚や肉、大豆製品などたんぱく質が主体の食品を主材料とする料理である。
　②主食は、ビタミン源となる食品を用いた料理である。
　③一汁三菜は、主食、主菜、汁物の組み合わせである。

16. 食事バランスガイドにおける食べる量を数える単位として、正しいものを1つ選びなさい。
　①皿数として「つ（SV）」
　②エネルギー量として「kcal」
　③エネルギー量として「点」

17. 1人分の料理に使われる食品の目安量として、適切なものを1つ選びなさい。
　①ゆでうどんは、120gである。
　②豚肉とキャベツのいため物の豚肉は、120〜150gである。
　③お浸しの青菜は、70〜100gである。

18. 1食分の献立を決める順番について、適切なものを1つ選びなさい。
　①主食　→　主菜　→　副菜　→　汁物
　②汁物　→　副菜　→　主食　→　主菜
　③副菜　→　主食　→　汁物　→　主菜

19. 成人女子の夕食献立である。主菜を魚料理にしたい。主菜として、適切なものを1つ選びなさい。
　夕食：ごはん、野菜いため、みそ汁
　①サバのみそ煮
　②サバの竜田揚げ
　③サバの塩焼き

次の文を読み、問題「20」、「21」、「22」に答えなさい。

健康な18歳の女子学生の1日の食事例である。
朝食：「チーズトースト、ナスとトマトのソテー、オレンジ、牛乳」
昼食：学生食堂で、「ミートソーススパゲティ」を選択

---

20. この女子学生の朝食に組み合わせる料理として、適しているものを1つ選びなさい。
　①ゆで卵
　②豚肉のソテー
　③ミネストローネ

21. この女子学生の昼食に組み合わせる料理として、適しているものを1つ選びなさい。
　①大学芋
　②マカロニサラダ
　③ブロッコリーのサラダ

22. この女子学生の夕食の主菜として、適しているものを1つ選びなさい。
　①エビフライ
　②サケの照り焼き
　③鶏肉のから揚げ

3級トライアル②

23. ユネスコの無形文化遺産に登録された「和食」について、適切なものを1つ選びなさい。
　①和食の献立の基本は、一汁一菜である。
　②旬の食材を生かした料理である。
　③獣鳥肉類が多く用いられている。
　④年中行事とは、あまり関係はない。

24. おせち料理の意味として、適切なものを1つ選びなさい。
　①エビは、知識が増えることを願う。
　②黒豆は、健康を願う。
　③だて巻きは、喜びが広がることを願う。

25. 年中行事と食の組み合わせについて、適切なものを1つ選びなさい。
　①節分　──　七草がゆ
　②七夕　──　ハマグリの吸い物
　③冬至　──　あずきがゆ

26. 食材と旬について、適切な組み合わせを1つ選びなさい。
　①竹の子　──　夏
　②しそ　　──　冬
　③くり　　──　秋

27. 箸の使い方について、適切なものを1つ選びなさい。
　①箸で器を引き寄せる。
　②箸で料理を刺してとる。
　③箸を持つときは、利き手で中央を持ち上げ、同時に逆の手をそえる。

28. 各国の食事マナーについて、適切なものを1つ選びなさい。
　①中国料理は、大皿に近い人が全員分を取り分けてから食べる。
　②洋食の会食は、前菜、スープ、肉料理、魚料理、デザートの順に食べる。
　③日本料理では、初めに汁・飯の順で箸をつける。

29. 日本料理の盛りつけについて、適切なものを1つ選びなさい。
　①ごはんは、茶わんの縁いっぱいまで盛りつける。
　②汁ものは、汁わんの八分目まで盛りつける。
　③焼き魚のつけ合わせは、皿の左手前に盛りつける。

30. 西洋料理の食器と配膳の特徴について、適切なものを1つ選びなさい。
　①パン皿は、デザート皿よりも大きい。
　②オードブルは、ディナー皿に盛りつける。
　③主菜を食べるのに用いるカトラリーは、テーブルナイフとフォークである。
　④パンは、ナイフとフォークを使用して食べる。

31. 切り方の名称について、正しい組み合わせを1つ選びなさい。
　　注）←→は繊維の向きを現している。

　①いちょう切り　──

　②短冊切り　──

　③ささがき　──

32. 蒸し物について、正しいものを1つ選びなさい。
　①蒸し物は、加熱中に調味する。
　②蒸すときは、蒸気が上がる前に食品を入れる。
　③蒸すは、ほかの湿式加熱より水溶性成分の溶出が少ない。

33. 乾式加熱について、正しいものを1つ選びなさい。
　①直火焼きは、フライパンやオーブンを使用して加熱する。
　②いためるときの食品量の適量は、なべ容量の1/3～1/2である。
　③揚げるときに一度に油に入れる食品量は、油の表面積の2/3程度が目安である。

34. だしのとり方について、正しいものを1つ選びなさい。
　①カツオこんぶだしをとるとき、カツオ節を入れたらなべにふたをする。
　②カツオこんぶだしのカツオ節は、沸騰後に入れる。
　③こんぶだしは、沸騰した湯にこんぶを入れて3分ほどで取り出す。

35. 調理器具について、正しいものを1つ選びなさい。
　①まな板は、生や加熱後の肉・魚用と、野菜用を分けるとよい。
　②鋼の包丁はさびにくく、手入れが楽である。
　③包丁を使った後は、汚れの残りやすいつばの部分も注意して洗う。

36. 加熱調理器具について、正しいものを1つ選びなさい。
　①電磁（IH）調理器に使用するなべは、底が丸いものが適している。
　②電子レンジでイカ、タラコを加熱すると、大破裂の危険がある。
　③オーブンは、ガスを専用の熱源とする加熱調理器具である。

37. 米の調理について、正しいものを1つ選びなさい。
　①味つけ飯の塩分は、米重量の0.6〜0.7％が目安である。
　②炊飯器で飯を炊くときの加水量は、米重量の1.3〜1.4倍が目安である。
　③すし飯の合わせ酢は、飯のあら熱がとれてから加える。

38. 小麦粉の調理について、正しいものを1つ選びなさい。
　①食塩により、グルテン形成が促進される。
　②ベーキングパウダーを使った蒸しパンの色は、黄色になる。
　③ブラウンルウのいため温度は、120℃程度である。

39. シチューに適した牛肉の部位を1つ選びなさい。
　①サーロイン
　②肩ロース
　③もも
　④テール

40. ヒレ肉やロース肉をやわらかく調理する方法について、正しいものを1つ選びなさい。
　①酢、酒、ワインにつける。
　②長時間煮込む。
　③缶詰のパイナップルと一緒に調理する。

41. 魚の脂質について、正しいものを1つ選びなさい。
　①産卵後に多くなる。
　②飽和脂肪酸が多い。
　③DHA（ドコサヘキサエン酸）が多い。

42. 魚の調理について、正しいものを1つ選びなさい。
　①煮魚は、煮汁を煮立ててから魚を入れる。
　②赤身魚のマグロは、加熱すると身がやわらかくなる。
　③生の魚は、塩をふると身がやわらかくなる。

43. 卵の希釈性を利用した調理例として、正しいものを1つ選びなさい。
　①カスタードプディング
　②マシュマロ
　③マヨネーズ

44. 乳・乳製品の調理について、正しいものを1つ選びなさい。
　①牛乳を50℃程度に加熱すると、特有の加熱臭が生じる。
　②牛乳を加熱してできる被膜の成分は、たんぱく質と脂質である。
　③ホイップ用のクリームの脂肪分は、20％前後が適している。

45. 大豆製品の調理について、正しいものを1つ選びなさい。
　①もめん豆腐は、長く加熱するとす立ちができる。
　②絹ごし豆腐は、水分が多く、くずれにくい。
　③油抜きした油揚げは、味がしみ込みにくい。

46. 野菜の調理について、正しいものを1つ選びなさい。
　①ほうれん草は、ふたをしてゆでる。
　②せん切りキャベツは、水につけるとパリッとする。
　③白菜は、重量の15倍の湯量でゆでる。

47. 野菜の色について、正しいものを1つ選びなさい。
　①ごぼうを切って放置すると、酵素が作用して褐変する。
　②カリフラワーの白色は、酢を入れてゆでると黄色に変化する。
　③にんじんのオレンジ色は、甘酢につけると黄色に変化する。

48. じゃが芋の芽や緑色の部分に含まれている毒性のある成分として、正しいものを1
　つ選びなさい。
　①ヤラピン
　②ガラクタン
　③ソラニン

49. 果物について、正しいものを1つ選びなさい。
　①果糖の多い果物は、冷やすと甘味を感じにくくなる。
　②キウイフルーツには、たんぱく質分解酵素が含まれている。
　③果物は、ナトリウムの供給源である。

50. かんてんについて、正しいものを1つ選びなさい。
　①使用濃度は、液体に対して2～3％が適している。
　②かんてんゼリーは離水しやすい。
　③かんてんゼリーは砂糖が多いほど透明感が低くなる。

51. 調味料について、正しいものを1つ選びなさい。
　①塩は、たんぱく質の凝固を促進する。
　②みりんは、芋を煮くずれやすくする。
　③砂糖は、糊化でんぷんの老化を促進する。

52. 里芋200gを4％糖分で煮る。砂糖の使用量として、正しいものを1つ選びなさい。
　①小さじ1/2杯
　②大さじ1杯弱
　③大さじ1と2/3杯

53. 味の相互作用について、正しいものを1つ選びなさい。
　　①甘いケーキを食べ続けると、甘味の感度が鈍くなることを順応効果という。
　　②だしに少量の食塩を加えてうま味を弱めることを、抑制効果という。
　　③おしるこに少量の食塩を加えて甘味を強めることを、相乗効果という。

54. 異物混入を防止する身支度の方法について、最も適当なものを1つ選びなさい。
　　①石けんで手を洗う。
　　②うがいをする。
　　③髪の毛をブラッシングし、着衣に付着した髪の毛を取り除く。
　　④マスクをする。

55. 食中毒を予防する調理時のポイントとして、正しいものを1つ選びなさい。
　　①ふきんは、水洗い後、乾燥させる。
　　②手指は、アルコールで消毒し、その後石けんで洗う。
　　③まな板は、肉・魚用と野菜用とで使い分けをする。

56. 化学性食中毒の原因について、正しいものを1つ選びなさい。
　　①ヒスタミン
　　②クドア
　　③サルコシスティス
　　④カンピロバクター

57. 十分な加熱により食中毒を防止することができる毒素について、正しいものを1つ
　　選びなさい。
　　①黄色ブドウ球菌が産生する毒素
　　②嘔吐型セレウス菌が産生する毒素
　　③ウェルシュ菌が産生する毒素
　　④ボツリヌス菌が産生する毒素

58. 賞味期限について、正しいものを1つ選びなさい。
　　①品質が変化しやすい食品に表示される。
　　②5日程度で消費する食品に表示される。
　　③年で表示される。
　　④開封後は無効である。

59. 次のマークの中で分別収集を促すための容器包装の識別マークとして、正しいものを1つ選びなさい。

①

②

③

60. 食品ロスの原因の1つである「過剰除去」を無くすための対策として、正しいものを1つ選びなさい。
①買い物の前に冷蔵庫や保管庫を確認する。
②食べきれる量を作る。
③皮や茎などの切り方を工夫して使い切る。
④傷みやすい食材はこまめに確認する。

1．最近の国民健康・栄養調査結果における日本人の体格について、正しいものを1つ選びなさい。
　①男性の肥満者（BMI ≧ 25kg/m²）は減少し、その割合は約20%である。
　②65歳以上の低栄養（BMI ≦ 20kg/m²）は女性より男性に多く、その割合は約20%である。
　③20歳代女性のやせの割合（BMI ≦ 18.5kg/m²）は、20%前後で大きな増減がない。

2．食事バランスガイドにおいて、食卓でのお皿が示しているものとして、正しいものを1つ選びなさい。
　①栄養素単位で示している。
　②料理単位で示している。
　③食品単位で示している。

3．栄養素とその働きについて、正しいものを1つ選びなさい。
　①脂質には、体を作る働きがある。
　②ミネラルの一部は、エネルギーを産生する。
　③食物繊維は、ビタミンに分類される。

4．たんぱく質について、正しいものを1つ選びなさい。
　①過剰摂取となっても、健康障害を引き起こすことはない。
　②摂取不足となると、体たんぱく質を分解して不足を補う。
　③成長期で不足すると、フレイルの原因となる。

5．脂質について、正しいものを1つ選びなさい。
　①リン脂質は細胞を作る成分である。
　②過剰な脂質は、体内ではリン脂質として蓄積される。
　③中性脂肪は、体内でホルモンに変化する。

6．炭水化物について、正しいものを1つ選びなさい。
　①砂糖に比べて、穀類に含まれる炭水化物の消化吸収は速い。
　②激しい運動時に、筋肉の主要なエネルギー源として利用される。
　③一般的に、日常摂取している炭水化物の多くは砂糖由来である。

7．ミネラルの吸収の特徴について、正しいものを1つ選びなさい。
　①マグネシウムは、ナトリウムによって吸収が阻害される。
　②鉄は、ビタミンCによって吸収が促進される。
　③亜鉛は、カルシウムによって吸収が促進される。

8．ビタミンDの働きについて、正しいものを1つ選びなさい。
　①赤血球の生成
　②カルシウムの吸収促進
　③抗酸化作用

9．日本人の食事摂取基準（2020年度版）における成人期のエネルギー摂取量の指標について、正しいものを1つ選びなさい。
　①身長
　② Body mass index：BMI
　③体脂肪量

10．四群点数法について、正しいものを1つ選びなさい。
　①80kcal を1点としている。
　②野菜は250g を1点としている。
　③第1群〜第3群の中で合計6点摂取する。

11．四群点数法の食品の概量（重量）と点数について、正しい組み合わせを1つ選びなさい。
　①食パン（6枚切り）1枚　──　1点
　②バナナ小1本　──　2点
　③ごはん茶わん1杯（150g）　──　3点

12．副菜になる料理として、正しいものを1つ選びなさい。
　①炊き込みご飯
　②サケのムニエル
　③コールスローサラダ

13．女性、75歳、身長155cm、体重52kg である。この女性が目標とする BMI の範囲として、正しいものを1つ選びなさい。
　①20.0〜23.9kg/m^2
　②21.5〜24.9kg/m^2
　③22.0〜25.9kg/m^2

14．望ましい1日のエネルギー量の配分について、適切なものを1つ選びなさい。
　①朝食：昼食：夕食：間食のエネルギー配分は、0％：30％：60％：10％とする。
　②朝食：昼食：夕食：間食のエネルギー配分は、25％：35％：35％：5％とする。
　③朝食：昼食：夕食：間食のエネルギー配分は、30％：20％：20％：30％とする。

15. 生活習慣病予防と栄養・食事の関係について、正しいものを1つ選びなさい。
　①肥満では、主食の飯は、精白米がよい。
　②脂質異常症では、肉類は、脂肪の多い部位を選択する。
　③高血圧では、野菜、芋類、果物類を摂取する。

16. 幼児期の食事計画について、正しいものを1つ選びなさい。
　①体重1kgあたりのエネルギー必要量は、成人と等しくする。
　②エネルギー消費量に加えて、成長に必要なエネルギー量をとるようにする。
　③成人より1回の食事量を多くする。

17. 男性、50歳、身長170cm、体重75kg、腹囲90cmである。妻と高校生の息子2人と4人家族である。夕食の時間が遅く、帰宅後に息子たちと夕食を共にすることが多い。息子中心の肉を主材料とする料理が多い。
　この男性の夕食の食事計画について、適切なものを1つ選びなさい。
　①息子とは別に、魚を主材料とした料理を食べるように計画する。
　②主食を食べずに、主菜、副菜を食べるように計画する。
　③肉の量を少なくし、野菜料理を増やすように計画する。

18. 高齢期の食事計画にあたり配慮すべき身体的特徴の組み合わせについて、正しいものを1つ選びなさい。
　①フレイルティ（フレイル）　　──　　運動器の障害
　②サルコペニア　　　　　　　　──　　筋力や筋肉量の減少
　③ロコモティブシンドローム　　──　　高齢による衰弱

19. 妊娠期の食事計画について、正しいものを1つ選びなさい。
　①妊娠に伴う必要量の増加への対応は、妊娠期を2区分として考える。
　②必要量の増加に対応するために、1回の食事量を多くし、間食を避ける。
　③適切な体重増加は、食事量の適否の評価指標になる。

20. 食物繊維について、正しいものを1つ選びなさい。
　①人の消化酵素で消化できる成分である。
　②腸内の有害菌の働きを抑える。
　③日本人の食事摂取基準（2020版）では、推奨量が定められている。

次の文を読み、問題「21」、「22」、「23」に答えなさい。

健康な18歳の女子学生の1日の食事例である。
朝食：「チーズトースト、キャベツとピーマンのソテー、オレンジ、牛乳」
昼食：学生食堂で、「親子丼」を選択

21. この女子学生の朝食に組み合わせる料理として、適しているものを1つ選びなさい。
   ①ボイルソーセージ
   ②ベーコンエッグ
   ③鶏の唐揚げ

22. この女子学生の昼食に組み合わせる料理として、適しているものを1つ選びなさい。
   ①青菜ときのこの味噌汁
   ②かきたま汁
   ③ポテトコロッケ

23. この女子学生の夕食の主菜として、適しているものを1つ選びなさい。
   ①チーズハンバーグ
   ②サワラの西京焼き
   ③鶏肉のクリーム煮

24. 日本の食生活の歴史について、正しいものを1つ選びなさい。
   ①縄文時代には、いのししなどの獣肉を食べていた。
   ②鎌倉時代には、鶏を飼育するようになった。
   ③江戸時代には、トンカツやコロッケが提供されるようになった。

25. 日本の献立形式である本膳料理について、適切なものを1つ選びなさい。
   ①江戸時代に武家の正式な儀式料理として成立した。
   ②膳の数や料理の数は、偶数が基本である。
   ③配膳の位置は、左に飯茶わん、右に汁わんを置く。

26. 節句と食について、適切な組み合わせを1つ選びなさい。
   ①重陽の節句 ―― お屠蘇
   ②上巳の節句 ―― 白酒
   ③人日の節句 ―― 菊酒

27. 洋風料理と季節について、適切な組み合わせを1つ選びなさい。
   ①ホワイトアスパラガスの料理 ―― 春
   ②ブイヤーベース ―― 夏
   ③ラタトゥイユ ―― 秋

28. 日本料理のマナーの説明として、適切なものを1つ選びなさい。
　　①日本料理では、汁わんは持ち上げず置いたまま食べる。
　　②箸は、箸先2〜3cmの部分を使う。
　　③汁わんのふたを取ったら、ふたの内側を下に向けて置く。

29. 食器・食具の説明について、適切なものを1つ選びなさい。
　　①日本では、ほとんどの食器を食卓に置いたまま、持ち上げないで食べる。
　　②日本では、正方形、長方形、扇形、木の葉などさまざまな形の食器がある。
　　③複数人の料理を盛りつける食器のことを、属人器という。

30. 主菜の盛りつけとして、適切なものを1つ選びなさい。
　　①ムニエルのつけ合わせは、右手前に盛りつける。
　　②大根おろしは、焼き魚の左奥に盛りつける。
　　③カレイの煮魚は、頭を右にして盛りつける。

31. 浸漬について、正しいものを1つ選びなさい。
　　①芽ひじきをもどすと、20倍の重量になる。
　　②塩蔵品を薄い塩水に浸漬すると、比較的均一に塩抜きができる。
　　③干ししいたけを沸騰した湯でもどすと、水でもどすより食味がよい。

32. 緩慢解凍として、正しいものを1つ選びなさい。
　　①スチーム解凍
　　②水中解凍
　　③油ちょう解凍

33. ゆでるについて、適切なものを1つ選びなさい。
　　①里芋は、食塩を入れてゆでるとぬめりが出やすい。
　　②あずきは、予備浸水してから加熱する。
　　③緑色の野菜をゆでる際は、なべのふたをする。
　　④ゆで湯に酢を入れると、野菜の軟化が抑制される。

34. だしの取り方について、適切なものを1つ選びなさい。
　　①こんぶだしは、水量に対しこんぶ1％が目安である。
　　②こんぶだしのこんぶは、沸騰直前に投入する。
　　③二番だしは、だしがらに一番だしの半量の水を加えて煮出す。
　　④煮干しこんぶだしの煮干しは、沸騰後に入れる。

35. 煮るについて、正しいものを1つ選びなさい。
　①土佐煮は、煮汁にでんぷんを加えて味をからませた料理である。
　②煮つけは、煮汁がほとんど残らない煮物である。
　③甘煮は、甘・辛の両方の味をしっかりつける煮物である。
　④色煮は、食材の色を残すように煮る煮物である。

36. 蒸すについて、正しいものを1つ選びなさい。
　①ゆでるよりも、水溶性成分の溶出が多い。
　②蒸気量の調節で、100℃以下の加熱も可能である。
　③おこわは、強火から中火に調節して蒸す。
　④カスタードプディングの加熱温度は、100℃である。

37. 焼くについて、正しいものを1つ選びなさい。
　①薄焼き卵は、卵液をフライパンに入れてから加熱を始める。
　②ホットケーキは、中火で焼く。
　③魚の干物は、強火で焼く。
　④みそ漬け焼きは、強火で焼く。

38. いためるについて、適切なものを1つ選びなさい。
　①食材を撹拌せずに加熱する。
　②いため油は、食材重量の1～3％が目安である。
　③野菜類の付着水は、なべ内温度を上昇させる。
　④いためる前に、調味料と盛りつけ皿を準備しておく。

39. 揚げ物の衣について、正しいものを1つ選びなさい。
　①天ぷらの衣には、強力粉が適している。
　②から揚げは、小麦粉、でんぷんなどをつけて揚げる。
　③素揚げは、はるさめをつけて揚げる。

40. 加熱調理器具について、正しいものを1つ選びなさい。
　①電磁（IH）調理器の熱効率は、30％である。
　②圧力なべで加熱した飯は、粘りが少ない食感になる。
　③電子レンジによる加熱は、水分が蒸発しやすい。

41. 米の調理性について、正しいものを1つ選びなさい。
　①胚芽精米の吸水時間は、精白米より短くする。
　②うるち米の飽和吸水率は、米重量の20～25％である。
　③うるち米の加水量の目安は、米重量の2.5倍である。

42. 小麦粉の調理性について、正しいものを1つ選びなさい。
　①ルウは、でんぷんの糊化による粘性を利用した調理である。
　②グルテン形成が最も促進される湯の温度は、80℃である。
　③生地を30分ねかせると、こねた直後より伸びにくい。

43. 肉の調理について、正しいものを1つ選びなさい。
　①豚肉のロースは、煮込み料理に向いている。
　②豚肉のヒレは、脂肪が少なくカツレツやピカタなどに向いている。
　③ひき肉に食塩を加えて混ぜると、粘りが低下する。

44. 魚介類の調理特性について、正しいものを1つ選びなさい。
　①スルメイカを火であぶると丸まるのは、コラーゲンが収縮するためである。
　②タラがそぼろを作るのに適しているのは、筋形質たんぱく質が多いためである。
　③カレイで煮こごりができるのは、脂質が加熱時に溶出するためである。

45. 卵の調理性について、正しいものを1つ選びなさい。
　①濃厚卵白は、水様卵白より泡立ちやすい。
　②卵黄の凝固開始は、卵白より低温である。
　③ゆで卵の卵黄の表面が黒ずむのは、硫化第一鉄の形成が原因である。

46. クリームの調理性について、正しいものを1つ選びなさい。
　①泡立て用には、脂肪含量20％前後のクリームが適する。
　②デコレーション用のクリームは、5℃程度で泡立てる。
　③植物性脂肪クリームは、乳脂肪クリームより分離しやすい。

47. 豆・豆製品について、正しいものを1つ選びなさい。
　①あずきは、脂質を多く含む豆である。
　②成熟した豆は、水分が多く野菜の扱いとなる。
　③生大豆には、たんぱく質消化酵素の働きを促進する物質が含まれる。
　④充填豆腐は、なめらかで保存性に優れている。

48. 果物について、正しいものを1つ選びなさい。
　①過熟な果実は、ゲル化能が向上しているためジャムに適する。
　②缶詰のパイナップルは、たんぱく質分解酵素により肉を軟化させる。
　③ジューサーにかけた果物は、食塩を添加すると酸化されやすい。
　④果物は冷やしたほうが甘く感じるのは、果糖の性質による。

49. 海藻の特徴について、正しいものを1つ選びなさい。
　①乾燥したこんぶの表面の白い粉は、苦みを持つ。
　②海藻は、食物繊維の供給源である。
　③こんぶのうま味は、イノシン酸である。

50. 芋の特性と調理について、正しいものを1つ選びなさい。
　①生のさつま芋は、冷蔵庫で保存したほうが品質を保持しやすい。
　②加熱により芋がやわらかくなるのは、ペクチンが可溶化するためである。
　③粘質系のじゃが芋は、粉質系の芋より煮くずれやすい。

51. ゲル化素材の調理性について、正しいものを1つ選びなさい。
　①寒天溶液は、5～12℃になるとゲル化する。
　②ゼラチン液に酸性の強い果汁を加えると、ゲル強度が高まる。
　③カラギーナンゲルは、室温で放置してもとけない。
　④マシュマロは、ゼラチン液の熱凝固性を利用して作る。

52. 砂糖の調理性について、正しいものを1つ選びなさい。
　①卵液の凝固温度が低くなり、なめらかな食感になる。
　②メレンゲが、きめ細かく安定性のある状態になる。
　③ペクチンのゲル化を抑制する。
　④糊化でんぷんの老化を促進し、団子などのやわらかさを保持する。

53. 調味料について、適切なものを1つ選びなさい。
　①みりん6gは、砂糖3gと同等の甘味を持つ。
　②みりんには、根菜類などの軟化を早める性質がある。
　③しょうゆは、香気成分をいかすため、調理の前半で加える。
　④魚のみそ煮は、みそを最初から加えて煮る。

54. サバ200gでみそ煮を作る。みそ（塩分12%の場合）を用いて塩分1.5%に調味するとき、みその使用量について、正しいものを1つ選びなさい。
　①15g
　②25g
　③35g

55. サルモネラ属菌食中毒の原因となる主な食品として、正しいものを1つ選びなさい。
　①鶏卵
　②サバ
　③缶詰

56. 肉類・魚介類・野菜類を使用した煮込み料理を大量に作り室温に放置すると、食中毒菌を増殖する恐れがある。この食中毒菌について、正しいものを1つ選びなさい。
　①腸炎ビブリオ
　②サルモネラ属菌
　③黄色ブドウ球菌
　④ウェルシュ菌

57. 食中毒の病因物質とそれを防止するための方法として、正しい組み合わせを1つ選びなさい。
　①ヒスタミン　　　──　　鮮度のよい食品を選ぶ。
　②ソラニン　　　　──　　食品の75℃1分以上の加熱。
　③腸炎ビブリオ　　──　　魚介類を塩水で洗う。

58. 賞味期限について、正しいものを1つ選びなさい。
　①品質の変化がゆるやかな食品を対象とする。
　②期限が過ぎたらすぐに食べられなくなる。
　③開封後も有効である。

59. アレルギーを起こしやすい食品（特定原材料）の表示が義務づけられている食品として、正しいものを1つ選びなさい。
　①落花生
　②イカ
　③オレンジ
　④きな粉

60. 資源有効利用促進法で指定表示製品に指定されている飲料・酒類用の缶の素材について、正しいものを1つ選びなさい。
　①アルミ
　②ステンレス
　③鉄
　④合金

1．健康寿命について、正しいものを1つ選びなさい。
　　①健康寿命は、生まれてから亡くなるまでの年齢である。
　　②健康寿命は、自立した生活を送れる期間である。
　　③健康寿命を短縮できれば医療費、介護費用が減らせる。

2．食事バランスガイドについて、正しいものを1つ選びなさい。
　　①「コマ」のイラストで、1回に何をどれだけ食べたらよいかを示している。
　　②「コマ」の一番上には、主菜が配置されている。
　　③「コマ」の回転は、運動を表している。

3．エネルギー産生栄養素について、正しいものを1つ選びなさい。
　　①1gあたりのエネルギー産生量が最も多い栄養素は、たんぱく質である。
　　②炭水化物1gのエネルギー産生量は、4kcalである。
　　③脂質1gのエネルギー産生量は、4kcalである。

4．たんぱく質について、正しいものを1つ選びなさい。
　　①10種類のアミノ酸が結合してできた化合物である。
　　②体内で合成できないアミノ酸を、必須アミノ酸という。
　　③アミノ酸スコアは、肉より米が高い。

5．脂質について、正しいものを1つ選びなさい。
　　①リノール酸は、n-3系脂肪酸である。
　　②中性脂肪は、胆汁酸の原料になる。
　　③コレステロールは、ホルモンの原料になる。

6．炭水化物について、正しいものを1つ選びなさい。
　　①炭水化物は、糖質と食物繊維から構成される。
　　②人の消化酵素で消化できる炭水化物を、難消化性多糖類という。
　　③でんぷんは、動物性貯蔵多糖類である。

7．ミネラルと供給源となる食品の組み合わせについて、正しいものを1つ選びなさい。
　　①カルシウム　──　レバー
　　②鉄　　　　　──　牛乳
　　③亜鉛　　　　──　カキ（貝類）

8．ビタミンとその働きの組み合わせについて、正しいものを1つ選びなさい。
　　①ビタミンD　──　糖質代謝の維持
　　②ビタミンB₁　──　血液凝固因子の形成
　　③ビタミンA　──　夜盲症

9．日本人の食事摂取基準（2020年度版）における栄養素の過剰摂取を評価する指標について、正しいものを1つ選びなさい。
　①耐容上限量
　②目安量
　③目標量

10．四群点数法における群とその一日の基本の取り方について、正しい組み合わせを1つ選びなさい。
　①第1群　──　乳・乳製品2点 ＋ 卵1点
　②第2群　──　魚1点 ＋ 肉1点 ＋ 油脂1点
　③第3群　──　野菜1点 ＋ 海藻・きのこ1点 ＋ 果物1点

11．四群点数法における食品とその1点実用値（g）について、正しい組み合わせを1つ選びなさい。
　①普通牛乳　──　200g
　②鶏卵　　　──　30g
　③ごはん　　──　50g

12．4つの食品群において、主菜の食品群として、正しいものを1つ選びなさい。
　①第2群
　②第3群
　③第4群

13．エネルギー摂取量の目標値の設定する際の目標BMIの考え方について、正しいものを1つ選びなさい。
　①45歳で現在BMIが19.5kg/m^{2}の者は、BMI 24.9kg/m^{2}を目標とする。
　②65歳で現在BMIが19.5kg/m^{2}の者は、BMI 21.5kg/m^{2}を目標とする。
　③50歳で現在BMIが25.5kg/m^{2}の者は、BMI 20.0kg/m^{2}を目標とする。

14．食事計画について、正しいものを1つ選びなさい。
　①食事計画に食品構成を活用すると、栄養素に過不足なく献立がたてられる。
　②朝食欠食者は、昼食と夕食で必要な栄養素が摂取できるようにする。
　③旬の食材を使用すると、食費は高くなる。

15．メタボリックシンドロームについて、正しいものを1つ選びなさい。
　①内臓脂肪型肥満がベースである。
　②診断基準にBMIが含まれる。
　③診断基準に尿酸値が含まれる。

16. 思春期の食事計画について、正しいものを1つ選びなさい。
　　①肥満傾向にある場合には、食事量、運動量ともに減らす。
　　②月経のある女子は、男子よりも鉄の摂取量を多くする。
　　③やせ願望がある場合には、運動量を変えずに食事量を減らす。

17. 50歳、男性、会社員。朝食は欠食しがち、昼食は社員食堂利用。夕食は外食が多い。この人が社員食堂で選ぶ食事として、最も適切なものを1つ選びなさい。
　　①肉類の揚げ物を主菜とし、つけ合わせのせん切りキャベツ、汁、飯の組み合わせの定食
　　②チャーシューめんなどのめん類
　　③魚類の焼き物を主菜とし、青菜のお浸しの小鉢、汁、飯の組み合わせの定食

18. 高齢期の食事計画について、正しいものを1つ選びなさい。
　　①活動量が変化しても、エネルギーの摂取量は変えない。
　　②体重を定期的に測定し、体重が増加するように食べる量を計画する。
　　③少量でも必要な栄養素がとれるような食品を選択する。

19. 妊娠期の食事計画について、正しいものを1つ選びなさい。
　　①妊娠週が進むにつれて、必要なエネルギーは減少する。
　　②1回の食事量を減らし、間食によって栄養素量を補う。
　　③妊娠中の適正な体重増加は、食事量の評価指標になる。

20. 生活習慣病予防に役立つ食物繊維の働きとして、正しいものを1つ選びなさい。
　　①血糖値の上昇を抑制する。
　　②腸の働きを抑制する。
　　③コレステロールの吸収を促進する。

次の文を読み、問題「21」、「22」、「23」に答えなさい。

健康な18歳の女子学生の一日の食事例である。
朝食：「チーズトースト、目玉焼き、いちご、牛乳」
昼食：「ごはん、麻婆豆腐、なすの中華風あえ物、小松菜の煮浸し」
夕食：「ごはん、主菜のつけ合わせとしてかぶの酢の物、ほうれん草のごまあえ、
　　　　かぼちゃの煮物、せん切り野菜のすまし汁」

---

21. この女子学生の朝食に組み合わせる料理として、適しているものを1つ選びなさい。
　　①シーザーサラダ
　　②レタスとトマトのサラダ
　　③ブロッコリーのミモザサラダ

22. この女子学生の昼食に組み合わせる料理として、適しているものを1つ選びなさい。
   ①酢豚
   ②わかめの中華スープ
   ③はるさめサラダ

23. この女子学生の夕食に組み合わせる主菜として、適しているものを1つ選びなさい。
   ①魚のなべ照り焼き
   ②かに玉
   ③豚肉のくわ焼き

24. 日本の食生活の歴史について、正しいものを1つ選びなさい。
   ①稲作は、弥生時代に広まった。
   ②南蛮料理は、奈良時代に伝来した。
   ③和、洋、中のさまざまな食事は明治時代に普及した。

25. 日本料理の様式について、適切なものを1つ選びなさい。
   ①献立は、飯、汁、菜（おかず）が基本の構成である。
   ②本膳料理は、大きなテーブルである台盤といすを使用する。
   ③本膳料理は、膳の数や料理の数は偶数が基本である。

26. 節句と食について、適切な組み合わせを1つ選びなさい。
   ①人日の節句 ── 七草がゆ
   ②上巳の節句 ── ちまき
   ③端午の節句 ── 白酒

27. 日本の料理と季節について、適切なものを1つ選びなさい。
   ①かぶら蒸しは、冬に作られる料理である。
   ②枝豆ごはんは、春に作られる料理である。
   ③ハマグリの潮汁は、夏に作られる料理である。

28. 嫌い箸の説明として、適切なものを1つ選びなさい。
   ①箸先をなめることを「ねぶり箸」という。
   ②食事中に箸で人や物を指すことを「渡し箸」という。
   ③箸の先から食べ物の汁を垂らしながら口に運ぶことを「合わせ箸」という。

29. 食器・食具の説明について、適切なものを1つ選びなさい。
   ①割り箸は、江戸時代後期の外食の普及とともに登場した。
   ②汁物を盛りつけるのに適しているのは、熱伝導率が高い碗である。
   ③大皿とは、直径50cm以上の皿のことである。

30. 日本料理の盛りつけについて、適切なものを1つ選びなさい。
　　①吸い口とは、盛りつけの最後に香りや味を添える食材のことを指す。
　　②前盛りには、「誰も手をつけていない」という意味がある。
　　③前盛りは、主菜の右奥に盛りつける。

31. 包丁の種類と用途について、正しい組み合わせを1つ選びなさい。
　　①薄刃包丁　　　　──　　飾り切り
　　②出刃包丁　　　　──　　刺し身の薄切り
　　③ペティナイフ　　──　　皮むき

32. 非加熱調理について、正しいものを1つ選びなさい。
　　①生野菜を水につけると、細胞膜の半透性によってパリッとした食感になる。
　　②ゼリーは、氷水で冷やすとゲル化が抑制される。
　　③緩慢解凍の方法に、電子レンジ解凍がある。
　　④食材の冷凍では、－5℃を保持して凍結させるのが望ましい。

33. ゆでるについて、適切なものを1つ選びなさい。
　　①ゆで湯に食塩を入れると、卵の凝固が促進される。
　　②湯量が少ないほうが、野菜投入時に温度低下が起こりにくい。
　　③ゆでるときの加熱温度は、150℃程度までである。
　　④ゆで湯に酢を入れると、山菜類の軟化が促進される。

34. だしについて、適切なものを1つ選びなさい。
　　①だしをとるときは、ふたをする。
　　②煮干しこんぶだしは水量に対し、煮干し1％、こんぶ2％が目安である。
　　③こんぶは、沸騰した湯に入れてだしをとるとうま味が出やすくなる。
　　④二番だしは、わんだねを温めるときや煮物に用いられる。

35. 煮るについて、正しいものを1つ選びなさい。
　　①煮汁が多いと味の上下差が生じやすいので、落としぶたを用いる。
　　②くずれやすい魚などは、浅型で直径の広いなべに重ねずに入れる。
　　③食材に味がなじむのは、細胞膜の半透性によるものである。
　　④みそやしょうゆなどの発酵調味料で煮ると、青菜は鮮緑色になる。

36. 蒸すについて、正しい組み合わせを1つ選びなさい。
　　①ふかし芋　　　──　　間接蒸し
　　②赤飯　　　　　──　　間接蒸し
　　③茶わん蒸し　　──　　直接蒸し
　　④まんじゅう　　──　　直接蒸し

37. 焼き物の種類について、正しい組み合わせを1つ選びなさい。
　①鉄板焼き　　　──　　間接焼き
　②オーブン焼き　──　　直火焼き
　③石焼き　　　　──　　直火焼き
　④串焼き　　　　──　　間接焼き

38. いためるについて、適切なものを1つ選びなさい。
　①いため油は、食材を覆い熱を伝える役割がある。
　②チャーハンのごはんは、いためる前に冷やしておく。
　③野菜をいためる前に水きりすると、加熱後の食味が悪くなる。
　④弱火で長時間加熱すると、ビタミン類の損失が少ない。

39. 揚げるについて、正しいものを1つ選びなさい。
　①主に油の対流伝熱を利用する。
　②加熱中に水と油の交代が進むと、べちゃっとして油っぽくなる。
　③油の比熱は、水の約2倍である。
　④高温で加熱を続けると、油の酸化が抑えられる。

40. なべの材質について、正しいものを1つ選びなさい。
　①アルミニウムは、湯わかしやゆでものに向かない。
　②ステンレスは、焦げつきにくい。
　③ほうろうは、ジャム作りに適している。

41. 米の調理について、正しいものを1つ選びなさい。
　①洗米時の付着水は、米重量の約20〜25%である。
　②加水量の目安は、米重量の2.1〜2.3倍である。
　③飯の冷蔵保存は、冷凍保存よりも食味が低下する。

42. 小麦粉の調理について、正しいものを1つ選びなさい。
　①ギョーザの皮の生地は、こねた直後より30分ねかせた後のほうが伸びがよい。
　②重曹を用いたまんじゅうの皮は酸性になるため、生地が黄色くなる。
　③ブラウンルウはホワイトルウより、ソースにしたときの粘度が高い。

43. 肉の調理性について、正しいものを1つ選びなさい。
　①鶏肉の手羽先はゼラチン質に富むため、煮込みに向いている。
　②豚肉のヒレは結合組織が多く、煮込みに向いている。
　③牛肉のすねは結合組織が少なく、すき焼きに向いている。

44. 魚の調理性について、正しいものを1つ選びなさい。
　①焼き魚（切り身）の下処理に用いるふり塩の量は、魚重量の3％程度である。
　②カツオは、筋形質たんぱく質が多く含まれるため、煮魚に向いている。
　③タラは、筋形質たんぱく質が少なく、ゆでるとほぐれやすい。

45. 卵の加熱温度について、正しいものを1つ選びなさい。
　①卵白は、60℃で完全に流動性を失い凝固する。
　②温泉卵は、70℃程度の湯中で20～30分間保持して作る。
　③カスタードプディングをなめらかに仕上げるためには、100℃で加熱する。

46. 乳・乳製品について、正しいものを1つ選びなさい。
　①バターは油中水滴型のエマルションである。
　②牛乳のたんぱく質は、カゼイン約20％、乳清たんぱく質約80％である。
　③バターは乳脂肪と脱脂乳の比重差を利用し、全乳を遠心分離して作る。
　④ヨーグルトに出てくる水分（ホエー）には、ミネラル、ビタミンは含まれない。

47. 豆・豆製品の調理について、正しいものを1つ選びなさい。
　①乾物の大豆は、豆重量の4～5倍の水に一晩浸す。
　②すまし汁に豆腐を入れると、湯豆腐のときよりもす立ちやすい。
　③高野豆腐は、乾燥重量の約10倍にもどる。
　④あずきには起泡性のあるサポニンが多く含まれるため、吹きこぼれやすい。

48. 野菜の調理性について、正しいものを1つ選びなさい。
　①野菜に含まれるペクチンは、90℃以上で加熱するとやわらかくなる。
　②大根おろしは、おろした後の放置時間が長いほど辛味が強まる。
　③ごぼうを鉄製のフライパンでいためると、白っぽくなる。
　④ほうれん草は、ゆでた後しばらく湯中におくと鮮緑色になる。

49. 海藻の特徴について、正しいものを1つ選びなさい。
　①寒天の原料はてんぐさ、おごのりなどの緑藻類である。
　②芽ひじきよりも長ひじきのほうが、もどし倍率が高い。
　③わかめは、湯通ししても色の変化は起こらない。
　④こんぶは、少量の酢を加えて加熱するとやわらかくなる。

50. 芋の調理性について、正しいものを1つ選びなさい。
　①さつま芋を電子レンジで加熱すると、早期にβ-アミラーゼが失活する。
　②じゃが芋に含まれるビタミンCは、熱に対して不安定である。
　③里芋のぬめりは、調味料の浸透をよくする。

51. ゲル化素材について、正しい組み合わせを1つ選びなさい。
    ①カラギーナン　　──　野菜・果物抽出物
    ②ペクチン　　　　──　海藻抽出物
    ③寒天　　　　　　──　野菜・果物抽出物
    ④ゼラチン　　　　──　動物性たんぱく質

52. 茶について、正しいものを1つ選びなさい。
    ①アイスティーのクリームダウンは、急速冷却すると起こる。
    ②番茶の抽出時間は、95℃以上で30秒程度である。
    ③玉露は、テアニンの溶出を抑えるようにしていれる。
    ④ウーロン茶は、80℃程度の湯で抽出する。

53. 味の相互作用について、正しい組み合わせを1つ選びなさい。
    ①カツオ節と昆布でだしをとると、強いうま味になる　　──　相乗効果
    ②コーヒーに砂糖を入れると、苦味が弱くなる　　　　　──　対比効果
    ③おしるこに少量の食塩を加えると、甘味が強くなる　　──　抑制効果
    ④だしに食塩を入れると、うま味が強くなる　　　　　　──　相乗効果

54. みそ汁をだし300mL（g）で作る。0.7％塩分にするとき、みそ（塩分12％の場合）
    の使用量について、正しいものを1つ選びなさい。
    ①約大さじ1杯
    ②約大さじ1と1/2杯
    ③約大さじ2杯

55. 腸炎ビブリオ食中毒について、正しいものを1つ選びなさい。
    ①海産魚介類が原因食品である。
    ②食中毒の主な症状は、頭痛である。
    ③100℃では死滅しない。

56. 植物性自然毒食中毒の原因食品と有毒成分について、正しい組み合わせを1つ選び
    なさい。
    ①青梅　　　　　　　　　　　──　アミダグリン
    ②白花豆（ベニバナインゲン）──　チャコニン
    ③じゃが芋　　　　　　　　　──　レクチン
    ④ぎんなん　　　　　　　　　──　ソラニン

57. 細菌の増殖を防ぐ方法について、正しいものを1つ選びなさい。
    ①塩分濃度を下げる。
    ②pHを下げる。
    ③水分活性を上げる。

58. 特定保健用食品において許可されている表示として、正しいものを1つ選びなさい。
　①コレステロール値を下げる効果がある。
　②血圧が高めの方に適している。
　③食後の血糖値を低下させる機能がある。

59. 食物アレルギー症状の発症予防のため、表示することを推奨されている食品として、正しいものを1つ選びなさい。
　①里芋
　②さつま芋
　③じゃが芋
　④山芋

60. 循環資源の再利用を促進するための3Rのうちのリサイクルの例として、正しいものを1つ選びなさい。
　①しょうゆを購入する際に、詰め替え容器に入ったものを選ぶ。
　②古くなった包丁は、手入れをしてくり返し使用する。
　③リターナブルびんに入った牛乳を購入し、飲み終わったら購入先へ戻す。
　④サバの水煮が入ったアルミ缶を洗い、分別回収に協力する。

1．日本の食生活の特徴について、適切なものを1つ選びなさい。
　①1945年ごろには、炊飯器などの電化製品が家庭に急激に普及した。
　②1965年ごろは、エネルギー産生栄養素のうちたんぱく質の比率が最も高かった。
　③1985年ごろは、エネルギー産生栄養素バランスが適切であった。
　④2000年ごろから、1人1日あたりの魚介類の供給量は増加してきた。

2．地産地消の説明として、適切なものを1つ選びなさい。
　①輸出する農産物が増える。
　②日本の食料自給率が向上する。
　③地域で生産された農産物を、海外で加工して逆輸入する。
　④輸送距離が長くなる。

3．食生活指針について、正しいものを1つ選びなさい。
　①学校、保育園などで取り組むために策定されている。
　②食事療法が必要な方を対象に策定されている。
　③消費者庁が「食生活指針」を策定した。
　④国民一人ひとりが実践できるようになることを目的としている。

4．食品の栄養機能（第三次機能）について、適切なものを1つ選びなさい。
　①生命を維持する働き
　②栄養素を補給する働き
　③おいしさを高める働き
　④体調リズムを調整する働き

5．良質たんぱく質について、正しいものを1つ選びなさい。
　①アミノ酸スコアが50の場合は、良質たんぱく質であることを意味する。
　②米のたんぱく質は、魚のたんぱく質より良質である。
　③必須アミノ酸を適切な割合で含むたんぱく質が、良質たんぱく質である。
　④飯と大豆料理を組み合わせると、食事のたんぱく質の質は下がる。

6．脂肪酸について、正しいものを1つ選びなさい。
　①飽和脂肪酸は、過剰摂取により血中のHDLコレステロール値を増加させる。
　②オレイン酸は酸化されにくく、動脈硬化の予防効果がある。
　③ドコサヘキサエン酸は、牛乳・乳製品に多く含まれる。
　④エイコサペンタエン酸は、血液の粘性を高める働きがある。

7．糖類の分類と種類の組み合わせについて、正しいものを1つ選びなさい。
　①単糖類　　　　　　　──　　乳糖
　②二糖類　　　　　　　──　　アミロース
　③植物性貯蔵多糖類　　──　　ガラクトース
　④動物性貯蔵多糖類　　──　　グリコーゲン

8. 栄養素の欠乏症について、正しいものを1つ選びなさい。
　①亜鉛の欠乏症は、味覚障害である。
　②小児のビタミンDの欠乏症は、ペラグラである。
　③葉酸の欠乏症は、口角炎である。
　④ビタミンB_1の欠乏症は、壊血病である。

9. ビタミンとその欠乏症の組み合わせについて、正しいものを1つ選びなさい。
　①ビタミンA　　──　　くる病
　②葉酸　　　　　──　　鉄欠乏性貧血
　③ビタミンD　　──　　夜盲症
　④ビタミンB_1　──　　脚気

10. 健常な成人の栄養素摂取状況について、適しているものを1つ選びなさい。
　①穀類由来のエネルギーは70～80％
　②たんぱく質エネルギー比率は13～20％
　③食塩相当量は男女とも1日12g以下
　④食物繊維は男女とも1日10g以上

11. 成人が1日にとる料理区分の量について、正しいものを1つ選びなさい。
　①副菜は、野菜料理3皿程度である。
　②乳・乳製品は、牛乳で2本程度である。
　③主菜は、肉・魚・卵・大豆料理から4皿程度である。
　④主食は、ごはん中盛りで4杯程度である。

12. 対象者のエネルギーや栄養素量を設定する際に必要な情報として、誤っているもの
　を1つ選びなさい。
　①性・年齢
　②生活行動・食生活状況
　③からだの大きさ
　④家族構成

13. 1回の食事における主食となる食品やその量について、正しいものを1つ選びなさ
　い。
　①エネルギー量の45％程度を主食由来となるようにする。
　②1食のエネルギー量から主菜、副菜由来のエネルギー量を差し引いた量とする。
　③主食となる食品が飯、パン、うどんと異なっても、いずれも同量となるようにする。
　④たんぱく質量が6g以上となる食品を主食の主材料にする。

14. 学童期・思春期の食事計画について、正しいものを1つ選びなさい。
　①摂取エネルギー量が消費エネルギー量を上回るようにする。
　②体重1kgあたりのエネルギーの必要量は、成人に比べて少ない。
　③生活にあわせ食べ方を変えた場合は、1日のエネルギー量を減らす。
　④夕食から寝るまでの時間が長くても、夜食は食べないほうがよい。

15. 50歳、男性、会社員。朝食は欠食しがちであり、昼食は社員食堂を利用している。
　夕食は外食が多い。この人が社員食堂で選ぶ食事として、最も適切なものを1つ選び
　なさい。
　①魚のなべ照り焼き、きゅうりとわかめの酢の物、ごはん、野菜椀
　②ハンバーグ、つけ合わせ（にんじんのグラッセ、粉ふき芋）、ごはん、豆腐のみそ汁、
　　漬物
　③コロッケ、かけそば
　④ラーメン、ごはん、ギョーザ

16. 高齢期の食事計画で、正しいものを1つ選びなさい。
　①後期高齢者では、たんぱく質を制限する。
　②成人期に比べ、1回の食事量を多くする。
　③間食には、牛乳・乳製品をとり入れる。
　④塩味が濃い料理とする。

17. 妊娠期の食事計画について、正しいものを1つ選びなさい。
　①1回の食事量を減らし、間食で栄養を補給する。
　②1回の食事量を少し多くし、間食でも栄養を補給する。
　③1日3食とし、1回の食事量を妊娠前の2倍にする。
　④1日3食とし、1回の食事量を妊娠前の1/2に減らす。

18. 食物アレルギーについて、正しいものを1つ選びなさい。
　①食物アレルギーによる皮膚症状を、アナフィラキシーショックという。
　②食物アレルギーの原因は、主に食物に含まれる脂質である。
　③加熱調理により、症状が強く出現することが多い。
　④加工食品は、原因食物の含有の有無を表示にて確認する。

19. 肥満の食事計画について、正しいものを1つ選びなさい。
　①早食いによる食べすぎを防ぐため、噛みごたえのある食品を用いる。
　②食事の回数を1日3回から2回に減らし、食事量を減少させる。
　③夕食は、就寝前にゆっくり時間をかけて食べる。
　④炭水化物の摂取を減らし、脂質エネルギー比率を40%程度に高める。

20. 鉄欠乏性貧血の予防のための食事計画について、正しいものを1つ選びなさい。
　　①ヘム鉄を多く含む食品を、適正量摂取する。
　　②ビタミンCの多い果物は避ける。
　　③納豆の摂取は避ける。
　　④酸味の強い食品は避ける。

21. 日本料理について、誤っているものを1つ選びなさい。
　　①四季が明確で、季節ごとの気温や湿度に合わせた調理が工夫されている。
　　②自然の美しさや季節感を、食材や切り方で表現している。
　　③一汁三菜を基本とした、たんぱく質と動物性脂肪の多い食事内容である。
　　④正月などの年中行事と料理が密接にかかわっている。

22. 野菜とその旬について、適切なものを1つ選びなさい。
　　①三つ葉　　　——　　春
　　②クレソン　——　　夏
　　③オクラ　　　——　　秋
　　④ニラ　　　　——　　冬

23. 行事食について、適切なものを1つ選びなさい。
　　①菖蒲の節句（端午）には、ひしもちを食べる。
　　②彼岸は先祖供養を行い、ぼたもちを供える。
　　③重陽の節句では、あずきがゆを食べる。
　　④冬至は七草がゆを食べる。

24. 郷土料理とその地域の組み合わせについて、適切なものを1つ選びなさい。
　　①いちご煮　　　　　——　　青森県
　　②マス寿司　　　　　——　　石川県
　　③水炊き　　　　　　——　　鹿児島県
　　④きりたんぽなべ　——　　福島県

25. 食のタブー（食物禁忌）について、正しいものを1つ選びなさい。
　　①日本の「肉食禁止令」（675年）は、農耕の害獣（イノシシ、シカ）を食べること
　　　を禁じていた。
　　②ヒンドゥー教は、豚肉を食べることを禁じている。
　　③ハラールフードの「ハラール」とは、「禁止された」という意味である。
　　④ハラールフードの概念はコーランに基づくが、各国間で差がある。

26. 西洋料理におけるディナースタイルのマナーについて、適切なものを1つ選びなさい。
　①着席するときは、テーブルとの間が10cmほどになるよういすを引き寄せる。
　②途中で席を立つときは、ナプキンはテーブルの上に置く。
　③ワイングラスは、手の熱で温めるように持つ。
　④フルコースの場合、パンは魚料理が終わるまでに食べる。

27. 日常の西洋料理の配膳（セッティング）について、正しいものを1つ選びなさい。

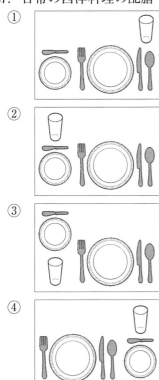

次の文を読み、問題「28」、「29」、「30」に答えなさい。

男児、5歳。
ある1日の食事は、朝食は「ミニジャムパン、牛乳、目玉焼き」。
昼食は保育園で「ロールパン、フライドチキン、野菜とベーコンのスープ、かぼちゃサラダ」であった。

28. この男児の午後の間食を、6つの基礎食品群の第1群の食品から選び、提供したい。
適切なものを1つ選びなさい。
①ヨーグルト
②豆乳プリン
③焼き芋
④すいか

29. この男児の夕飯の献立として、適切なものを1つ選びなさい。
①パン、トンカツ、せん切りキャベツ、サラダ、コーンスープ
②ごはん、サケのマヨネーズ焼き、ほうれん草ときのこのソテー、じゃが芋のみそ汁
③エビの天ぷらうどん、ポテトサラダ、りんごジュース
④おこわ、野菜の卵とじ、漬物

30. この男児の朝食に加える料理として、適切なものを1つ選びなさい。
①ミニクリームパン
②ウインナーソーセージ
③ブロッコリーとプチトマトのサラダ
④かぶのミルクスープ

31. 食品と浸漬液および目的について、正しい組み合わせを1つ選びなさい。
①大根のせん切り　──　水　　──　褐変防止
②干ししいたけ　　──　湯　　──　食味よくもどる
③大豆　　　　　　──　食塩水　──　吸水膨潤・軟化促進
④ごぼう　　　　　──　酢水　　──　砂だし

32. 乾物とそのもどし倍率の組み合わせについて、適切なものを1つ選びなさい。
①切り干し大根　──　約5倍
②大豆　　　　　──　約4倍
③芽ひじき　　　──　約2倍
④カットわかめ　──　約6倍

33. 野菜の切り方について、正しいものを1つ選びなさい。
　　①野菜や肉は繊維に沿って切ると、やわらかく食べられる。
　　②ねじり梅は、小さめのなすに縦に切り込みを入れてねじる。
　　③さいの目切りのことを、中国語で丁(ディン)という。
　　④短冊切りは、繊維に沿った薄切りを重ねて1cmくらいの幅に切る。

34. 煮干しこんぶだしについて、正しいものを1つ選びなさい。
　　①煮干しとこんぶのうま味成分の対比効果を利用したものである。
　　②家庭的なだしでは、水量に対し煮干し2%、こんぶ10%を目安とする。
　　③こんぶと煮干しは加熱前に水につけておく。
　　④中火で加熱し、沸騰直前に煮干しを取り出す。

35. 湿式加熱について、正しいものを1つ選びなさい。
　　①落としぶたは、煮汁が多い場合、食材への調味の均一化をはかるために用いる。
　　②野菜をゆでる際、湯に塩を添加すると軟化が促進される。
　　③煮物で食材に味がしみ込むのは、調味料の浸透圧によるものである。
　　④希釈卵の蒸し物は、「す」が立たないように95℃で蒸す。

36. 乾式加熱について、正しいものを1つ選びなさい。
　　①ロールパンをオーブンで焼くのは、直火焼きである。
　　②油の比熱は水より小さいため、揚げ物は煮物よりも温度管理が容易である。
　　③食材に衣をつけずに揚げるのは、から揚げである。
　　④芋の天ぷらは、魚介類よりも低温の温度帯で揚げる。

37. 次に示す「イカと里芋の煮物」の調味について、正しいものを1つ選びなさい。

〈食材・分量（2人分）〉
　イカ ……………… 1杯（下処理して160g）
　里芋（皮つき）…… 250g（廃棄率は20%）
　砂糖 ……………（イカと芋の重量の5%）
　しょうゆ ………（イカと芋の重量の1%塩分）
　酒 ………………大さじ2杯
　水 ………………1カップ（200mL）

　①里芋の正味重量（皮むき後重量）は、230gである。
　②この煮物に加える砂糖は、大さじ1と1/2杯である。
　③この煮物に加えるしょうゆは、小さじ2杯である。
　④砂糖の1/2量をみりんに置き換えるならば、みりんは大さじ1と1/2杯である。

38. 冷凍・冷蔵について、正しいものを1つ選びなさい。
    ①納豆は冷凍に適するが、豆腐は冷凍に適さない食品である。
    ②白飯の冷凍保存は、冷蔵よりもでんぷんの老化が進みやすい。
    ③牛乳は、家庭用冷凍冷蔵庫のドアポケットでの保存に適さない食品である。
    ④ホームフリージングでは、金属トレーに並べるより購入時の発泡スチロールで凍結
    するほうがよい。

39. 電磁（IH）調理器について、正しいものを1つ選びなさい。
    ①ガスコンロより熱効率が低い。
    ②放射伝熱を利用する直火焼きはできない。
    ③トッププレートが電気抵抗体として発熱する。
    ④オールメタル対応型であれば、中華なべを使用できる。

40. 電子レンジについて、正しいものを1つ選びなさい。
    ①電子レンジ加熱は、ビタミン類などの栄養素の損失が多い。
    ②球形の食品は、表面部分が高温になりやすい。
    ③加熱に使用する容器は、マイクロ波を吸収する材質がよい。
    ④食塩を含む食材は、中心部が温まりにくい。

41. なべの材質について、正しいものを1つ選びなさい。
    ①ステンレスなべは、焦げつきにくい。
    ②フッ素樹脂加工は260℃程度までしか耐えられないため、強火や空焼きに気をつけ
    る。
    ③アルミニウムは食品成分に安定で、酸性の食材を加熱するのにも向く。
    ④パイロセラムはオーブン加熱に使用できるが、直火加熱には使用できない。

42. 米・米粉の調理について、正しいものを1つ選びなさい。
    ①すし飯は、飯をさましてから合わせ酢をまわしかける。
    ②電気炊飯器の保温温度は、でんぷんの老化抑制に有効である。
    ③こわ飯のかたさは、もち米を蒸すなべの湯量で調節する。
    ④上新粉の一部をかたくり粉に置きかえると、団子がやわらかくなる。

43. 小麦粉の調理について、正しいものを1つ選びなさい。
    ①パンを作る際、砂糖を添加するのはグルテン形成を促進するためである。
    ②ベーキングパウダーを加えたケーキの場合、生地の放置時間は膨化に影響をおよぼ
    さない。
    ③天ぷらの衣を作る際、グルテンを形成させないよう時間をかけて撹拌する。
    ④ルウをソースに利用する際、いため温度が高温になるほど、ソースの粘度は低下す
    る。

44. 肉類の調理について、正しいものを1つ選びなさい。
　①牛脂は融点が高いため、コールドビーフやサンドイッチの具には、もも肉が適する。
　②ばら肉は脂肪が多くてやわらかい部位のため、短時間加熱のいため物に適する。
　③肉をしょうゆや酒などの酸性の調味料につけると、保水性が低下し加熱時にかたく
　　なる。
　④肉をしょうが汁やキウイフルーツ生果肉と漬け込むと、肉がしまってかたくなる。

45. 魚介類の調理について、正しいものを1つ選びなさい。
　①イカの色素は、4層からなる表皮の2層目と3層目の間にある。
　②白身魚は筋形質たんぱく質が多いため、加熱時に身割れしやすい。
　③魚の酢じめは、酢につけた後、食塩をふって身をしめる。
　④カツオやマグロは食肉と同じ色素を含むため、加熱時に灰褐色になる。

46. 卵の調理について、正しいものを1つ選びなさい。
　①全卵は、氷水で冷やしながら撹拌すると泡立てやすい。
　②卵白は、卵黄より低温で凝固し始める。
　③起泡卵白に砂糖を添加すると、泡のきめが粗くなる。
　④ポーチドエッグは、ゆで湯に酢を添加し凝固を遅らせる。

47. 牛乳・乳製品の調理について、正しいものを1つ選びなさい。
　①ホイップ用のクリームは、油中水滴型エマルションである。
　②牛乳を静かに加熱する場合、40℃を超えると、被膜が形成される。
　③有機酸を多く含む野菜のクリーム煮は、牛乳添加後に凝固が起こりやすい。
　④寒天ゼリーを作るとき、牛乳を加えるとゲルはかたくなる。

48. 豆・豆製品とその調理について、正しいものを1つ選びなさい。
　①大豆は、豆重量の2倍の水に浸してから加熱する。
　②もめん豆腐は、湯豆腐よりもみそ汁に入れるほうが、「す」が立ちやすい。
　③あずきは吸水が早いため、浸水せずに加熱する。
　④大豆は1％程度の食塩水に浸して加熱すると、短時間にやわらかくなる。

49. 野菜の食味について、正しいものを1つ選びなさい。
　①きゅうりの薄切りを水に浸漬すると、細胞内に水が入りパリッとした食感になる。
　②ゆで湯に酢を少量加えると、れんこんの軟化が促進される。
　③せん切りキャベツに塩をふるとしなやかになるのは、ペクチンの分解が促進される
　　からである。
　④大根の辛味は、おろした後に長く放置するほど強まる。

50. 芋類の調理について、正しいものを１つ選びなさい。
　　①新じゃが芋は、煮くずれしやすい。
　　②みょうばんを添加してさつま芋をゆでると、煮くずれしにくい。
　　③里芋や山芋の皮をむくとかゆくなるのは、酵素が含まれるためである。
　　④とろろ汁特有の粘りを出すためには、すりおろした山芋に、熱いだし汁を加える。

51. 寒天・ゼラチン・カラギーナンの調理について、正しいものを１つ選びなさい。
　　①同程度のかたさのデザートゼリーを作る場合、ゼラチンは棒寒天の約３倍の濃度が
　　　必要である。
　　②寒天は果汁を加えてから加熱すると、ゲルのかたさへの影響は少ない。
　　③カラギーナンでミルクゼリーを作ると、ゲルはかたくなる。
　　④カラギーナンは、冷蔵庫や氷水を使用しなければ凝固しない。

52. 油脂・砂糖の調理について、正しいものを１つ選びなさい。
　　①寒天に添加する砂糖の量を多くすると、ゼリーの離漿量が増加する。
　　②寒天に添加する砂糖の量を多くすると、ゼリーの透明度が低下する。
　　③パウンドケーキは、油脂のクリーミング性を利用して作る焼き菓子である。
　　④バターの配合量の少ないクッキーは、もろく砕けやすい食感となる。

53. 食品の保存について、正しいものを１つ選びなさい。
　　①冷蔵庫内では、食品の乾燥が起こりにくい。
　　②冷凍保存中には、脂質酸化が起こらない。
　　③チルドは、凍結直前の温度帯で保管する方法である。
　　④バナナは、冷蔵庫で保管すると長持ちする。

54. 黄色ブドウ球菌食中毒について、正しいものを１つ選びなさい。
　　①エンテロトキシンは熱に弱い。
　　②エンテロトキシンは腸内で産生される。
　　③潜伏時間は平均24時間である。
　　④おにぎりが原因食品となることが多い。

55. イワシ、サバ、カツオなどの魚による化学性食中毒の病因物質として、正しいもの
　　を１つ選びなさい。
　　①ヒスチジン
　　②ヒスタミン
　　③アニサキス
　　④テトロドトキシン

56. 寄生虫による食中毒について、原因食品と寄生虫の正しい組み合わせを1つ選びなさい。
　　①サバ　　　　　――　　旋毛虫
　　②アユ　　　　　――　　アニサキス
　　③豚肉　　　　　――　　有鉤条虫
　　④ホタルイカ　　――　　サルコシスティス

57. 自然毒食中毒について、正しいものを1つ選びなさい。
　　①フグ毒はフグのみから検出される。
　　②麻痺性貝毒は食物連鎖により蓄積される。
　　③シガテラ中毒は死亡率が高い。
　　④イシナギの肝臓はワックスを大量に含む。

58. 食品添加物について、正しいものを1つ選びなさい。
　　①ソルビン酸は、殺菌効果を目的に使用される。
　　②炭酸カリウムは「かんすい」として使用される。
　　③亜硝酸塩は、漂白剤として使用される。
　　④アルギン酸ナトリウムは、調味料として使用される。

59. 遺伝子組換え大豆またはとうもろこしで作った食品で、表示義務があるものを1つ
　　選びなさい。
　　①豆腐
　　②しょうゆ
　　③コーン油
　　④コーンフレーク

60. 食物アレルギー症状の発症予防のため、表示することを推奨されている食品として、
　　正しいものを1つ選びなさい。
　　①しいたけ
　　②しめじ
　　③まつたけ
　　④まいたけ

1．令和元年の20歳代女性のやせの割合について、正しいものを1つ選びなさい。
　①約5％
　②約10％
　③約20％
　④約30％

2．世界の食糧事情で正しいものを1つ選びなさい。
　①9人に1人が十分な食料を得ていない。
　②肉類の需要は減少している。
　③農作物の収穫は増えている。
　④低所得国の人口は減少傾向である。

3．食生活指針の組み合わせとして正しいものを1つ選びなさい。
　①食事を楽しみましょう　──　食事作りに参加しましょう。
　②主食、主菜、副菜を基本に、食事のバランスを　──　朝食で1日を始めましょう。
　③日本の食文化や地域の産物をいかし、郷土の味の継承を　──　食品ロスを減らしましょう。
　④食料資源を大切に、無駄や廃棄の少ない食生活を　──　調理法が偏らないようにしましょう。

4．五大栄養素に属する栄養素について、<u>誤っているもの</u>を1つ選びなさい。
　①エネルギー
　②炭水化物
　③ビタミン
　④ミネラル

5．たんぱく質について、正しいものを1つ選びなさい。
　①ヒトの体たんぱく質を構成するアミノ酸は、9種類である。
　②アミノ酸スコアの数値は、100に近いほど栄養価は優れている。
　③米と大豆を組み合わせると、アミノ酸スコアは低くなる。
　④必須アミノ酸は、3種類である。

6．脂質について、正しいものを1つ選びなさい。
　①コレステロールは、体内のエネルギーの貯蔵物質である。
　②α-リノレン酸は、n-3系脂肪酸に属する。
　③ココナッツオイルには不飽和脂肪酸が多い。
　④一価不飽和脂肪酸は、魚油に多い。

7．食物繊維について、正しいものを1つ選びなさい。
　　①消化酵素で消化できる。
　　②水溶性と脂溶性に分類される。
　　③アミロペクチンは難消化性多糖類である。
　　④血糖値の上昇を緩やかにする。

8．欠乏すると味覚障害を起こす栄養素について、正しいものを1つ選びなさい。
　　①ビタミンB$_1$
　　②ビタミンD
　　③鉄
　　④亜鉛

9．ビタミンとその欠乏症の組み合わせについて、正しいものを1つ選びなさい。
　　①ビタミンA　　――　　脚気
　　②ビタミンD　　――　　夜盲症
　　③ビタミンB$_1$　　――　　骨粗鬆症
　　④葉酸　　　　　――　　巨赤芽球性貧血

10．日本人の食事摂取基準（2020年版）において、生活習慣病予防を目的として目標
　　量が策定されている栄養素について、正しいものを1つ選びなさい。
　　①ビタミンB$_1$
　　②葉酸
　　③カルシウム
　　④カリウム

11．下記は4つの食品群を用いた朝食献立である。このうち第1群の食材を利用した料
　　理はどれか。正しいものを1つ選びなさい。

> 朝食献立：ごはん、卵焼き（卵、砂糖、油）、ほうれん草の磯辺あえ
> 　　　　　（ほうれん草、のり、しょうゆ）、じゃが芋と玉ねぎのみそ汁

　　①ごはん
　　②卵焼き
　　③ほうれん草の磯辺あえ
　　④じゃが芋と玉ねぎのみそ汁

12．70歳の目標とするBMIの範囲として、正しいものを1つ選びなさい。
　　①18.5〜24.9kg/m^2
　　②20.0〜24.9kg/m^2
　　③21.5〜24.9kg/m^2
　　④23.0〜24.9kg/m^2

13. 成人女子の1日の献立である。改善点として、適切なものを1つ選びなさい。

> 朝食：目玉焼き、サラダ、カフェオレ、果物
> 昼食：カレーライス
> 間食：フルーツヨーグルト
> 夕食：ごはん、サバのみそ煮、野菜のいため物、きゅうりとわかめの酢の物

①朝食に主食を加える。
②昼食に野菜のいため物を加える。
③間食に大学芋を加える。
④夕食にみそ汁を加える。

14. 思春期の食事計画の留意点として、正しいものを1つ選びなさい。
①朝に時間がない場合は、欠食して夕方補食をすればよい。
②塾などで夕食が遅くなったときには、脂質の多い食事にする。
③受験勉強で夜遅くまで起きているときには、ジュースでエネルギーを補う。
④塾や部活で食事が不規則になりやすいため、1日の食事を4回にふりわける。

15. 20歳代、女性、BMI 20.0kg/m²、会社員、昼食として社員食堂を利用する際に選択する食事として、適切なものを1つ選びなさい。
①山菜うどん、生野菜のサラダ
②オムライス、パスタサラダ、コーヒー
③白飯、豚肉のしょうが焼き、トマトのサラダ、青菜のみそ汁
④しょうゆラーメン、ミルクゼリー

16. 高齢期の栄養と食事について、正しいものを1つ選びなさい。
①味覚の閾値が低下し、味を感じやすくなる。
②たんぱく質の消化吸収能力が低下する。
③身体活動レベルの低い高齢者では、低栄養の問題は起こりにくい。
④食事の際にむせがみられる場合には、料理を刻んで提供する。

17. 妊娠期の栄養と食事について、正しいものを1つ選びなさい。
①妊娠前に普通体型の妊婦の体重増加量は、約15kgを目標とする。
②妊娠週数が進むと、脂質の付加が必要である。
③鉄を多く摂取するため、牛乳・乳製品を積極的に摂取する。
④葉酸の付加量が多いため、緑黄色野菜の摂取を多くする。

18. 食物アレルギーについて、正しいものを1つ選びなさい。
①原因食物を除去する場合、原因食品を含む二次加工品も除去する。
②原因となる食品は、少量摂取なら症状は起こらない。
③最も多い症状は、腹痛である。
④果物は、原因食品にはならない。

19. 高血圧予防のための食事計画について、正しいものを1つ選びなさい。
　①肥満者は適正体重になるようにエネルギー量を設定する。
　②動物性たんぱく質を控えるようにする。
　③すしは酸味により、減塩の効果がある。
　④野菜は、できるだけゆで調理とする。

20. 骨粗鬆症予防に必要な栄養素とその栄養素を多く含む食品の組み合わせについて、
　　正しいものを1つ選びなさい。
　①たんぱく質　──　海藻類
　②カルシウム　──　穀類
　③ビタミンD　──　肉類
　④ビタミンK　──　納豆

21. 日本の食文化の歴史について、適切なものを1つ選びなさい。
　①平安時代に、スペイン・ポルトガルとの貿易により、南蛮菓子が伝来した。
　②江戸時代に、しょうゆやみりんが調味料として使われるようになった。
　③第二次世界大戦後になると、和洋折衷の日本式洋食が登場した。
　④高度経済成長期以降から現在まで、米の消費量は高いままである。

22. 吸い口と季節の組み合わせとして、適切なものを1つ選びなさい。
　①みょうが　　──　冬
　②しそ　　　　──　秋
　③木の芽　　　──　春
　④ふきのとう　──　夏

23. 行事食について、適切なものを1つ選びなさい。
　①菖蒲の節句（端午）には、ひしもちを食べる。
　②彼岸は先祖供養を行い、精進揚げを作る。
　③月見は農耕儀礼の意味もあり、団子や野菜を供える。
　④冬至には七草がゆを食べる。

24. 郷土料理とその地域の組み合わせについて、適切なものを1つ選びなさい。
　①いちご煮　　　──　岩手県
　②深川丼　　　　──　神奈川県
　③ぼたんなべ　　──　山口県
　④卓袱料理　　　──　長崎県

25. フランスの各地方の料理の特徴について、正しいものを1つ選びなさい。
    ①ノルマンディ料理 ―― 山間地であり、料理の主体は肉（ジビエ）や乳製品である。
    ②プロヴァンス料理 ―― 酪農の盛んな地域であり、乳製品を多用する。
    ③ブルゴーニュ料理 ―― 赤ワインの産地、赤ワインと食材を組み合わせた料理が多い。
    ④アルザス料理 ―― イタリアの影響が大きく、にんにく、オリーブ、ハーブを多用する。

26. 箸のマナーについて、適切なものを1つ選びなさい。
    ①箸は右手で持ち上げ、そのまま料理を挟んで食べる。
    ②迷い箸とは、箸を宙に浮かせ、どの料理を食べるか迷うことをいう。
    ③涙箸とは、いったん箸でつまみかけた料理から他の料理に箸を移すことをいう。
    ④箸は2本同時に動かさず、下側の箸を動かし調節してものを挟む。

27. 食器・食具について、適切なものを1つ選びなさい。
    ①属人器とは各自専用の器のことである。
    ②柳箸とは、懐石で用いる杉製の箸のことである。
    ③碗は熱伝導率が低く、汁物を盛りつけるのに適している。
    ④日本の食器は、丸い食器が一般的である。

次の文を読み、問題「28」、「29」、「30」に答えなさい。

 4歳の男児。
食物アレルギーがあり、原因の食品は鶏卵と牛乳・乳製品である。

---

28. 食物アレルギーについて、正しいものを1つ選びなさい。
    ①最も多い症状は、血尿である。
    ②食物アレルギーは、一般的に成長に伴い重症化する。
    ③加工食品の使用時は、表示を確認する。
    ④鶏卵は、特定原材料に準じた表示が推奨される20品目の1つである。

29. この男児のおやつを用意したい。最も適切なものを1つ選びなさい。
    ①プリン
    ②みかんゼリー
    ③クッキー
    ④ババロア

30. この男児の食物アレルギーの対応について、適切なものを1つ選びなさい。
　　①サラダにマヨネーズは使用できる。
　　②イクラやたらこは、食べることができる。
　　③鶏肉は、除去が必要である。
　　④チーズトーストは提供できる。

31. 非加熱調理操作について、正しいものを1つ選びなさい。
　　①せん切りキャベツを水につけるとシャキッとするのは、酵素作用によるものである。
　　②果物を冷やすと、甘味を弱く感じる。
　　③大根おろしの辛味は、酵素作用によるものである。
　　④ペイザンヌは、1cm程度の角切りのことである。

32. 里芋の煮物で、正味200g必要となった。廃棄率を20%とすると、芋の購入量として最適なものを1つ選びなさい。
　　①220g
　　②240g
　　③250g
　　④320g

33. 野菜の切り方について、正しいものを1つ選びなさい。
　　①せん切りのことを、中国語で片という。
　　②笹打ちは、輪切りにした食材をさらに4等分に切る。
　　③ささがきは、きゅうりなどを縦半分に切ってから斜め薄切りにする。
　　④拍子木切りは繊維に沿って1cm厚さに切り、端から1cm幅に切る。

34. 和風だしについて、正しいものを1つ選びなさい。
　　①家庭で多用される混合だしは、水量に対しカツオ節1%、こんぶ2%を目安とする。
　　②煮干しこんぶだしは、沸騰後もこんぶを取り出さず、煮干しと共に加熱する。
　　③二番だしは、一番だしのだしがらに最初の1/2量の水を加えてとるだしである。
　　④煮干しだしは、グアニル酸が主なうま味成分である。

35. 調味操作について、正しいものを1つ選びなさい。
　　①だし汁に塩を少量加えると、相乗効果によってうま味が強まる。
　　②しょうゆやみそは、食材に浸透しやすいため、後から加える。
　　③砂糖は、分子量が大きいため、塩より前に加える。
　　④炊き込み飯の塩は、米の吸水を促進するため、浸漬開始時に加える。

36. いため物について、正しいものを1つ選びなさい。
    ①1回にいためる量は、なべ容量の2/3が適量である。
    ②高温短時間の加熱であるため、ビタミン類の損失が多い。
    ③使用する油脂は、材料重量の5％程度用いる。
    ④いため物の下処理の油通しは、140～150℃程度で行われる。

37. 次に示す「ひじきと油揚げの煮物」の材料や調味について、正しいものを1つ選びなさい。

〈食材・分量（4人分）〉
    長ひじき ……………………… 乾（　A　）g → もどしたもの150g
    油揚げ …………………………………………40g
    にんじん ………………………………………80g
    油 …………………………………………大さじ1杯
    ┌ だし …………………………………1/2カップ（300mL）
    │ 酒 …………………………………………大さじ2杯
    │ 砂糖［材料の4％糖分］……………大さじ（　B　）杯
    └ しょうゆ［材料の1％塩分］………大さじ（　C　）杯

    ①乾燥ひじき（　A　）は、50g準備すればよい。
    ②砂糖（　B　）は、大さじ2杯である。
    ③砂糖（　B　）の1/2量をみりんに換える場合、みりんは小さじ1杯を加えればよい。
    ④しょうゆ（　C　）は、大さじ1杯弱である。

38. 冷凍・冷蔵について正しいものを1つ選びなさい。
    ①冷凍野菜は、通常ブランチング処理されているため、解凍して調理する。
    ②肉類は急速凍結して、緩慢解凍したほうが品質低下が抑えられる。
    ③魚肉類を冷蔵庫内で解凍すると、流水解凍するよりドリップが多くなる。
    ④ホームフリージングでは、購入時の発泡スチロールのまま凍結するほうがよい。

39. 電磁（IH）調理器について、正しいものを1つ選びなさい。
    ①誘電加熱を利用した加熱機器である。
    ②使用に最適な形状のなべは、中華なべのような丸底のなべである。
    ③オールメタル対応型であれば、アルマイトのなべは使用できる。
    ④ガスコンロより熱効率が低い。

40. 電子レンジについて、正しいものを1つ選びなさい。
    ①電子レンジ加熱は水分が蒸発しやすいため、焦げ目をつける料理に向く。
    ②冷凍食品の電子レンジによる解凍ムラは、氷より水のほうが昇温しやすいために起こる。
    ③食塩を含むカレーなどの温めは、中心部が高温になりやすい。
    ④電子レンジ加熱は食品形状に影響され、角型は中心部分が熱くなりやすい。

41. なべ類について、正しいものを1つ選びなさい。
　　①ほうろうなべは表面がガラス質であるため、電磁（IH）調理器に使用できない。
　　②アルマイトなべは熱伝導が悪く、ゆで調理には適さない。
　　③陶磁器製のなべは、電子レンジに使用できる。
　　④ステンレスは合成金属であるため、電磁（IH）調理器に使用できない。

42. 米・米粉の調理について、正しいものを1つ選びなさい。
　　①無洗米は、洗米と浸水の必要がない。
　　②もち米は、うるち米よりも加熱前の浸水時間が長い。
　　③上新粉を熱湯でこねるのは、グルテン形成を利用して生地をまとめるためである。
　　④中華なべでチャーハンを作る際、米重量の15〜20%程度の油でいためると、ぱらっと仕上がる。

43. 小麦粉の調理について、正しいものを1つ選びなさい。
　　①一般に家庭の天ぷら衣は、薄力粉と卵水を重量比1：3で作る。
　　②ホワイトソースの粘度は、ルウのいため温度が高いほど低下する。
　　③蒸しパンの膨化剤に重曹を用いると、白く仕上がる。
　　④うどん特有の食感は、食塩によるグルテン形成の抑制効果によるものである。

44. 肉類の調理について、正しいものを1つ選びなさい。
　　①ハンバーグに添加する玉ねぎやパン粉は、肉の結着性を増加させる。
　　②結合組織が比較的少ないリブロースは、ステーキに向く。
　　③手羽先は、だし材料として利用しない部位である。
　　④砂糖は親水性があり、肉をかたくする作用がある。

45. 魚介類の調理について、正しいものを1つ選びなさい。
　　①スズキやカレイは筋基質（肉基質）たんぱく質が多く、生では肉質がかたい。
　　②魚のそぼろ（でんぶ）には、カツオのような赤身の魚が向いている。
　　③筋形質たんぱく質の含量が少ない魚は、加熱後に身がしまることから、煮魚に向かない。
　　④魚の酢じめは、ふり塩をせず酢につける。

46. 卵の調理について、正しいものを1つ選びなさい。
　　①鶏卵1個に含まれる卵白は、卵黄の約2倍の重量である。
　　②卵のゲルは、卵濃度が高いほど凝固温度が高くなる。
　　③だしや牛乳を用いて卵を希釈する場合、卵濃度は10%あればゲル化が可能である。
　　④メレンゲを作る場合、新鮮卵を用いると泡立ちやすい。

47. 牛乳・乳製品の調理について、正しいものを1つ選びなさい。
　①牛乳でじゃが芋を煮ると、軟化しやすい。
　②牛乳を加えた寒天ゲルは、牛乳を入れないものより食感がやわらかい。
　③バターは水中油滴型のエマルションである。
　④ホイップクリームを泡立てるとき、分離しやすい温度は5℃程度である。

48. 豆・豆製品の調理について、正しいものを1つ選びなさい。
　①あずきを予備浸水せず加熱するのは、吸水に時間がかからないためである。
　②豆の加熱途中の加水を「渋きり」という。
　③黒豆をやわらかく煮るためには、砂糖を一度に加える。
　④みそ汁に入れたもめん豆腐は、すが立ちにくい。

49. 野菜類の調理について、正しいものを1つ選びなさい。
　①にんじんは、甘酢などの酸性の調味液につけると変色する。
　②せん切りキャベツを水に浸すと、細胞から水が出てしんなりした食感になる。
　③れんこんをゆでる際、湯に酢を少量添加するとシャキッとした食感になる。
　④根菜類は水から入れて、弱火で長時間ゆでると軟化しやすい。

50. 芋類の調理について、正しいものを1つ選びなさい。
　①里芋の皮むき時に手がかゆくなるのは、粘性物質のガラクタンによる。
　②新じゃが芋は、不溶性のプロトペクチンが多いため、煮くずれしにくい。
　③生のさつま芋の保存は、冷蔵庫がよい。
　④とろろ汁を作る場合には、80℃程度のだしを加える。

51. ゲル化素材について、正しいものを1つ選びなさい。
　①粉寒天でデザートゼリーを作る場合、使用量は棒（角）寒天の1/2でよい。
　②カラギーナンは、加熱して完全に溶解した後、砂糖を加える。
　③寒天ゼリーに生のキウイフルーツを入れると、かたまらない。
　④ゼラチンゼリーは、牛乳を加えるとゲル強度が低下する。

52. 油脂やでんぷんの調理について、正しいものを1つ選びなさい。
　①バターには可塑性がある。
　②オリーブ油は融点が低いため、冷蔵庫に入れても白濁しない。
　③種実でんぷんは加熱・糊化すると、透明になる。
　④根茎でんぷんは、汁に粉末のまま添加してもだまにならない。

53. 食品の保存について、正しいものを1つ選びなさい。
　①きゅうりのピクルスの保存性が高いのは、pH が4.0～5.0程度だからである。
　②食品の保存には、結合水を減少させるとよい。
　③酢酸のような有機酸は、塩酸などの無機酸よりも微生物の発育阻止効果は大きい。
　④つくだ煮やジャムは、保存性を向上させるために水分活性を高めた食品である。

54. 食中毒について、正しいものを１つ選びなさい。
　①細菌性食中毒は、食前に加熱すればすべての細菌で防ぐことができる。
　②寄生虫は、加熱しても死なない。
　③ヒスタミンによる中毒はアレルギーのような症状を示す。
　④ノロウイルスは加熱で失活させることはできない。

55. 食中毒と原因食品について、正しいものを１つ選びなさい。
　①サルモネラ属菌　　　──　　　真空包装食品
　②腸炎ビブリオ　　　　──　　　海産魚介類
　③カンピロバクター　　──　　　穀類
　④黄色ブドウ球菌　　　──　　　食肉

56. 寄生虫症について、正しいものを１つ選びなさい。
　①アニサキスは、ヒラメを介し感染する。
　②肺吸虫は、海産のカニを介し感染する。
　③旋尾線虫は、ホタルイカを介し感染する。
　④肝吸虫は、ホタルイカから感染する。

57. 十分な加熱を行っても食中毒を回避できない恐れのある食材として、正しいものを
　１つ選びなさい。
　①じゃが芋
　②鶏肉
　③ヒラメ
　④ホタテ貝柱

58. 食品添加物表示が免除される場合について、正しいものを１つ選びなさい。
　①加工助剤として用いられる場合
　②防かび剤として用いられる場合
　③増粘剤として用いられる場合
　④甘味料として用いられる場合

59. 遺伝子組換え食品を使用していても表示義務がない食品として、正しいものを１つ
　選びなさい。
　①凍り豆腐
　②しょうゆ
　③みそ
　④納豆

60. 食物アレルギーを起こしやすい食品（特定原材料）として表示が義務づけられてい
    る食品について、正しいものを1つ選びなさい。
    ①アーモンド
    ②ピーナッツ
    ③ごま
    ④カシューナッツ

1．次の図は国民1人1日あたりの純食料供給量の推移を示している。a～dに当てはまる食品および食品群の組み合わせについて、適切なものを1つ選びなさい。

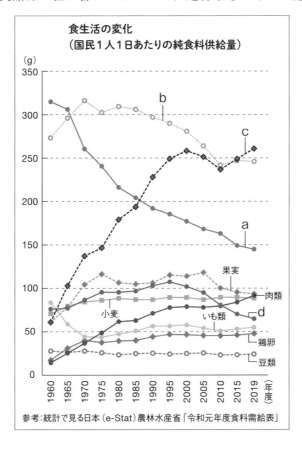

食生活の変化
（国民1人1日あたりの純食料供給量）

参考：統計で見る日本（e-Stat）農林水産省「令和元年度食料需給表」

① a：米 ── b：野菜 ── c：牛乳および乳製品 ── d：魚介類
② a：野菜 ── b：牛乳および乳製品 ── c：魚介類 ── d：米
③ a：魚介類 ── b：牛乳および乳製品 ── c：野菜 ── d：米
④ a：牛乳および乳製品 ── b：魚介類 ── c：米 ── d：野菜

2．次の図は我が国の輸入食材に係るフードマイレージを示している。「Ａ」として、正しいものを1つ選びなさい。

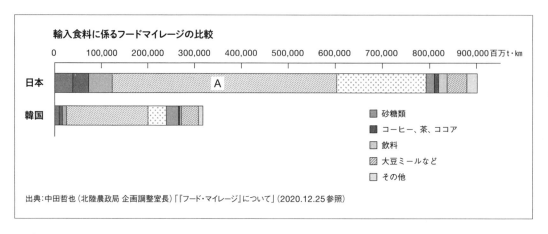

出典：中田哲也（北陸農政局 企画調整室長）「『フード・マイレージ』について」（2020.12.25参照）

①畜産物
②野菜・果物
③穀物
④油糧種子

3．食生活指針に示されている内容について、正しいものをすべて選びなさい。
①毎日の食事で、平均寿命をのばしましょう。
②普段から体重を量り、食事量には気をつけましょう。
③栄養成分表示を見て、食品や外食を選ぶ習慣を身につけましょう。
④賞味期限や消費期限を考えて利用しましょう。

4．良質のたんぱく質を摂取するための料理の組み合わせについて、正しいものを1つ選びなさい。
①ごはんと冷やしトマト
②ごはんと卵焼き
③ごはんとほうれん草のお浸し
④ごはんとかぼちゃの煮物

5．脂肪酸と、脂肪酸を多く含む食品の組み合わせについて、正しいものを1つ選びなさい。
①ステアリン酸　　　　　　──　　アマニ油
②オレイン酸　　　　　　　──　　牛乳
③リノール酸　　　　　　　──　　大豆油
④エイコサペンタエン酸　　──　　バター

6．単糖類について、正しいものをすべて選びなさい。
　①多糖類より吸収がはやい。
　②水にとけにくい。
　③ブドウ糖は、五炭糖である。
　④果糖は、糖類では最も甘い。

7．カルシウムの吸収を阻害する成分について、正しいものをすべて選びなさい。
　①フィチン酸
　②乳糖
　③シュウ酸
　④カゼインホスホペプチド

8．糖質の代謝に必要なビタミンの供給源となる食品である。正しいものをすべて選びなさい。
　①モロヘイヤ
　②豚肉
　③玄米
　④アーモンド

9．日本人の食事摂取基準について、正しいものを１つ選びなさい。
　①摂取することが望ましい食品の重量を示したものである。
　②生活習慣病患者の重症化予防は、目的に含まれていない。
　③サプリメントの摂取も含んで考えられている。
　④75歳以上を高齢者としている。

10．朝、昼、夕、間のエネルギー配分について、正しいものを１つ選びなさい。
　①朝：昼：夕：間＝10：20：50：20
　②朝：昼：夕：間＝30：30：30：10
　③朝：昼：夕：間＝ 0：20：60：20
　④朝：昼：夕：間＝20：20：20：40

11．１日1,800kcalを、３食で摂取する。主食を米でとる場合、１食あたりの米の量として、適切なものを１つ選びなさい。なお穀類エネルギー比率は45％とする。
　①58g
　②78g
　③108g
　④128g

12. 男性、50歳。身長170cm、体重70kg、BMI 24.2kg/m²、代謝基準値21.5kcal/kg 体重／日、身体活動レベルⅠ、平均的なエネルギー摂取量は2,300kcal である。この男性のアセスメントと栄養計画について、正しいものを 1 つ選びなさい。
    ①エネルギー摂取量はエネルギー消費量を下回っている。
    ②エネルギー摂取量を減らす食事改善計画が必要である。
    ③摂取エネルギー量の目標値は、2,300kcal である。
    ④昼食のエネルギー量の目安は、500kcal である。

13. 幼児期の食事管理について、正しいものを 1 つ選びなさい。
    ①体重あたりのたんぱく質必要量は、成人より少ない。
    ②食品重量あたりの栄養素含有量の少ない食品を選択する。
    ③料理において、食品の大きさやかたさに配慮する。
    ④アクの強い苦みのある野菜を積極的に食べさせる。

14. 一人暮らしをしている成人女子が社員食堂で選択する昼食献立について、最も適正なものを 1 つ選びなさい。
    ①カレーライス単品
    ②チャーハン、鶏肉のから揚げ、中華風かきたまスープ
    ③炊き込みごはん、煮魚、野菜の煮物、みそ汁
    ④白飯、肉野菜いため、酢の物、けんちん汁

15. 高齢期の嚥下障害の対策について、正しいものを 1 つ選びなさい。
    ①少ないだし汁で調理する。
    ②きざみ食にする。
    ③とろみのある状態の食事にする。
    ④ゼリー状、ムース状の料理は、誤嚥を招くので避ける。

16. 妊娠期の栄養と食事について、正しいものを 1 つ選びなさい。
    ①つわりの時期でも、努力して食べるように勧める。
    ②妊娠前の体格が低体重の場合、体重増加量は 7 ～ 12kg を目安とする。
    ③食事だけで摂取しにくい栄養として、鉄と葉酸がある。
    ④「主食」を控えめにし、主菜から摂取することを勧める。

17. 食物アレルギーについて、正しいものをすべて選びなさい。
    ①食物アレルゲンは、消化酵素の働きで症状が出にくくなる。
    ②原因となる食品は、少量の摂取であれば症状は起こらない。
    ③最も多い症状は、腹痛である。
    ④食物アレルギーの原因は、主に食物に含まれるたんぱく質である。

18. 栄養素の慢性的な過不足と生活習慣病の発症の組み合わせについて、正しいものを1つ選びなさい。
    ①飽和脂肪酸 ―― 不足 ―― 高血糖
    ②カリウム ―― 不足 ―― 脂質異常
    ③食物繊維 ―― 不足 ―― 肥満
    ④ナイアシン ―― 過剰 ―― 骨粗鬆症

19. 骨粗鬆症予防のための食事計画について、正しいものを1つ選びなさい。
    ①高齢者では、BMIを20kg/m²以下を目安にエネルギー摂取量を計画する。
    ②リンを多く含む加工食品を、積極的に摂取する。
    ③ビタミンKを多く含む緑黄色野菜を多く摂取する。
    ④カルシウムの補給には、1週間に2回程度牛乳を摂取するようにする。

20. 日本料理の歴史について、正しいものを1つ選びなさい。
    ①縄文時代後期には、稲作が伝来した。
    ②弥生時代には、「肉食禁止令」が発せられた。
    ③平安時代には、味のついた料理が提供されていた。
    ④江戸時代には、湯取法で炊飯されるようになった。

21. 秋の献立の主菜について、最も適正なものを1つ選びなさい。
    ①アジフライ
    ②サンマの塩焼き
    ③ブリの照り焼き
    ④カツオのたたき

22. 郷土料理について、適切なものを1つ選びなさい。
    ①岩手 ―― 治部煮
    ②山梨 ―― フナずし
    ③岡山 ―― 箱ずし
    ④福岡 ―― がめ煮

23. 日本料理のマナーについて、適切なものを1つ選びなさい。
    ①骨つきの魚は、頭に近いほうの背側の上身から食べ始める。
    ②和食では、器を置いたまま食べることはなく、必ず左手で持ち上げる。
    ③ふたつきの器は食べ終えたあと、ふたはもとにもどさない。
    ④渡し箸とは、遠くの食器を箸で手元に引き寄せることである。

次の文を読み、問題「24」、「25」に答えなさい。

50歳男性、管理職。検診を受けた結果である。
身長 175cm、体重 70kg、空腹時血糖値 85mg/dL、中性脂肪値 120mg/dL、HDL コレステロール値 58mg/dL、血圧 158/96mmHg であった。
自覚症状はなく、運動習慣はない。

24. この男性の食事計画について、適しているものを1つ選びなさい。
　①食事回数を減らす。
　②肉、卵、乳・乳製品の摂取回数を減らす。
　③砂糖の摂取を禁止する。
　④生野菜や果物の摂取量を増やす。

25. この男性に勧める社員食堂での昼食として、適しているものを1つ選びなさい。
　①日替わりめんセット
　②サラダバーが利用できる定食
　③肉の揚物を主菜としている定食
　④単品のカレーライスと野菜の浅漬けの小鉢の組み合わせ

次の文を読み、問題「26」、「27」に答えなさい。

80歳、女性。生活、食事は自立している。義歯が少し合っていない。最近、水を飲む際にむせるようになってきた。

26. この女性に勧める食事の形態について、適切なものを1つ選びなさい。
　①弾力が強くもちもちしている。
　②つるっと滑りやすい。
　③なめらかでまとまりやすい。
　④細かく刻まれている。

27. この女性に勧める料理である。最も適切なものを1つ選びなさい。
　①きなこもち
　②こんにゃくのいり煮
　③卵豆腐
　④細かく刻んだきゅうりの漬物

次の文を読み、問題「28」、「29」、「30」に答えなさい。

4人家族である。
祖母：77歳。家庭菜園が趣味。毎日朝20分くらい散歩にでている。
　　　身長155cm、体重55kg。血圧140/90mmHg、義歯を用いている。最近かたい食品を避けるようになっている。
父親：52歳。会社員。
　　　身長175cm、体重78kg、腹囲90cm、血圧135/85mmHg、中性脂肪値155mg/dL、空腹時血糖値105mg/dL。
　　　食事は、朝は自宅でパン、コーヒー、昼食はめん類単品が多い。夕食は家で食べるが21時以降が多い。アルコールは週に2、3回。1回にビール（350mL）1～2本程度。アルコールを飲むときは、主食はとらない。
母親：50歳。会社員。
　　　身長160cm、体重63kg、腹囲85cm、血圧120/80mmHg、中性脂肪値170mg/dL、LDLコレステロール値140mg/dL。空腹時血糖値90mg/dL。昼は弁当。
息子：17歳。高校2年生。
　　　身長175cm、体重65kg、サッカー部での活動が土日を含み週4日（昼は弁当）。
食事作りは母親の担当、祖母は自分の好きな料理を作ることもある。中食も多い。

28. 母親の健康、栄養状態について、正しいものを1つ選びなさい。
　①やせである。
　②メタボリックシンドロームである。
　③脂質異常症である。
　④健康上の問題はない。

29. 息子の部活動前の食事について、正しいものを1つ選びなさい。
　①部活動前に食事はとらない。
　②100％果汁のジュースで水分補給を行う。
　③フライドポテトでエネルギー補給を行う。
　④カツサンドでエネルギー補給を行う。

30. 家族の食事計画上の留意点について、正しいものを1つ選びなさい。
　①息子の活動量を考え、肉類や揚げ物の多い献立とする。
　②祖母の咀嚼訓練のため、毎食根菜類のいため物やサラダを入れる。
　③今より野菜料理を1品増やす。
　④食事を食べやすいように、味を濃くする。

31. 非加熱調理操作について、正しいものを1つ選びなさい。
   ①殻つきの貝は砂がついているため、ふり洗いをする。
   ②ごぼうをやわらかい食感にするには、繊維方向と平行に切るのがよい。
   ③呼び塩は、野菜に塩をふり、野菜の脱水をする方法をいう。
   ④じゃが芋の芽取りには、包丁のあごの部分を用いるとよい。

32. 切削について、正しいものを1つ選びなさい。
   ①豆腐などのやわらかい素材は、包丁で垂直圧し切りにする。
   ②かたい野菜を切るときは、引き切りにする。
   ③刺し身などは、押し出し切りにする。
   ④肉は線維に対し垂直に切ると、加熱時に形状を保ちやすい。

33. 加熱調理の使用温度域について、正しいものを1つ選びなさい。
   ①圧力なべを用いた煮物は、食品の温度が150℃程度になる。
   ②油通しは、140〜160℃の温度帯である。
   ③いため物は、150〜200℃程度となる。
   ④オーブンを用いた魚の焼き物は、180〜200℃程度で加熱する。

34. ゆでる・煮るについて、最適なものを1つ選びなさい。
   ①ほうれん草を1束（300g）ゆでるとき、湯は1リットルあればよい。
   ②少量の酢を加えた湯でれんこんを短時間ゆでると、歯切れのよい食感になる。
   ③炊き合わせは、複数の食材を一緒に煮て、盛り合わせた煮物である。
   ④しょうゆは、塩よりも根菜をやわらかくする作用がある。

35. いため物について、正しいものを1つ選びなさい。
   ①食材の投入量は、なべ容量の2/3量が適切である。
   ②高温加熱のため、ビタミン類の損失が多い。
   ③キャベツ400gのいため油の適量は、大さじ1杯である。
   ④八宝菜などの料理は、かたくり粉を2倍容量の水でといたものでとろみをつける。

36. 味の相互作用について、正しいものを1つ選びなさい。
   ①だし汁に少量の塩を加えると、相乗効果によってうま味が強くなる。
   ②しるこに少量の塩を加えると、対比効果で甘みが強くなる。
   ③コーヒーに砂糖を加えると、変調効果で苦みが弱くなる。
   ④食塩水を飲んだ後に水を飲むと、抑制効果で水が甘く感じる。

37. 加熱器具について、正しいものをすべて選びなさい。
   ①電磁誘導加熱は、ガスコンロの加熱より熱効率が低い。
   ②電子レンジ加熱は、水分が蒸発しやすい加熱法である。
   ③アルミニウムなべは、ジャムの加熱に不向きである。
   ④ステンレスなべは、焦げつきにくい。

38. 電磁（IH）調理器やなべ類について、正しいものを１つ選びなさい。
　①電磁（IH）調理器は磁性のあるなべがよいため、中華なべは最適である。
　②パイロセラムは直火加熱も可能なため、電磁（IH）調理器にも最適である。
　③圧力なべは、なべ内の圧力を高め、水の沸点を150℃程度にする。
　④アルミニウムはステンレスより熱伝導率が高値のため、湯沸かしに向く。

39. 米・米粉の調理について、正しいものを１つ選びなさい。
　①ピラフは、米重量の1.2〜1.3倍重量のスープを加えて炊き上げる。
　②もち米300gを好ましいかたさの飯に炊き上げると、約660gとなる。
　③白玉粉に水を加えてこねるのは、グルテン形成を促進するためである。
　④五分がゆは、米１に対して水を５倍容量加えて炊く。

40. 小麦粉の調理について、正しいものを１つ選びなさい。
　①パスタ類には、たんぱく質含量の低いデュラムセモリナが用いられる。
　②天ぷらの衣は、薄力粉に160〜200％の卵水を加えて作る。
　③ブール・マニエは、カスタードクリームのとろみづけに用いられる。
　④ホワイトソースを作るとき、高温のホワイトルウに牛乳を混ぜると、ダマになりにくい。

41. 肉の調理について、正しいものを１つ選びなさい。
　①ミディアムステーキは、肉の中心温度が約75℃になるような焼き方である。
　②カレーやシチューでは、筋線維が徐々に分解されて軟化する。
　③ハンバーグは、ひき肉に塩を添加してよく混ぜると、保水性が低下する。
　④ポークソテーの肉たたきは、加熱時の肉の硬化を抑える効果がある。

42. 魚類について、正しいものをすべて選びなさい。
　①赤身魚の筋肉の色素であるミオグロビンは、加熱すると灰褐色になる。
　②エビの殻の色素は、加熱によって変性してアスタキサンチンとなる。
　③あらいは、鮮度の高い白身魚の薄切りを０〜18℃の冷水中でふり洗いして作る。
　④魚の酢じめを作るときは、魚肉重量の0.3〜0.5％のふり塩をし、そのあと酢でしめる。

43. 卵の調理（カスタードプディング）について、正しいものを１つ選びなさい。
　①希釈卵液の卵濃度は、40〜45％程度である。
　②砂糖を添加した全卵に温めた牛乳を加える場合、80℃程度にするとよい。
　③蒸し器で加熱する場合、90℃を超えた温度帯で蒸すとなめらかに仕上がる。
　④オーブン加熱では、天板に湯を入れて160℃で加熱する。

44. 乳・乳製品の調理について、正しいものを1つ選びなさい。
　①乳脂肪クリームのホイップクリームは、植物性脂肪のものより軽い食感である。
　②ホイップクリームを作る場合、植物性脂肪のクリームよりも乳脂肪クリームのほう
　　が分離しやすい。
　③牛乳中のカゼインは、カスタードプディングのゲル化を促進する。
　④じゃが芋を牛乳で煮ると、カゼインがペクチンと結合して芋がかたくなる。

45. 豆類の調理（豆の甘煮）について、正しいものを1つ選びなさい。

　〈材料（4〜6人分）〉
　　うずら豆（白いんげん）……　100g（乾）
　　砂糖（乾燥豆重量の60〜80％）
　　塩　　（乾燥豆重量の0.2％）

　①豆は洗って、200〜300mL の水につけておく。
　②豆の吸水に必要な時間は、水につけて3〜4時間である。
　③やわらかくなるまでゆでた豆は、約170〜180g になる。
　④砂糖を加える前に、約40分〜1時間ゆでる必要がある。

46. 野菜の特徴について、正しいものを1つ選びなさい。
　①なすは低温障害を起こすので、長期の冷蔵庫保存は適さない。
　②大根おろしの辛味は、時間をおくと刺激が強まる。
　③トマトの色素リコピンは、水溶性である。
　④干ししいたけは、低温で長時間かけてもどすと酵素が失活する。

47. 芋類の特徴について、正しいものをすべて選びなさい。
　①とろろ汁を作るとき、高温のだしを加えると粘性が上昇する。
　②里芋を煮るとき、最初からみそやしょうゆを加えると煮汁の粘度は低下する。
　③さつま芋は0.5％のミョウバン液でゆでると、安定した黄色を呈する。
　④じゃが芋のソラニンは、ゆでると分解する。

48. ゲル化素材について、正しいものを1つ選びなさい。
　①ゼリーに適するゼラチンの使用濃度は、0.5〜1.5％である。
　②ゼラチンは口どけがよいが、消化性は低い。
　③寒天の融解温度は、90℃を超える。
　④ゼラチンは、冷却時間が長いとゲル強度が低下する。

49. 砂糖および甘味料の調理について、正しいものを1つ選びなさい。
　①煮詰め温度102〜103℃のシロップは、冷蔵保存すると結晶ができる。
　②フォンダンは、抜糸（バースー）よりも煮詰め温度が高温である。
　③ショ糖濃度約65％のいちごジャムを作るには、103〜104℃で火を止めればよい。
　④ハチミツが低温で白くなるのは、ショ糖濃度が高いためである。

50. 嗜好飲料について、正しいものを1つ選びなさい。
　①ウーロン茶は、紅茶よりも発酵が進行した茶である。
　②番茶をいれるときは、煎茶と同じ温度の湯を用いる。
　③紅茶を急速冷却すると、クリームダウンが起こる。
　④紅茶とウーロン茶は、ほぼ同じ温度の湯で抽出する。

51. 食品の冷凍について、正しいものを1つ選びなさい。
　①液体は、凍結時に体積が約10％増加する。
　②こんにゃくや生卵は、冷凍保存に適している。
　③急速冷凍する調理食品は、熱いうちに冷凍庫内に入れる。
　④野菜類を加熱してから冷凍するのは避ける。

52. 調味料について、正しいものを1つ選びなさい。
　①さつま芋のあめがらめでは、砂糖溶液が150℃位のときに、揚げた芋を混ぜ合わせる。
　②スポンジケーキを作るとき、グラニュー糖は上白糖よりも焼き色がつきやすい。
　③食塩は希釈卵液のゲル化を抑制する。
　④0.5〜1％の食塩水で野菜をゆでるのは、やわらかくするのを遅らせるためである。

53. 盛りつけについて、正しいものをすべて選びなさい。
　①マークのついている洋食器は、マークを手前側に置いて盛りつける。
　②和食器の絵柄がついているわんは、絵柄を正面と考えて盛りつけることが多い。
　③ごはんを盛るときは「中高」にする。
　④日本料理の「前盛り」は、左手前に配置する。

54. 和菓子類の調製方法について、正しいものを1つ選びなさい。
　①くず桜は、冷却することで透明になる和菓子である。
　②上新粉に白玉粉を混ぜるのは、団子に歯ごたえを出すためである。
　③水ようかん500gを作る場合、棒寒天は約4g使用する。
　④水ようかんへの食塩（仕上がり量の0.08％）添加は、甘味を緩和するためである。

55. 汁物・スープ類について、正しいものをすべて選びなさい。
　①干しエビは、だし材料として用いられない。
　②ポタージュのとろみづけとして、薄力粉やじゃが芋などが用いられる。
　③サバを用いた船場汁は、潮汁の一種である。
　④吸い物の仕上げに添える木の芽などを、あしらいという。

56. フランスの地方料理について、正しいものをすべて選びなさい。
　　①ノルマンディー地方は酪農が盛んで、コック・オーヴァンなどのクリーム系の料理
　　　が多い。
　　②プロヴァンス料理は、にんにく・トマト・オリーブオイルやハーブが多用される。
　　③エポワスは、ブルゴーニュ地方のマスタードである。
　　④ドイツと隣り合ったアルザス地方は、フォアグラの産地である。

57. 中国料理の調理法について、正しいものを1つ選びなさい。
　　①上湯　——　澄んだスープ。
　　②焼　——　油で両面を焼きつける。
　　③清蒸　——　材料に調味し、米粉をまぶして蒸す。
　　④乾炸　——　下味をし、かたくり粉をつけて揚げる。

58. 各国料理について、正しいものを1つ選びなさい。
　　①ナンプラーは、インドで使われる魚醤である。
　　②ベトナム料理は、植民統治時代のイタリア料理の影響を受けている。
　　③トウバンジャンは、韓国料理の調味料である。
　　④ロシア料理のボルシチは、スープである。

59. ウイルス性食中毒について、正しいものを1つ選びなさい。
　　①ノロウイルスは、冷蔵庫内で生存することはできない。
　　②ノロウイルス食中毒の予防には、85～90℃、90秒間以上の加熱が推奨されている。
　　③ノロウイルスは、貝類の中腸腺で増殖する。
　　④ウイルスを原因とする食中毒は、肝炎ウイルスによるものが多い。

60. 食品の表示について、正しいものを1つ選びなさい。
　　①天然添加物の場合は、「天然」という表現の使用が認められている。
　　②表示が義務づけられているアレルギーを起こしやすい食品は、20品目である。
　　③常温保存の食品は、保存条件の記載を省略できる。
　　④遺伝子組換え食品を使用していないことは、表示できない。

1．概日リズムを調整するために必要なことをすべて選びなさい。
　①休日の朝は遅く起きる。
　②朝、日光を浴びる。
　③朝食を食べる。
　④就寝直前に夕食をとる。

2．スローフード運動として、適切なものをすべて選びなさい。
　①その土地の伝統的な食文化や食材を見直す運動から始まった。
　②スローフード運動が始まったのは、日本からである。
　③地域の伝統的な食材料を保護することも、運動の1つである。
　④スローフード運動で登録されている食品は、流通量が多い。

3．食事バランスガイドについて、正しいものをすべて選びなさい。
　①食事バランスガイドは、食生活指針を具体的に行動できるようにするためのものである。
　②食事バランスガイドのイラストは、料理を「コマ」で表現している。
　③食事バランスガイドは、中食や外食の料理は対象としていない。
　④地域の特性をいかした料理を含んだ食事バランスガイドがある。

4．必須アミノ酸である。正しいものを1つ選びなさい。
　①アラニン
　②グルタミン
　③アスパラギン
　④バリン

5．脂肪酸について、正しいものを1つ選びなさい。
　①飽和脂肪酸は、凝固温度が高い。
　②一価不飽和脂肪酸は、血中LDLコレステロール値を上昇させる。
　③多価不飽和脂肪酸は、ビタミンEと摂取すると酸化されやすくなる。
　④n-3系脂肪酸は、血栓形成を促進する。

6．炭水化物について、正しいものを1つ選びなさい。
　①ショ糖は、多糖類である。
　②キチンは、水溶性の多糖類である。
　③アミロペクチンは、枝分かれ状の構造をしている。
　④果糖は、冷やすと甘さを感じなくなる。

7．常温で保存できるカルシウムを多く含む食品である。正しいものをすべて選びなさい。
　　①ヨーグルト
　　②凍り豆腐
　　③しらす干し
　　④スキムミルク

8．ビタミンについて、正しいものを1つ選びなさい。
　　①乳児がビタミンD不足になると、骨軟化症となる。
　　②ビタミンDは日光にあたることで、皮膚で合成される。
　　③葉酸の摂取では、根菜類を十分に摂取することが重要である。
　　④ビタミンB_2は、造血を抑制する働きがある。

9．日本人の食事摂取基準を用いた食事計画について、正しいものを1つ選びなさい。
　　①個人の食事計画では、推定平均必要量を下回る摂取量でも不足の確率はほとんどない。
　　②推定平均必要量と推奨量が示されない栄養素は、目安量を用い食事計画する。
　　③ナトリウム（食塩相当量）は、推定平均必要量を目安に食事計画を行う。
　　④エネルギーと各栄養素は、毎日過不足なく調整する必要がある。

10．夕食が遅い場合の夕食献立について、最も適切なものを1つ選びなさい。
　　①ごはん、豚ロースソテー、野菜の煮物、豚汁
　　②ごはん、野菜の天ぷら、肉豆腐、油揚げとわかめのみそ汁
　　③天津丼、鶏肉のから揚げ
　　④ごはん、刺し身、酢の物、けんちん汁

11．以下の条件の食事計画について、正しいものを1つ選びなさい。

> 成人1,800kcal、食事回数とエネルギーの配分は、朝30％、昼30％、夕30％、間食10％、穀類由来のエネルギー量は45％である。

　　①1日の適正なたんぱく質量は、120gである。
　　②1日の適正な脂質量は、75gである。
　　③朝食のエネルギー量は、450kcalとする。
　　④1回の食事の飯の量は、150gとする。

12．1回の食事の献立作成で一番に設定する事項として、最も適切なものを1つ選びなさい。
　　①主食の種類と量
　　②主菜の主材料とその量
　　③副菜の主材料とその量
　　④汁料理の具材と味つけ

13. 思春期の女子で月経がある場合の、男子より多く必要とする栄養素について、正しいものを1つ選びなさい。
　①たんぱく質
　②鉄
　③カルシウム
　④ビタミンC

14. 成人期の食事管理について、正しいものを1つ選びなさい。
　①日本酒は2合が目安である。
　②夕食時間が遅くなるときは、19時頃にたんぱく質源となる料理をとる。
　③砂糖入り缶コーヒーは、水分補給として望ましい。
　④市販の総菜は、食塩摂取量が多くなりやすい。

15. 高齢期の食事計画で意識すべき点について、正しいものをすべて選びなさい。
　①フレイルティ（フレイル）の回避のため、体重の変化を確認しながらエネルギー摂取量を調整する。
　②ロコモティブシンドロームの回避のため、鉄摂取量が不足しないようにする。
　③サルコペニアの回避のため、たんぱく質摂取量が不足しないようにする。
　④メタボリックシンドロームの回避のため、炭水化物摂取量を増やす。

16. 妊娠期の栄養と食事について、正しいものをすべて選びなさい。
　①妊娠中の低栄養状態は、低出生体重児の原因と考えられる。
　②妊娠月数が進むにしたがい、貧血のリスクは低下する。
　③妊娠前の体格が肥満（1度）の場合、体重増加量は7〜10kgを目安とする。
　④葉酸の摂取のためには、淡色野菜の料理を選択する。

17. 小麦アレルギーがある場合に除去が必要な食品である。適切なものをすべて選びなさい。
　①きな粉
　②ナン
　③そうめん
　④きりたんぽ

18. 脂質異常症を予防するための食事について、正しいものを1つ選びなさい。
　①バターやラードは積極的に摂取する。
　②油を使用する料理には、オリーブオイルやサフラワー油を使用する。
　③脂質の多い魚は制限する。
　④牛乳・乳製品は、高脂肪の製品を選ぶ。

19. 鉄欠乏性貧血の予防のための食事計画について、正しいものを1つ選びなさい。
　　①たんぱく質は、動物性より植物性食品を摂取する。
　　②吸収のよい鉄を含む葉物野菜を中心に摂取する。
　　③食事の前後に緑茶や紅茶を摂取し、鉄の吸収率をよくする。
　　④香辛料などを適宜使用する。

20. 本膳料理について、正しいものを1つ選びなさい。
　　①饗宴が大きくなると、膳の数は増える。
　　②食器は、黒塗りか朱塗りの炻器を使う。
　　③五の膳まである場合は、本膳の右に三の膳が置かれる。
　　④献立に香の物がついた場合、「菜」の数に入れる。

21. 旬の食材について、適切なものを1つ選びなさい。
　　①オクラ　　　　──　　春
　　②枝豆　　　　　──　　夏
　　③アスパラガス　──　　秋
　　④三つ葉　　　　──　　冬

22. 年中行事と食、人生儀礼と食について、正しいものを1つ選びなさい。
　　①盂蘭盆には精進料理と野菜・果物・菓子などを盆にのせ、仏前に供える。
　　②上巳の節句には、もちに邪気を払うとされる七草が使われる。
　　③祝事には、厄除けになると考えられる黒色の食品が使われる。
　　④端午の節句には、家が代々続くことを願って桜餅を食べる。

23. 和食器について、正しいものを1つ選びなさい。
　　①焼き物皿や刺し身皿は、手で持って使用する。
　　②杯洗は、酒宴の盃を洗うための器である。
　　③唐津焼きは、磁器である。
　　④曲げわっぱは、竹で作られる。

次の文を読み、問題「24」、「25」に答えなさい。

20歳、女性。
移動や立位の多い仕事に従事し、余暇には活発な運動習慣を持つ。

24. この女性の身体活動レベルとして、最も適切なものを1つ選びなさい。
　　①1.25
　　②1.50
　　③1.75
　　④2.00

25. この女性は、外食および中食の利用頻度が多い。考えられる食生活状況について、正しいものを1つ選びなさい。
    ①食物繊維は十分摂取できている可能性が高い。
    ②食塩摂取量が多い可能性が高い。
    ③ビタミンは十分摂取できる食生活である。
    ④脂質摂取量が不足している可能性が高い。

次の文を読み、問題「26」、「27」に答えなさい。

38歳、男性、会社員（車で営業）。
朝はコーヒーのみ、昼は外食（牛丼やめんとごはんのセットメニュー）。
夕食は、肉や野菜のいため物とごはん。車の運転中、菓子パンなどを食べる。アルコール飲料は何かの機会に飲む程度、喫煙習慣はなし。現在は特に運動はしていない。
健康診断の結果は以下の通りであった。
身長180cm、体重88kg、血圧128/83 mmHg、空腹時血糖値100mg/dL、総コレステロール値200mg/dL、中性脂肪値340mg/dL。

---

26. この男性の栄養状態の評価として、最も適切なものを1つ選びなさい。
    ①エネルギー量の過剰摂取
    ②食物繊維の過剰摂取
    ③食塩の過剰摂取
    ④アルコール飲料の過剰摂取

27. この男性に必要な生活習慣の改善として、適切なものをすべて選びなさい。
    ①朝食のコーヒーは、カフェオレにする。
    ②めん類の汁は、飲むようにする。
    ③運転中の菓子パンを控える。
    ④野菜料理を摂取するようにする。

次の文を読み、問題「28」、「29」、「30」に答えなさい。

対象者の家族構成
父親：46歳、中学校教諭（昼食は学校給食、飲酒の機会が多い）。
　　　BMI 23.5kg/m²、腹囲 84cm、血圧 135/80mmHg、空腹時血糖値 120mg/dL、
　　　中性脂肪値 188mg/dL、HDL コレステロール値 41mg/dL。
母親：45歳、会社員（昼食は社食）。
　　　BMI 23.4kg/m²、腹囲 88cm、血圧 122/75mmHg、中性脂肪値 140mg/dL、
　　　HDL コレステロール値 50mg/dL。
娘：15歳、中学3年生、鉄欠乏性貧血（昼食は給食、夜食もあり）、塾週4日

家族の夕食の時間は、21時を過ぎることが多い。
6月のある1日の食事である。
朝食：食パン、野菜サラダ（レタス、トマト、きゅうり、ドレッシング）、りんごジ
　　　ュース（100％）、コーヒー
夕食：ごはん、豚カツ（市販）、筑前煮、きゅうりの漬物（父親にはビール）

28. この父親の健康状態について、正しいものを1つ選びなさい。
　①肥満である。
　②メタボリックシンドロームである。
　③中性脂肪値が高い。
　④健康上の問題は、特にない。

29. この母親の健康状態について、正しいものを1つ選びなさい。
　①やせである。
　②メタボリックシンドロームである。
　③高値血圧である。
　④健康上の問題は、特にない。

30. この家族の食事計画上の留意点である。正しいものを1つ選びなさい。
　①成長期の子どもに合わせた食事内容とし、肉類や揚げ物の献立を多くする。
　②必要量の個人差は、昼食で調節できるので、家庭の食事の個人差は考慮する必要が
　　ない。
　③特定の人の好みに偏らないように食事を計画する。
　④夕食の時間が遅いので、全員主食は食べないようにする。

31. 調理操作の浸漬について、正しいものを1つ選びなさい。
　　①大豆は、軟化を促進するために1％の重曹水に浸漬することがある。
　　②塩蔵品を薄い塩水につけることを「呼び塩」という。
　　③山菜のアク抜きは、1〜3％の酢水に浸す。
　　④貝類に砂を吐かせるために約3％の塩水に浸すことを「迎え塩」という。

32. 包丁と切削操作について、正しいものを1つ選びなさい。
　　①菜切り包丁は、かつらむきなどに向いている。
　　②出刃包丁は、両刃の包丁である。
　　③布目イカは、かのこイカよりも切り込みの格子サイズが細かい。
　　④野菜のせん切りでは、繊維方向に対して直角に切ると、かたい歯ざわりになる。

33. 加熱調理法の使用温度域について、正しいものを1つ選びなさい。
　　①ゆでる　　——　　〜100℃
　　②蒸す　　　——　　100〜130℃
　　③焼く　　　——　　85〜90℃
　　④揚げる　　——　　150〜300℃

34. 蒸し物について、正しいものを1つ選びなさい。
　　①放射熱を使用する加熱法である。
　　②赤飯や芋類は、終始弱火で蒸す。
　　③まんじゅうや魚の酒蒸しは、強火後中火に弱めて蒸す。
　　④茶わん蒸しや卵豆腐は、初期のみ弱火で、その後強火で蒸す。

35. 家庭的な天ぷらについて、適切なものを1つ選びなさい。

〈食材・分量（2人分）〉
　　無頭エビ　…………4尾（60g）
　　皮なしイカ（胴）…80g
　　さつま芋　…………50g
　　生しいたけ　………2枚（20g）
　　にんじん　…………40g
　　ししとう　…………2本（素揚げ）

　　①衣の薄力粉は、約1カップが適量である。
　　②卵水は、薄力粉と同量でよい。
　　③卵水に用いる水は、冷水（15℃程度）がよい。
　　④魚介類は、ししとうの素揚げと同程度の温度で揚げるのがよい。

36. 調味パーセントの調味対象について、正しいものを1つ選びなさい。
　①煮物は、だしを除いた材料の合計重量に対して調味する。
　②汁物は、具材の合計重量に対して調味する。
　③一尾魚は、下処理前の重量に対して調味する。
　④乾物は、もどす前の重量に対して調味する。

37. 電磁（IH）調理器について、正しいものを1つ選びなさい。
　①なべ全体が均一に高温になる。
　②発熱の電気抵抗体となっているのは、食材や煮汁などの水分である。
　③魚や野菜の直火焼きはできない。
　④セラミック製のなべは、使用できる。

38. なべの材質や扱い方について、正しいものを1つ選びなさい。
　①耐熱ガラスなべは、電磁（IH）調理器で使用できる。
　②ステンレスなべは合成金属のため、電磁（IH）調理器には使用できない。
　③ほうろうなべは酸に安定なため、ジャム作りに適している。
　④鉄製のフライパンでれんこんを加熱すると、鉄イオンの存在により、れんこんが白
　　く仕上がる。

39. 米の調理について、正しいものをすべて選びなさい。
　①米のでんぷんの糊化は、98℃以上を20分間保持する必要がある。
　②アミロース含量が高い品種ほど、老化しにくい米である。
　③飯の老化は、冷蔵より冷凍のほうが抑制できる。
　④好ましいこわ飯の炊き上がり重量は、米重量の2.1〜2.3倍である。

40. 小麦粉の調理について、正しいものを1つ選びなさい。
　①パン生地に加える砂糖は、グルテン形成を促進する。
　②中華めん特有の色は、グルテンがアルカリ性で黄変化したものである。
　③高温でいためたルウを用いるほど、仕上がりのソースの粘性は低くなる。
　④天ぷらの衣は、薄力粉と同重量の卵水（卵：水＝1：3）を加えて作る。

41. 肉の調理について、正しいものを1つ選びなさい。
　①リブロースは、シチューなどの煮込みに向く部位である。
　②下味つけに用いる砂糖は、肉のたんぱく質の加熱凝固を促進する。
　③肉の下処理に重曹を用いると、肉はやわらかくなる。
　④ローストビーフは、脂肪が多い部位を用いるほうが食味がよい。

42. 魚類の生食調理について、正しいものを1つ選びなさい。
　①ヒラメの刺し身は、平作りや角作りが向いている。
　②タイの松皮作りは、皮つきの魚肉表面に熱湯をかける処理をしたものである。
　③マグロなどの「霜降り」は、半解凍状態で切った刺し身の表面が白い状態をいう。
　④しめサバは、冷水中でふり洗いして、特有のかたさにする料理である。

43. 卵の調理について、正しいものをすべて選びなさい。
　①カスタードプディングの砂糖の分量を減らすと、すが立ちやすくなる。
　②カスタードプディングの加熱時、60℃の希釈卵液を用いると、すが立ちやすくなる。
　③「共立て」を行う場合、40℃程度の湯せんを利用すると泡立てやすい。
　④卵白に砂糖を添加してから撹拌すると、泡立ちやすくなる。

44. 乳・乳製品の調理について、正しいものを1つ選びなさい。
　①牛乳をホットケーキ生地に加えると、ケーキの焼き色が抑えられる。
　②寒天でミルクゼリーを作ると、ゲル強度は低下する。
　③ホイップクリームの泡立ては、乳脂肪のクリームより植物性脂肪のクリームのほう
　　が短時間である。
　④ホイップクリームに添加する砂糖は、クリームの安定性を低下させる。

45. 豆・豆製品の調理について、正しいものを1つ選びなさい。
　①圧力なべで大豆の煮豆を作る場合は、予備浸水する必要がない。
　②凍り豆腐は、もどすと元の約5倍程度の重量になる。
　③さらしあんは、あずきをゆでてつぶし、沈殿した部分を集めたものである。
　④あずきの渋きりは、ふきこぼれを抑制するために行う。

46. 野菜・果物の調理について、正しいものを1つ選びなさい。
　①緑黄色野菜をゆでるときは、淡色野菜よりも少量の湯でよい。
　②根菜類を60℃程度の湯に長く放置すると、軟化しやすくなる。
　③みょうがはアントシアニンを含むため、酢漬けにすると鮮赤色になる。
　④過熟な果物はジャムに適している。

47. 芋類の調理について、正しいものを1つ選びなさい。
　①じゃが芋の芽に含まれるソラニンは、100℃の加熱で分解する。
　②成熟した芋が煮くずれしやすいのは、プロトペクチンが多いためである。
　③じゃが芋の切り口の褐変は、プロテアーゼの作用によるものである。
　④山芋の粘性を低下させないため、とろろ汁に加えるだし汁はさめたものを使用する。

48. 寄せ物について、正しいものを1つ選びなさい。
　　①寒天液に果汁を加えるとゲル強度が低下するのは、酵素作用によるものである。
　　②カラギーナンゼリーの凝固温度は、ゼラチンゼリーよりも低い。
　　③同じかたさのゼリーを作る場合、寒天はゼラチンの約2倍の濃度を用いる。
　　④ゼラチンゼリーは牛乳を加えると、ゲル強度が上昇する。

49. 油脂の性質や調理について、正しいものをすべて選びなさい。
　　①オリーブ油は融点が高いため、冷蔵庫に入れると白濁する。
　　②動物性のあぶらを「脂」という。
　　③バターは15〜16℃になると、熱媒体となる。
　　④パウンドケーキは、固体脂のクリーミング性を利用したものである。

50. 嗜好飲料について、正しいものを1つ選びなさい。
　　①標準的ないれ方として、煎茶に用いる湯は50〜60℃である。
　　②沸騰状態の湯を用いる茶の中で、抽出時間が最も短いのは番茶である。
　　③コーヒーに砂糖を加えると苦味が弱くなるのは、対比効果である。
　　④緑茶の主なうま味成分は、タンニンとカフェインである。

51. 家庭での食品の冷凍保管方法について、正しいものを1つ選びなさい。
　　①生クリーム（乳脂肪クリーム）は、製氷皿に小分けして凍結する。
　　②だし汁は熱いうちに冷凍庫へ入れる。
　　③液体は容器容積の80％程度にして凍結する。
　　④生のハンバーグは−3℃の冷凍庫で保管する。

52. 調味料について、正しいものを1つ選びなさい。
　　①砂糖は塩よりも、短時間で食材内部に拡散する。
　　②食塩には、ビタミンCの酸化を抑制する作用がある。
　　③しょうゆを加熱初期に入れると、根菜の軟化が促進される。
　　④みそ汁に入れたもめん豆腐は、食塩の影響ですが立ちやすい。

53. 料理の配膳について、正しいものを1つ選びなさい。
　　①一汁三菜の食事では、汁の左側に主菜を置く。
　　②中国料理では、箸やちりれんげはナイフのように「左側に縦」に置くことが多い。
　　③日本料理では、折敷という盆に料理をのせた状態で食することがある。
　　④西洋料理の配膳では、パン皿は向かって右側に置く。

54. 菓子類の調製方法について、正しいものを1つ選びなさい。
　①カスタードクリームのとろみづけには、根茎でんぷんが用いられる。
　②ドーナッツは、160℃程度の油で揚げる。
　③パウンドケーキは、卵を十分泡立てた後に薄力粉を加えて生地を作る。
　④スポンジケーキの生地調製時に、薄力粉を加えるのは、とかしバターを入れた後である。

55. フランス料理について、正しいものを1つ選びなさい。
　①ポタージュは、ピュレ状の濁った濃厚なスープを指す。
　②ベニエは、コース途中で肉料理の後に出される冷菓をいう。
　③ムニエルバターは、バターを焦がさないように加熱したムニエル用のソースである。
　④ラグーは、煮込み料理である。

56. 西洋料理について、正しいものを1つ選びなさい。
　①ヌーベル・キュイジーヌは、伝統的なフランス料理を指す。
　②ポタージュ・リエは、澄んだスープのことである。
　③フランス料理は、「焼く」「煮込む」が中心である。
　④正餐の最後には、2倍に希釈されたコーヒーが供される。

57. 中国料理の献立について、正しいものを1つ選びなさい。
　①北京料理では、包子(バオス)・餅・麺(ピン)など、米粉を使った料理がみられる。
　②点心は、甘味のあるデザートのことである。
　③中国料理の前菜は、冷菜であり、温菜はない。
　④溜菜(リュウツァイ)は、あんかけ料理のことである。

58. 日本料理について、正しいものを1つ選びなさい。
　①卓袱(しっぽく)料理は、動物性の食材を使用しない料理である。
　②懐石は、茶会の後に供される料理である。
　③本膳料理は、江戸時代に酒を楽しむ料理として供された。
　④汁と飯が最後に出される形式をもつのは、会席料理である。

59. サケの調理をする際に、気をつけなければならない寄生虫はどれか。正しいものを1つ選びなさい。
　①サルコシスティス
　②アニサキス
　③トキソプラズマ
　④クドア

60. 遺伝子組換え食品について、正しいものを1つ選びなさい。
　①大豆を原料としたおからは、遺伝子組換え食品の表示義務がある。
　②遺伝子組換え食品を使用した場合の表示は、任意である。
　③遺伝子組換え食品を使用していない場合に「遺伝子組換えではない」の表示はできない。
　④大豆を原料とした大豆油は、遺伝子組換え食品の表示義務がある。

実技試験(二次)問題

実技3級

【基礎技能】
問 題 1． きゅうり 1/2 本を輪切りにしなさい。

試験時間　1分30秒

条　　件　・試験時間内に全量が輪切りに切れていること
　　　　　・切り口が円形であること
　　　　　・へたは 1 cm 以下に切ること
　　　　　・厚さが 4 mm 以下にそろっていること

提出方法　・輪切りにしたきゅうりは、指定の器にほぼ元の形にそろえて並べ、切り残しやへたもすべて提出しなさい（並べて器にのせるのは試験時間外）

【調理技能】〈調味料の計量は正確に行い、感染症予防のため味見はしない〉
問 題 2． かきたま汁を次の材料を使って作り、指定の器に盛りつけなさい。

試験時間　10分

条　　件　・時間内に盛りつけが完了していること
　　　　　・作り方が指定通りであること
　　　　　・汁にとろみがついて、にごっていないこと
　　　　　・卵白と卵黄が混ざっている。かたまりがない。卵は沈んでいない
　　　　　・調味が均一であること

提出方法　・指定の器に 1 人分を盛りつけて提出しなさい

材　　料（4人分）
だし……………………………… 3カップ（600 mL）
塩　　　⎫（だしの0.6%塩分）……小さじ1/2弱
しょうゆ⎭……小さじ1
┌卵………………………………… 1個
└水………………………………… 大さじ1
┌かたくり粉……………………… 小さじ2
└水………………………………… 大さじ1と1/3

作 り 方
①だし3カップを中火にかけて塩としょうゆで調味する。
②ボールに卵を割り入れ、箸で卵白がほぐれるようにとき、水を加えてよく混ぜる。
③だしが煮立ってきたら、水でといたかたくり粉を入れて軽く混ぜ、とろみをつける。
④煮立ってきたら、②の卵を「の」の字をかくように細く手早く流し入れる。穴じゃくしを通して流し入れても可。
⑤卵に火が通ってふんわりと浮いてきたら火を消す。
⑥器に盛る。

【基礎技能】

問 題 1. 　半径3〜3.5cm、長さ5cm の大根を、繊維に沿って太さ5mm 以下のせん切りにしなさい。

試験時間　5分

条 　 件 　・試験時間内に全量が切れていること
　　　　　・繊維に沿ったせん切りになっていること
　　　　　・太さが5mm 以下になっていること
　　　　　・切り口が正方形になっていること
　　　　　・せん切りの形がそろっていること

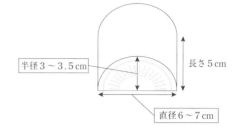

準 　 備 　試験前に半径3〜3.5cm、直径6〜7cm に
　　　　　なるよう皮をむく時間をとる（皮は捨てる）

提出方法 　・せん切りにした大根は、方向をそろえて指定の器に置き、
　　　　　　切り残しもすべて提出しなさい（並べて器にのせるのは試験時間外）

【調理技能】〈調味料の計量は正確に行い、感染症予防のため味見はしない〉

問 題 2. 　ポークソテー ピーマン添えを、次の材料を使って作り、指定の器に盛りつけなさい。

試験時間　15分

条 　 件 　・時間内に盛りつけが完了していること（盛りつけ位置を含む）
　　　　　・豚肉の焼き色と加熱状態が適度であること
　　　　　　（生でない、焦げていない、パサついていない）
　　　　　・豚肉の筋が指定通りに切れていること（肉がそり返っていない）
　　　　　・豚肉の調味が均一で適度であること
　　　　　・ピーマンが指定通りに切れていること
　　　　　・ピーマンの加熱状態と調味がよいこと

提出方法 　・指定の器の正面を手前にして全量を盛りつけて提出しなさい
　　　　　　（器は受験番号がついている側が正面手前です）

材 　 料 （1人分）

豚ロース肉………………… 1枚(約100g)	ピーマンソテー
塩（肉の0.5%塩分）…… 少量（ミニさじ1/2）	ピーマン…………………… 1個(40g前後)
こしょう………………… 少量	油（ピーマンの10%）…… 小さじ1
油（肉の5%）…………… 小さじ1強	塩（ピーマンの0.8%）…… 少量(ミニさじ1/4)
	こしょう………………… 少量

作 り 方

①ピーマンは縦半分に切りへたと種を除き、横に3mm 幅程度に切る。

②豚肉は筋の部分（脂身と赤身の間）に数か所切り目を入れ、筋切りをする。両面に塩とこしょうをふる。

③フライパンを中火にかけて油を入れて熱し、ピーマンをいため、塩とこしょうで味をつけて器に取る。

④再びフライパンを中火にかけて油を入れて熱し、肉は皿に盛りつけるときに表にする側から焼き始める。初めは中〜強火で30秒、その後火を弱めて1分30秒〜2分焼く。裏返して同様に焼く（熱源の火力は会場によって異なるので、火加減は目安である）。

⑤肉は切らずに大きいまま器の正面を手前にして盛り、肉の向こう側にピーマンを添える。

【基礎技能】

問 題 1. りんご1個を丸むきにしなさい。

試験時間　3分

条　　件　　・試験時間内に全量が横に丸くむけている（皮のむき残しがない）こと
　　　　　　・りんごの形に沿って、表面がなめらかにむけていること
　　　　　　・りんごの形に沿って、皮が適切な厚みでむけていること
　　　　　　・皮が幅2cm以下で連続してむけていること

提出方法　　・りんごは、皮とともに提出しなさい
　　　　　　（器にのせるのは試験時間外）

【調理技能】〈調味料の計量は正確に行い、感染症予防のため味見はしない〉

問 題 2. 指定された一汁三菜の昼食献立を作りなさい。指定の料理は主菜“厚焼き卵”、副菜“小松菜ときのこの煮浸し”と“にんじんサラダ”、汁物“すまし汁（豆腐・わかめ・三つ葉）”、主食“飯（胚芽精米）”とする。

試験時間　60分

条　　件　　①対象者は女性（30歳〜49歳　身体活動レベルⅠ）とする
　　　　　　②料理は次ページの分量で作るが、主食の飯150g（胚芽精米）は作らなくてよい
　　　　　　③主菜の厚焼き卵は1人分盛りつけ、前盛りを厚焼き卵の右手前に盛りつけすること
　　　　　　④きゅうり、小松菜、しめじ、にんじん、わかめ、三つ葉、だし、調味料は計量すること。
　　　　　　　マヨネーズは計量してある
　　　　　　⑤副菜と汁物は1人分を作り、全量盛りつけること
　　　　　　⑥試験時間内に盛りつけまで完了すること
　　　　　　⑦衛生面に配慮して調理すること。配付された野菜は、洗浄して使用すること
　　　　　　⑧それぞれの料理の調味が均一で適度であること

熱　　源　　熱源は1つとする（電子レンジ・オーブンは使用不可）
調理器具　　器具は調理台にあるものを使用すること

提出方法　　指定の器に<u>1人分</u>を盛りつけて提出しなさい
　　　　　　（器は受験番号がついている側が正面手前です）

主菜：厚焼き卵（前盛りつき）

厚焼き卵（3人分）	前盛り（1人分）
卵……………………………………3個	きゅうり………………………………25 g
だし（卵の30%）………………大さじ3	塩（きゅうりの1〜1.5%塩分）……少量
砂糖（卵とだしの5％糖分）……大さじ1強	
塩………┌卵とだしの┐………小さじ1/6弱	
しょうゆ…└0.5%塩分┘………少量（2〜3滴）	
油……………………………………適量	

主菜の望ましいでき上がり

厚焼き卵について
- 卵が均一に混ざっていること
- 形が整って巻けていること
- 加熱の状態がよいこと（中から生の卵液が流れない、焦げていない）

前盛りについて
- きゅうりの短冊切りがそろい、塩もみができていること

作 り 方
① きゅうりを、長さ3cm・幅5mm・厚さ3mm以下の短冊切りにして計量し、塩をふる。
② ボールに卵を割り入れ、切るようにしてほぐし、だしと調味料を混ぜたものを加える。
③ 卵焼き器を火にかけて熱し、油を均一に塗り、卵液を適量流し入れ、半熟状に焼いて巻く。
④ ③と同じ要領で残りの卵液を2〜3回に分けて流し入れて焼く。
⑤ 熱いうちに巻きすに取って巻き、形を整える。
⑥ 卵を切って1人分を皿に盛り、きゅうりの水けを絞って右手前に盛りつける。

副菜①：小松菜ときのこの煮浸し（1人分）

小松菜……75 g	煮汁
しめじ……25 g	┌ だし（野菜の30%）………………30 mL
	│ しょうゆ（野菜の1％塩分）……小さじ1
	└ みりん（野菜の0.8%糖分）……小さじ1/2

副菜①の望ましいでき上がり
- 材料が適切に切られていること
- 加熱の状態がよいこと（生でない、煮すぎていない）

作 り 方
① 小松菜は根元に十字に切り込みを入れてからふり洗いをし、4cm長さに切る。
② しめじは石突を除いて小房に分ける。
③ なべに煮汁の材料を入れて加熱し、小松菜、しめじを加え、上下を返すように混ぜながら2〜3分煮る。
④ 材料が煮えるまで、さらに数分煮る。

副菜②：にんじんのサラダ（1人分）

にんじん……………………50g		ドレッシング
塩（にんじんの0.5%塩分）……少量（ミニ1/4）		┌ マヨネーズ……8g
酢…………………………小さじ1/4		│ 酢……………小さじ1/4
こしょう…………………少量		└ 砂糖…………小さじ1/2

副菜②の望ましいでき上がり
- 切り方がそろっていること
- にんじんの分量が指示通りであること

作 り 方

①にんじんは皮をむき、長さ4cm・太さ2mm以下の繊維に沿ったせん切りにして重量を確認し、塩、酢、こしょうで下味をつける。

②ドレッシングの材料を合わせ、にんじんを加えてあえる。

汁物：豆腐とわかめのすまし汁（1人分）

だし……………………3/4カップ	もめん豆腐………………………30g（計量して配付）
塩………┌ だしの ┐…少量（ミニ1/2強）	わかめ（湯通し塩蔵わかめ）……もどして10g
しょうゆ…└ 0.7%塩分 ┘…小さじ1/3	三つ葉……………………………3g

汁物の望ましいでき上がり
- 材料の切り方が指示通りである
- だしが煮つまりすぎていないこと

作 り 方

①わかめは表面を水洗いし、5〜6分水につけて塩を抜く。

②豆腐は1.5cm程度のさいの目に切る。水気をきったわかめは食べやすく切る。三つ葉は根を除き、2cmに切る。

③なべにだしを入れて中火にかける。塩としょうゆで調味し、煮立ったら豆腐とわかめを入れる。三つ葉を加えてひと煮立ちさせて、火を止める。

試験時間（90分）は【基礎技能】・【調理技能】を合わせた時間です（どちらをいつ行ってもかまいませんが、時間に余裕のあるうちに基礎技能を終了させましょう）。

【基礎技能】

問題 1.　直径6cm・高さ5cmの大根をかつらむきにしなさい。

試験時間の目安　8分

条　件　・全体の長さが60cm以上（2枚の合計でも可）むけていること
　　　　・長さが40cm以上続けてむけているものが1枚はあること
　　　　・厚さが2mm以下で、厚みが均一になっていること

準　備　試験前に直径6cmになるよう皮をむく時間をとる（皮は捨てる）

提出方法　・かつらむきにした大根は、元の形のように巻いて指定の器に置き、むき残しもすべて提
　　　　　出しなさい
　　　　・指定の器にのせること。できたものから係員が回収する

注意事項　・基礎技能の大根のむき残しは、調理技能に使用しないこと
　　　　　・大根の高さは自分で調節しないこと

【調理技能】〈調味料の計量は正確に行い、感染症予防のため味見はしない〉

問題 2.　来客向きの昼食献立（松花堂弁当）を下記の条件に従って作りなさい。

条　件　①季節は秋、献立は和風とする
　　　　②対象者は健康な成人女性（40歳代）とする
　　　　③汁は、カニしんじょ、まいたけ、小松菜、ゆずのすまし仕立てとするが、作らなくてよ
　　　　い
　　　　④指定料理は4つのパートに分けて盛りつけること。各パートは、指定材料と自由材料を
　　　　組み合わせる。指定材料は必ず使って作ること
　　　　あえ物パートのスルメイカは、1ぱいをおろして胴体の皮をむき、飾り切りをしてゆで
　　　　ること
　　　　指定材料の使用量は配付された範囲内で対象者に合わせ適量使用すること（指定材料は
　　　　失敗しても追加配付はしない）
　　　　⑤自由材料、調味料とだしは、どの料理に使ってもよい。量も自由とする
　　　　⑥作る分量は1～2人分適宜とする
　　　　⑦献立の料理名、材料を献立記録用紙*に記入すること（試験時間内）
　　　　⑧衛生面に配慮して調理すること
　　　　⑨調味は均一で適度であること
　　　　⑩試験時間内に盛りつけまで完了すること

　　　　*献立記録用紙は、指定された料理と材料が入っているかを審査時に確認するためのもの
　　　　　である。必ず記載すること

献立に使用できる材料一覧

指定料理・4つのパートと指定材料（指定料理は指定材料に自由材料を組み合わせてよい）			
焼き物・揚げ物 （焼く・揚げる2つの 　調理法を入れる）	あえ物（酢の物含む） （あえ物は汁が出るので 　器に入れて配置する）	煮物 （器は使用しても 　しなくてもよい）	飯（香の物含む）
サケ切り身1切れ エビ2尾 ししとう2本	きゅうり1/2本 イカ1ぱい （おろして飾り切りし、 　ゆでる）	さやいんげん3本 にんじん高さ5cm 里芋2個	白飯150g たくあん高さ3cm

自由材料			基本調味料	その他の調味料・だし
卵	豆腐（もめん）	凍り豆腐	塩	和風だし（液体・顆粒）
鶏肉（ささ身、ひき肉）			しょうゆ	酢（米・穀物）
黄菊	春菊		砂糖	七味とうがらし
パプリカ（赤・黄）	三つ葉	かぼちゃ	酒	一味とうがらし
プチトマト	かぶ	れんこん	みりん	わさび
大根	なす	ぎんなん	こしょう	マヨネーズ
さつま芋	生しいたけ	しめじ	かたくり粉	からし
レモン	ゆず	しょうが	小麦粉	粉ざんしょう
スライスアーモンド	道明寺粉	はるさめ	油	みそ（信州・仙台・西京）
梅肉	わかめ	青のり		うす口しょうゆ
いりごま（白・黒）	ゆかり	しば漬け		

熱　　源　　熱源はガス（またはIH）コンロ3つ。オーブンおよび電子レンジの使用も可

調理器具　　器具は調理台にあるものを使用すること

提出方法　　松花堂弁当箱に1人分を盛りつけ、献立記録用紙とともに提出しなさい
　　　　　　　（器は受験番号がついている側が正面手前です）

実技1級

献立記録用紙

記入例（材料欄には分量・調味料は記載しなくてよい）

料理名	使用した材料
いりどり	にんじん　鶏肉　ごぼう　こんにゃく れんこん

焼き物・揚げ物パート（指定材料：サケ切り身1切れ、エビ2尾、ししとう2本）	
料理名	使用した材料

あえ物（酢の物含む）パート（指定材料：きゅうり1/2本、イカ1ぱい　※おろして飾り切りし、ゆでる）	
料理名	使用した材料

煮物パート（指定材料：さやいんげん3本、にんじん高さ5cm、里芋2個）	
料理名	使用した材料

飯（香の物含む）パート（指定材料：白飯150g、たくあん高さ3cm）	
料理名	使用した材料

実技1級

知識試験(一次)解答・解説

解答一覧 **5級**

トライアル①

問題 No.	解答 No.	問題 No.	解答 No.
1	①	26	①
2	①	27	②
3	①	28	②
4	①	29	②
5	①	30	①
6	①	31	①
7	②	32	②
8	①	33	②
9	①	34	①
10	①	35	②
11	①	36	①
12	②	37	①
13	②	38	②
14	①	39	②
15	①	40	②
16	②	41	②
17	①	42	①
18	①	43	①
19	①	44	①
20	①	45	①
21	①	46	①
22	①	47	①
23	①	48	②
24	②	49	①
25	①	50	②

トライアル②

問題 No.	解答 No.	問題 No.	解答 No.
1	①	26	②
2	②	27	②
3	②	28	②
4	①	29	②
5	②	30	②
6	①	31	②
7	①	32	②
8	①	33	②
9	①	34	②
10	②	35	②
11	①	36	②
12	②	37	①
13	①	38	①
14	②	39	①
15	①	40	②
16	②	41	②
17	①	42	①
18	①	43	②
19	②	44	②
20	①	45	①
21	①	46	①
22	①	47	①
23	①	48	②
24	①	49	①
25	②	50	①

解答一覧 **4級**

トライアル①

問題 No.	解答 No.	問題 No.	解答 No.
1	①	31	①
2	①	32	①
3	①	33	②
4	②	34	①
5	①	35	①
6	①	36	②
7	②	37	①
8	①	38	①
9	②	39	①
10	①	40	①
11	②	41	①
12	①	42	②
13	②	43	②
14	①	44	②
15	②	45	①
16	②	46	①
17	①	47	①
18	①	48	①
19	②	49	①
20	①	50	①
21	①	51	③
22	①	52	②
23	①	53	②
24	①	54	②
25	②	55	②
26	②	56	②
27	②	57	②
28	①	58	②
29	①	59	①
30	①	60	①

トライアル②

問題 No.	解答 No.	問題 No.	解答 No.
1	②	31	①
2	②	32	②
3	①	33	②
4	①	34	②
5	②	35	②
6	①	36	②
7	①	37	②
8	②	38	①
9	②	39	①
10	①	40	①
11	②	41	①
12	①	42	②
13	②	43	②
14	①	44	②
15	①	45	①
16	②	46	①
17	①	47	①
18	②	48	①
19	①	49	①
20	①	50	①
21	②	51	①
22	②	52	①
23	①	53	①
24	②	54	②
25	①	55	②
26	①	56	①
27	①	57	①
28	①	58	②
29	①	59	①
30	②	60	①

解答一覧 **3級**

トライアル①

問題 No.	解答 No.	問題 No.	解答 No.
1	②	31	③
2	①	32	②
3	②	33	③
4	①	34	③
5	③	35	①
6	②	36	①
7	①	37	③
8	①	38	③
9	②	39	①
10	③	40	②
11	②	41	②
12	①	42	②
13	②	43	②
14	②	44	①
15	③	45	③
16	③	46	②
17	①	47	②
18	③	48	①
19	③	49	③
20	②	50	①
21	②	51	③
22	①	52	②
23	②	53	③
24	①	54	①
25	③	55	②
26	②	56	④
27	①	57	①
28	③	58	③
29	③	59	①
30	④	60	①

トライアル②

問題 No.	解答 No.	問題 No.	解答 No.
1	③	31	②
2	③	32	③
3	①	33	②
4	①	34	②
5	②	35	③
6	③	36	②
7	①	37	②
8	③	38	①
9	②	39	④
10	②	40	①
11	①	41	③
12	②	42	①
13	②	43	①
14	③	44	②
15	①	45	①
16	①	46	②
17	③	47	①
18	①	48	③
19	③	49	②
20	①	50	②
21	③	51	①
22	②	52	②
23	②	53	①
24	②	54	③
25	③	55	③
26	③	56	①
27	③	57	④
28	③	58	④
29	②	59	②
30	③	60	③

解答一覧　2級

トライアル①

問題 No.	解答 No.	問題 No.	解答 No.
1	③	31	②
2	②	32	②
3	①	33	④
4	②	34	③
5	①	35	④
6	②	36	②
7	②	37	②
8	②	38	④
9	②	39	②
10	①	40	③
11	③	41	②
12	③	42	①
13	②	43	②
14	②	44	①
15	③	45	③
16	②	46	②
17	③	47	④
18	②	48	④
19	③	49	②
20	②	50	②
21	①	51	③
22	①	52	②
23	②	53	④
24	①	54	②
25	③	55	①
26	②	56	④
27	①	57	①
28	②	58	①
29	②	59	①
30	③	60	①

トライアル②

問題 No.	解答 No.	問題 No.	解答 No.
1	②	31	③
2	③	32	①
3	②	33	①
4	②	34	④
5	③	35	②
6	①	36	④
7	③	37	①
8	③	38	①
9	①	39	①
10	①	40	③
11	③	41	③
12	①	42	①
13	②	43	①
14	①	44	③
15	①	45	②
16	②	46	①
17	③	47	①
18	③	48	①
19	③	49	④
20	①	50	①
21	②	51	④
22	②	52	②
23	①	53	①
24	①	54	①
25	①	55	①
26	①	56	①
27	①	57	②
28	①	58	②
29	①	59	④
30	①	60	④

解答一覧　準1級

トライアル1

問題 No.	解答 No.	問題 No.	解答 No.
1	③	31	③
2	②	32	①
3	④	33	③
4	④	34	③
5	③	35	②
6	②	36	④
7	④	37	④
8	①	38	①
9	④	39	②
10	②	40	④
11	④	41	②
12	④	42	②
13	①	43	④
14	①	44	①
15	①	45	④
16	③	46	②
17	②	47	③
18	④	48	④
19	①	49	①
20	①	50	②
21	③	51	③
22	①	52	③
23	②	53	③
24	①	54	④
25	④	55	②
26	①	56	③
27	①	57	②
28	②	58	②
29	②	59	①
30	③	60	③

トライアル2

問題 No.	解答 No.	問題 No.	解答 No.
1	③	31	③
2	①	32	③
3	①	33	④
4	①	34	③
5	②	35	③
6	②	36	③
7	④	37	④
8	④	38	②
9	④	39	③
10	④	40	②
11	②	41	③
12	③	42	②
13	①	43	②
14	④	44	②
15	③	45	①
16	②	46	①
17	④	47	②
18	①	48	④
19	①	49	③
20	④	50	②
21	②	51	①
22	③	52	①
23	③	53	③
24	④	54	③
25	③	55	②
26	②	56	③
27	①	57	①
28	③	58	①
29	②	59	②
30	②	60	②

解答一覧　1級

トライアル1

問題 No.	解答 No.	問題 No.	解答 No.
1	①	31	④
2	③	32	①
3	②③④	33	③
4	②	34	②
5	③	35	④
6	①④	36	②
7	①③	37	②③
8	②③	38	④
9	③	39	①
10	②	40	②
11	②	41	④
12	③	42	①③
13	③	43	④
14	④	44	②
15	③	45	④
16	③	46	①
17	①④	47	②③
18	③	48	③
19	③	49	③
20	①	50	④
21	②	51	①
22	④	52	①
23	①	53	②③
24	④	54	③
25	②	55	②③
26	③	56	②④
27	③	57	④
28	③	58	④
29	②	59	②
30	③	60	③

トライアル2

問題 No.	解答 No.	問題 No.	解答 No.
1	②③	31	②
2	①③	32	③
3	①②④	33	①
4	④	34	③
5	①	35	③
6	③	36	①
7	②④	37	③
8	②	38	③
9	②	39	①③
10	④	40	③
11	④	41	③
12	①	42	②
13	②	43	①③
14	④	44	②
15	①③	45	②
16	①③	46	③
17	②③	47	④
18	②	48	④
19	④	49	①④
20	①	50	②
21	②	51	③
22	①	52	②
23	②	53	③
24	④	54	②
25	②	55	④
26	①	56	③
27	①③④	57	④
28	③	58	④
29	④	59	②
30	③	60	①

問1　①

健康を保つために、1日3回、規則正しく食事をとることがたいせつです。食べ物は生きるためのエネルギーになり、成長には欠かすことができないものです。

問2　①

食べ物を栽培したり、育てたり、収穫する場所には、農場、漁場、畜産場があります。生産した食べ物は、市場を通して流通し、お店に並びます。

問3　①

食器を洗う前に紙や古布で油をふくと、油や余分な洗剤を排水管に流さずにすむため、環境のことを考えた後片づけです。

問4　①

五大栄養素の中で、炭水化物と脂質はおもにエネルギーのもとになる栄養素です。おもに体の調子をととのえる栄養素はビタミンと無機質です。

問5　①

五大栄養素の中で、おもに体を作るもとになる働きがある栄養素はたんぱく質と無機質です。炭水化物はおもにエネルギーのもとになります。

問6　①

たんぱく質と脂質を比べると、脂質のほうがたくさんのエネルギーに変わります。

問7　②

カルシウムは無機質の一つで、骨や歯を作るのに欠かせない栄養素です。血液を作る働きのある栄養素は、たんぱく質です。

問8　①

五大栄養素の中で、おもに体の調子をととのえる働きがある栄養素はビタミンと無機質です。たんぱく質は、おもに体を作るもとになります。

問9　①

三色食品群の中で、おもに体を作るもとになる食品は「赤」の群に分けられています。とり肉は「赤」の群ですが、ごはんは「黄」の群（おもにエネルギーのもとになる食品）に分けられています。

問10　①

三色食品群の中で、かまぼこは「赤」（おもに体を作るもとになる食品）で、魚を原料として作られます。

問11　①

問12 ②

ごはんは「黄」（おもにエネルギーのもとになる食品）、野菜いために使われている野菜は「緑」（おもに体の調子をととのえるもとになる食品）にふくまれ、「赤」（おもに体を作るもとになる食品）の食品群がふくまれていません。お茶はどこにも分類されません。

問13 ②

三色食品群では、ヨーグルトは「赤」（おもに体を作るもとになる食品）、フルーツミックスは「緑」（おもに体の調子をととのえるもとになる食品）、コーンフレークは「黄」（おもにエネルギーのもとになる食品）です。

問14 ①

栄養バランスのよい朝ごはんを計画するときには、主食・主菜・副菜がそろうように1食分の献立を考えます。まずはじめに主食（ごはんやパンなど）を選び、続いて主菜（主なおかず）を選びますが、主菜は1品で十分です。

問15 ①

栄養バランスのよい朝ごはんを計画するときには、主食・主菜・副菜がそろうように1食分の献立を考えます。トーストは「主食」、目玉焼きは「主菜」ですので、あとは野菜サラダなどの「副菜」を選びましょう。コーンフレークは「主食」、ハムは「主菜」に入ります。

問16 ②

主食・主菜・副菜（しる）をそろえると、1食の栄養バランスがよくなります。おにぎり（主食）、玉ねぎとわかめのみそしる（副菜・しる）に加えて、「主菜」であるたまご焼きを組み合わせると、栄養バランスがととのいます。

問17 ①

私たちが健康に過ごすためには、規則正しい生活リズムがたいせつです。朝食後などに、毎日トイレに行ってうんちを出すことは、規則正しい生活リズムの1つです。

問18 ①

朝ごはんを食べると胃や腸が動き始めます。ゆっくりよくかんで食べることで、栄養もしっかりとれます。おなかがいっぱいになるまで食べると、胃や腸に負担をかけるので、腹八分目がよいとされています。

問19 ①

問20 ①

みそしるを食べるときは、まず両手でわんを取ってから、わんを左手で持ち、その後右手ではしを取り上げます。左ききの人は、左右が逆になります。

問21 ①

「枝豆」の旬は夏です。

問22 ①

煮干しはイワシをゆでてから干したものです。

問23 ①

「おはぎ」はお彼岸（9月23日ごろ）に食べます。

問24 ②

「よろこびが広がりますように」の願いをこめて作るおせち料理はこぶ巻きです。紅白かまぼこは「縁起がよい」とされ、かまぼこの形（半円状）が、初日の出に似ていることもめでたさを表しています。

問25 ①

せん茶は、日本茶としてよく飲まれているもので、色は「うす緑色」になります。

問26 ①

シャツのそでが材料や料理に入らないように、そで口はまくります。

問27 ②

たまごのからをさわったあとには、必ず手を洗います。

問28 ②

計量カップは、水や調味料などをはかるときに使います。①のピーラーは野菜の皮むきに使います。

問29 ②

ＩＨクッキングヒーターはガスや火を使わず、電力のみで加熱します。

問30 ①

計量スプーン小さじ1ぱいは5mL、大さじ1ぱいは15mLです。

問31 ①

包丁の柄とは、持ち手の部分のことです。

問32 ②

ほうれん草や小松菜などは、茎の重なった根元の部分に土が残りやすいので、根元を広げるようにして洗います。

問33 ②

包丁で食品を切るときは、材料をおさえる手の指先をねこの手のように丸めて、包丁の腹に当てるようにします。

問34 ①

シューマイは蒸して作る料理、オムレツは焼いて作る料理です。

問35 ②

玄米を精白米にするためには、ぬか層を取りのぞきます。これを精米といいます。

問36 ①

チーズは牛乳の加工品です。

問37 ①

新鮮な魚は、えらぶたをめくって見えるえらが、あざやかな赤色です。

問38 ②

しょうゆは大豆から作られる加工食品です。他に、みそ、とうふ、なっとう、油あげなどがあります。

問39 ②

さやえんどうは緑黄色野菜、きゅうりは淡色野菜です。

問40 ②

ひじきは海藻、きくらげはきのこです。

問41 ②

みりんはあまい味、しょうゆはしょっぱい味の調味料です。

問42 ①

こんぶやカツオ節は和風だしの材料です。他に煮干しや干ししいたけがあります。牛肉や野菜は、洋風だしに使われることが多い材料です。

問43 ①

安全に食べられる期限は「消費期限」といいます。

問44 ①

「ひたひた」とは、水から食材が少し出るくらいの水の量です。「かぶるくらい」とは、食材が水から出ないくらいの水の量です。

問45 ①

じゃがいもは水から時間をかけてゆでます。

問46 ①

青菜は、強火でいためて、しゃきっと仕上げます（こげやすいので注意しましょう）。弱火でいためると、野菜から水分が出て水っぽくなります。

問47 ①

米はたっぷりの水で、手早く、手で大きくかきまぜるように洗います。

問48 ②

カツオだしをとるときは、ふっとうしたら火を弱め、カツオ節を入れます。

問49 ①

目玉焼きを作るときは、フライパンを火にかけ、油を入れて温まったらたまごを入れます。

問50 ②

生野菜サラダにドレッシングをかけてから長くおくと、水っぽくなってしまいます。

問1　①

家族や身近な人といっしょに調理をすると、教わったり考えを伝え合ったりすることができます。

問2　②

自然のままではなく、人の手を加えることを加工といいます。

問3　②

食品の包装容器などの資源を回収し、再生して利用することをリサイクルといいます。食品の包装が少ないものを選ぶなど、ごみを減らすことをリデュースといいます。

問4　①

炭水化物は、体を動かし、体温を保つためのエネルギーになる栄養素です。おもに体を作る材料となる栄養素にはたんぱく質と無機質があります。

問5　②

五大栄養素とは、たんぱく質、脂質、炭水化物、ビタミン、無機質です。

問6　①

五大栄養素の中で、脂質は、おもにエネルギーのもとになる栄養素です。おもに体を作るもとになる栄養素は、たんぱく質です。

問7　①

おもに体を作るもとになる働きがある栄養素は、無機質です。無機質には、体の調子をととのえる働きもあります。炭水化物は、おもにエネルギーのもとになります。

問8　①

ビタミンは、体の中で他の栄養素の働きを助け、健康を保つために必要な栄養素です。消化されるとすぐエネルギーになる栄養素は、おもに炭水化物や脂質です。

問9　①

問10　②

バターは脂質を多くふくむので、三色食品群の中では「黄」の群（おもにエネルギーのもとになる食品）に分けられています。

問11　①

三色食品群の中で、たんぱく質を多くふくむ食品は「赤」の群（おもに体を作るもとになる食品）に分けられています。チーズは「赤」の群ですが、マヨネーズは「黄」の群（おもにエネルギーのもとになる食品）に分けられています。

問12　②

このラーメンには、三色食品群でおもにエネルギーのもとになる「黄」の群の中華めんと、お

もに体を作るもとになる「赤」の群のチャーシュー、たまご、のりが使われています。「緑」の群の食品が足りないため、野菜を加えるとよいでしょう。なお、焼き肉は「赤」の群に入ります。

問13 ①

三色食品群で分類すると、ロールパンは「黄」の群、牛乳（ぎゅうにゅう）は「赤」の群になり、あと「緑」の群が足りません。そこで、「緑」の群の野菜サラダを加えます。ウインナソーセージは牛乳（にゅう）と同じ「赤」の群ですが、パンとサラダだけでは主菜となる料理が足りないので、ウインナソーセージを加えるとさらに栄養のバランスがよくなります。

問14 ②

「主食」とは、ごはんやパン、めん類のことです。焼きいもは、「副菜」（野菜やいも、きのこ、海藻（かいそう）などで作った料理のこと）になります。

問15 ①

主食のごはん、主菜のなっとうがあるので、副菜として具だくさんのみそしるを加えることが望ましいでしょう。焼き魚は主菜に分類されます。

問16 ②

問17 ①

問18 ①

夜、ねている間に夕ごはんでとったエネルギーは使われてしまいます。そのため、朝ごはんを食べることで、午前中、元気に勉強したり、動いたりするためのエネルギーになる栄養素をとることができます。

問19 ②

問20 ①

問21 ①

秋が旬（しゅん）のくだものは「かき」です。「すいか」は夏が旬（しゅん）のくだものです。

問22 ①

「合わせだし」とは、こんぶと煮干し（にぼ）、こんぶとカツオ節というように、ちがう食材を組み合わせてとる「だし」のことです。

問23 ①

七五三（11月15日）には、えんぎ物として、食べると長生きするという意味を持つ「ちとせあめ」を食べます。

問24 ①

黒豆は「誠実（せいじつ）（まめ）に働き、健康に過ごせますように」、数の子は「子宝（こだから）にめぐまれますように」という願いがこめられたおせち料理です。「お金持ちになれますように」と願うのはきんとんです。

問25 ②

「茶たく」はお茶の器で、湯のみ茶わんをのせるための受け皿です。

問26 ②

調理をするとき、つめが長いと細菌がつきやすく、手洗(あら)いしてもとりにくくなります。

問27 ②

「うがい」は、インフルエンザなど感染症の予防のためにたいせつな行動です。

問28 ②

問29 ②

アルミホイルや金属容器は、電子レンジのマイクロ波を反射しやすいため、電子レンジでは使用できません。

問30 ②

問31 ②

まな板は使ったらそのつどよごれを洗(あら)い流し、水けをふきとり、きれいに保ちます。

問32 ②

ブロッコリーは、小ふさに切り分けてから洗(あら)ったほうが、細かいところについているよごれや小さな虫を落としやすいです。

問33 ②

①は輪切りです。

問34 ②

青菜はゆでておひたしにします。肉じゃがは煮(に)る料理です。

問35 ②

もちの原料は、米です。

問36 ②

たまごのからの色がちがう理由は、にわとりの種類がちがうからです。からの色はちがっても、栄養はいっしょです。

問37 ①

ちくわは白身魚の加工品です。肉の加工品にはハムやソーセージがあります。

問38 ①

こんにゃくは、いもから作られる加工食品です。

問39 ①

ピーマンは緑色のあざやかな野菜で、緑黄色野菜に分類します。

問40 ②

れんこんは地下茎(ちかけい)を食べる野菜です。

問41 ②

マヨネーズは、卵黄(らんおう)、酢(す)、塩、油、こしょうから作られます。

問42 ①

中華だしは、とり肉、とりがら、ねぎ、しょうが、ぶた肉を組み合わせて作るだしです。

問43 ②

おいしく食べられる期限は「賞味期限」といいます。

問44 ②

中火とは、なべやフライパンの底に炎がちょうどふれる程度の火加減のことをいいます。フライパンの底から炎がはみ出さない程度は強火の状態です。

問45 ①

アスパラガスは、ゆでたあとはざるにあげてさまします。ほうれん草などの青菜は、ゆでたあとは水にとります。

問46 ①

いため物を作るときは、材料をいためる前に調味料をはかっておきます。いため始めてから調味料をはかると、その分、火が入りすぎてしまいます。

問47 ①

米はたっぷりの水で、手早く、手で大きくかきまぜるように洗います。

問48 ②

みそを入れたあとは、すぐに火を消します。煮立てるとみそのかおりがとんでしまいます。

問49 ①

ゆでたたまごは水でさましてから、水を入れたボールの中でからをむくときれいにむけます。

問50 ①

日本茶は、茶葉を入れたきゅうすにお湯を注ぎ、ふたをして1分待ってから、湯のみにつぎます。

問1　①

問2　①

ごみをリサイクルするために、紙とプラスチックはごみを出すときに分別します。

問3　①

たんぱく質は、おもに筋肉や臓器、血液などを作るもとになります。骨や歯を作るもとになるのは、カルシウムです。

問4　②

細胞膜などの構成成分になる栄養素は脂質です。脂質はエネルギー効率がよく、少量でたくさんのエネルギーに変わる効率のよい栄養素でもあります。炭水化物は、エネルギー源となる栄養素です。

問5　①

炭水化物には糖質と食物繊維がありますが、エネルギーになるのは糖質だけです。食物繊維は、人の体では消化されないので、エネルギーにはなりません。腸の働きを活発にし、便通をよくする働きがあります。

問6　①

ビタミンCは水溶性ビタミンです。

問7　②

水は栄養素ではありませんが、消化、吸収された栄養素の運搬、体内でできた老廃物の排出、体温調節などの重要な働きがあります。

問8　①

4群はおもにビタミンCを多くふくむ食品群で、「淡色野菜、くだものなど」です。

問9　②

1群は、おもにたんぱく質をふくむ食品です。

問10　①

牛肉は1群にふくまれます。

問11　②

玉ねぎは「淡色野菜」で、おもにビタミンCを多くふくむ食品群の4群です。2群は「牛乳・乳製品、海藻、小魚」で、おもに無機質（とくにカルシウム）を多くふくみます。

問12　①

もちは「穀類、いも類、砂糖類」の5群で、おもに糖質を多くふくみます。6群は「油脂類」で、おもに脂質を多くふくみます。

問13 ②

2群がふくまれていないので、牛乳を組み合わせるほうが望ましい献立です。

問14 ①

一番最初に、主食（ごはん、パン、めんの中から1つ）を選びます。次に、主菜となる魚、肉、卵、大豆・大豆製品から1つ選び、その後に副菜、汁物を決めます。また最後に、飲み物・くだものを加える場合もあります。

問15 ②

3群に分類される緑黄色野菜が使用されていないため、3群を組み合わせることが望ましいです。卵とハムのサンドイッチは1群と5群、牛乳は2群、りんごは4群です。

問16 ②

この日の献立では、2群に分類される、牛乳・乳製品、海藻、小魚がふくまれていません。1群は、卵、ウィンナー、ぶた肉が使用されています。

問17 ①

不足している3群の食品を用いた「ほうれん草のおひたし」のほうが望ましいです。

問18 ①

1日に必要なエネルギーは偏ることなく、朝、昼、夕と3回の食事からとることが望ましいです。

問19 ②

朝ごはんを食べると、体温が上がる、腸の働きがよくなって排便リズムが整いやすくなるなどがあります。

問20 ①

ブドウ糖は、ごはんやパンなどの炭水化物に多くふくまれています。

問21 ①

「菜」はおかずのことです。焼きザケ、ほうれん草のおひたしの2品で二菜となります。みそ汁があるので、この献立は一汁二菜になります。ごはんは数えません。

問22 ①

左手前によく手に持つごはん茶わんを置き、右手前には汁わんを置きます。

問23 ①

魚や肉を主材料とするおかずを主菜といいます。いもを主材料とするおかずは副菜に分類します。

問24 ①

かつどんは、一皿で主食（ごはん）と主菜（ぶた肉、卵）がいっしょになった料理です。

問25 ②

食事のマナーとして、背すじを伸ばして、よい姿勢で食べます。ひじをついたり、背もたれに寄りかかったり、背中を丸めたりして食べることは、食事のマナーとして好ましくありません。

問26 ②

夏が旬の野菜は「オクラ」です。「ブロッコリー」の旬は冬です。

問27 ②

合わせだしとは、うま味がふくまれているちがう種類の材料を組み合わせてとったものです。

問28 ①

九条ねぎは京都府など関西特産の葉ねぎ（青ねぎ）です。深谷ねぎは埼玉県深谷市で特産の根深ねぎ（白ねぎ）です。下仁田ねぎは群馬県下仁田町で特産の根深ねぎ（白ねぎ）です。

問29 ①

田作りは小さいイワシを干したものに甘からい味をつけたもので、作物がいっぱいとれるように、豊作を祈願して作ります。黒豆は、黒い大豆を甘く煮たもので、まめ（誠実）に働き、健康に過ごせるように、無病息災を願って作ります。

問30 ①

煎茶は茶葉を蒸して温かいうちにもみ、乾燥させたもので、80℃くらいのお湯でいれるのが望ましいとされています。

問31 ①

つめの間には、細菌やウイルスが存在しているので、手のひら側から見て、つめが指先から見えないくらいの長さに切っておきます。

問32 ①

ハンバーグを焼くときに食中毒を防ぐためには、ハンバーグの中心部に竹ぐしをさして、肉汁の色でハンバーグの内部まで焼けているかを判断します。透明な肉汁がでてきたら、中心部まで焼けています。

問33 ②

細菌をつけないためには、洗ったり、器具を食品によって使い分けたりします。

問34 ①

ブロッコリーをゆでたあと、お湯から取り出すときには、お湯をきるためにざるを使います。

問35 ①

ガスこんろの燃料はガスで、火をつけるとすぐに加熱ができます。炎を見ることができるので、火の調節がしやすいことが特徴です。元々は無臭ですが、ガス漏れに気がつきやすいように、においをつけることが法律で定められています。

問36 ②

ガスこんろについているグリルは、直接火を当てて調理できる器具です。焼き魚は、直接火を当てて焼くとおいしくきれいに焼けるため、グリルでの調理が適しています。

問37 ①

電子レンジで加熱するとき、食品の分量に比例して加熱時間も多く必要となるため、分量が3倍になったら加熱時間もほぼ3倍にします。

問38 ①

冷蔵庫の温度が上がると、温度を下げるために消費電力が増えます。冷蔵庫の熱を逃がし、温度が上がるのを防ぐために、直射日光が当たる場所は避け、壁とのすきまをあけて設置し、上にはものを置かないようにします。

問39 ①

精白米1合の重量は、150gです。

問40 ①

峰は包丁の上の部分で、肉をたたくときや、ごぼうの皮をこそげとるときに使います。

問41 ①

フッ素樹脂加工のフライパンは傷がつかないようスポンジを用いて洗います。鉄のフライパンは、たわしを用いて洗い、火にかけてかわかします。

問42 ②

もち米は、赤飯やもちを作るのに適した米です。

問43 ②

小麦粉はふくまれるたんぱく質の量によって3種類に分かれます。薄力粉のたんぱく質は約8％、中力粉は約9％、強力粉は11〜12%です。

問44 ②

Ⓐは、手羽にあたります。手羽は、からあげ、カレーやシチューなどの料理に適した部位です。サラダは、ささ身が適しています。

問45 ①

サバやまぐろなど赤身の魚は、生のときはやわらかく、加熱すると身がしまります。タラやヒラメなど白身の魚は、生のときは弾力があり、加熱するとほぐれやすくなります。

問46 ①

ちくわのおもな材料は魚肉ですが、材料と材料をつなげる「つなぎ」の役目などのために卵が使われています。厚揚げには、卵は使われていません。

問47 ①

粉チーズは乳製品です。

問48 ①

大根の真ん中は甘いので、ふろふき大根やおでんに適しています。大根の下部は、から味が強く筋っぽいので、から味を生かした大根おろしや、せん切りにしてみそ汁に入れるのに適しています。

問49 ①

米、米こうじ、糖類を原料として作られる調味料はみりんです。しょうゆは、大豆を原料として作られます。

問50 ①

賞味期限とは、おいしく食べられる期限のことをいいます。期限を超えたら食べられないということではありません。たとえば、牛乳・乳製品、ハム、ソーセージなどに表示されています。消費期限とは、安全に食べられる期限のことをいいます。たとえば、弁当、サンドイッチなどに表示されています。

問51 ③

温かい料理は、室温まで冷ましてから保存します。

問52 ②

ほうれん草などの青菜は、ぐらぐらと大きい泡（あわ）が出るくらい沸騰（ふっとう）したお湯でゆでます。

問53 ②

問54 ②

米1合で茶わん2杯分のごはんができます。

問55 ②

煮干（にぼ）しこんぶだしはなべに煮干（にぼ）しとこんぶを入れて、30分以上おきます。その後、ふたをせずに火にかけ、沸騰（ふっとう）まで7〜8分かけて煮出（にだ）します。

問56 ②

みそ汁やすまし汁などの汁物を4人分作るためには、だしは3カップ必要です。

問57 ②

魚の照り焼きのつけ合わせは右手前に添えます。

問58 ②

生野菜に塩をふると野菜から水分がでて、しんなりします。

問59 ①

問60 ①

ほうじ茶は日本茶の一種です。発酵（はっこう）させずに作ります。ほうじ茶は、沸騰（ふっとう）したお湯でいれますが、日本茶のうち、煎茶（せんちゃ）は、80℃前後のお湯でいれるとおいしくいれることができます。発酵（はっこう）させたお茶は紅茶です。

問1 ②

地域で生産された食材をその地域で消費する地産地消や、その土地ならではの食材や調理方法で作られ、地域の伝統として受けつがれてきた郷土料理を家族や地域の人と作ることは、食文化の継承（けいしょう）につながります。

問2 ②

生産された食べ物を市場やスーパーマーケットなどに届けることを流通といいます。

問3 ①

水は人間にとって必要ですが、栄養素ではありません。五大栄養素はたんぱく質、脂質、炭水化物、無機質、ビタミンです。

問4 ①

筋肉や臓器、血液などを作るもとになるのは、たんぱく質です。

問5 ②

炭水化物は糖質と食物繊維（せんい）からなります。エネルギーになるのは糖質のみです。

問6 ①

ビタミンDは、カルシウムを吸収しやすくして、骨や歯などを丈夫にします。ビタミンAは目の働きを助け、皮膚（ひふ）、のどや鼻の粘膜（ねんまく）を健康に保ちます。

問7 ①

鉄は、血液中の赤血球にふくまれ、体中に酸素を運びます。不足すると貧血になりやすくなります。ビタミンB_1は炭水化物が体内でエネルギーに変わるときに必要です。

問8 ②

2群は無機質を多くふくむ食品群で、特にカルシウムを多くふくみます。ビタミンDを多くふくむ魚は1群です。

問9 ②

6群は油脂類でおもに脂質（ししつ）を多くふくむ食品群です。糖質は「穀類、いも類、砂糖類」の5群に分類されます。

問10 ①

のりは「牛乳・乳製品、海藻、小魚」の2群で、無機質を多くふくみます。しいたけは「淡色野菜、くだものなど」の4群で、おもにビタミンCを多くふくみます。

問11 ②

りんごは「くだもの」で、おもにビタミンCを多くふくむ食品群の4群です。1群は「魚、肉、卵、大豆・大豆製品」で、おもにたんぱく質を多くふくみます。

問12 ①

5群はおもに糖質を多くふくむ食品群で、いも類のほか、穀類や砂糖類が分類されます。キャベツはビタミンCを多くふくむ4群に分類されます。

問13 ②

サケの塩焼き、納豆ともに主菜に分類されるため、この献立（こんだて）では副菜に分類される野菜を実としてたくさん入れたみそ汁を組み合わせるほうが望ましいです。

問14 ①

一番最初に、主食（ごはん、パン、めんの中から1品）を選びます。次に、主菜となる魚、肉、卵、大豆・大豆製品から1品選び、その後に副菜、汁物を決めます。また最後に、飲み物・くだものを加える場合もあります。

問15 ①

緑黄色野菜がふくまれていないため、3群の食品を組み合わせるとよいです。

問16 ②

2群に分類される、牛乳・乳製品、海藻、小魚がふくまれていません。

問17 ①

不足している3群のかぼちゃを利用した煮物（にもの）を加えるほうが望ましいです。

問18 ②

朝ごはんをしっかり食べるためには、夜は早めにねる、遅い時間に食べない、早起きしてゆとりをもつなどの工夫をすることが望ましいです。夕ごはんは、ねる時間の2時間前までにすませましょう。

問19 ①

朝ごはんは、体温を上げる、脳の働きを活発にする、腸の働きをよくして排便のリズムを作るなどの重要な働きがあります。

問20 ①

脳は、ブドウ糖をエネルギー源としています。

問21 ②

「菜」は主菜や副菜といったおかずのことです。

問22 ②

和食では、主食（ごはん）・汁物（みそ汁）は手前に、主菜（ブリの照り焼き）と副菜（筑前（ちくぜん）煮）は奥に並べます。はしは、太いほうをきき手側にして手前に置きます。

問23 ①

肉を主材料とするおかずは主菜です。

問24 ②

肉を主材料とするおかずは主菜です。主食はごはんやパンやめん類のことです。

問25　①

はしを持たずに茶わんを取る、または、はしを持たないほうの手で茶わんを取ることが食事の
マナーとして適しています。

問26　①

冬が旬の野菜は「ほうれん草」です。「さやえんどう」の旬は春です。

問27　①

貝類のうま味成分はコハク酸です。イノシン酸はカツオ節や煮干しのうま味成分で、こんぶの
うま味成分はグルタミン酸です。

問28　①

西京みそは関西地方で作られる、米こうじの割合が高い、甘くて色の白いみそです。麦みそは、
「田舎みそ」ともいい、九州地方で作られ、大豆に麦こうじを加えて作る、色のうすい甘口の
みそです。

問29　①

先祖の霊を供養する行事は「お盆」で、家族や親せきが集まって、精進料理などを食べます。
先祖に感謝する日は「お彼岸」で、春はぼたんの花のように丸く大きく作った「ぼたもち」を、
秋は萩の花のように小ぶりに作った「おはぎ」を食べます。「十五夜」では、収穫を祝い、上
新粉で作った月見団子や里いもなどを供えて、月見をします。

問30　②

茶葉を入れておく筒型の容器を茶筒といいます。茶たくは湯のみ茶わんをのせる受け皿のこと
をいいます。

問31　①

手洗いは細菌をつけないために、調理中にはこまめに行います。

問32　②

食中毒予防の3原則は、「細菌をつけない」、「細菌を増やさない」、「細菌をやっつける」こと
です。細菌をやっつけるために、肉や魚は十分に加熱します。他に、使用後のまな板やふきん
などは洗ったあと、熱湯をかけて殺菌します。

問33　②

生肉を冷蔵庫に入れる理由は、細菌を増やさないためです。細菌やウイルスをやっつけるのは、
十分に加熱することや、使った器具をきれいに洗ったあと殺菌することなどがあります。

問34　②

ほうれん草をフライパンでいためるときには、菜ばしを使います。玉じゃくしは、汁物をよそ
うときなどに使います。

問35　②

ガス栓はつまみをガス管と同じ向きにするとガスが出て、垂直にするとガス栓を閉めることが
できます。

問36 ②

グリルは魚などを焼くために使われます。

問37 ②

アルミホイルは金属をふくむため、電子レンジでは使えません。

問38 ①

食中毒を防ぐためには、食品を低温で保存する必要があります。冷蔵庫の庫内温度は、1〜5℃に保っておきます。

問39 ①

15mLは水大さじ1ぱいの量です。

問40 ①

①が、くし形切りです。②は半月切りです。

問41 ①

使った調理器具や食器は、よごれの少ないものからお湯や洗剤で洗います。

問42 ②

胚（胚芽）は芽となって成長する部分で、胚乳は米全体の白い部分です。ぬか層と胚芽を取ったものが精白米、ぬか層を取り、胚芽を残したものが胚芽精米です。

問43 ②

薄力粉は、ケーキ、菓子や天ぷらに適しています。強力粉はパン、ギョーザの皮に適しています。

問44 ②

Ⓐの部位はバラで、カレーやシチュー、いため物、豚汁などに適しています。

問45 ①

タラは白身の魚です。

問46 ①

ゆで卵を加熱しすぎると、卵白にふくまれるイオウと、卵黄の鉄が反応し、硫化鉄というやや緑っぽい黒色の物質ができます。

問47 ①

豆腐をあげて作る食品には、がんもどき、油あげ、厚揚げなどがあります。湯葉は、豆乳を加熱して表面にできた膜のことです。

問48 ①

花やつぼみを食べる野菜はブロッコリーやカリフラワーです。アスパラガスは茎を食べる野菜です。

問49 ①

マヨネーズは多くの材料が混ざった調味料です。牛乳はふくまれません。

問50 ①

エビは、アレルギー表示の特定原材料として表示が義務づけられている食品です。他には、カニ、くるみ、小麦、そば、卵、乳、落花生の表示が義務づけられています。

問51 ①

土つきのいも類やごぼうは、土がついたままのほうが長持ちします。新玉ねぎは傷みやすいので冷蔵庫で保存します。

問52 ①

じゃがいもや根菜類は水からゆでます。丸ごと1個や大きく切ったものを沸騰したお湯でゆでると温度差が生じやすく、外側は火が通っても中心部は生っぽい状態になりやすくなります。

問53 ①

厚みのある肉や魚を焼くときは、初めに強火で表面を焼き、火を弱めて中までじっくり火を通します。

問54 ②

問55 ②

カツオこんぶだしをとるとき、カツオ節は、水からではなく湯に入れて煮出します。

問56 ①

だしで大根を煮てから、最後にみそを入れます。

問57 ①

焼き魚や魚の照り焼きは、盛りつけるとき上になる面から先に焼くと、きれいに焼くことができます。

問58 ②

生野菜のサラダはドレッシングをかけてから長くおくと、野菜の色が悪くなったり、野菜から水が出て水っぽくなったりします。そのため、食べる直前にかけます。

問59 ①

いもがかたいうちに煮汁が少なくなってしまったら、だしを加えて、いもがやわらかくなるまで煮ます。

問60 ①

ミルクゼリーはかたくり粉ではなく、粉ゼラチンを用いてかためます。

問1　②

①誤＝1日3回の食事により、必要な栄養素をとることができる。

生活のリズムを作ることもできる。

②正

成長期の毎日の食事は、運動・睡眠とともに将来の健康にかかわる。

③誤

食べるエネルギーが運動で使うエネルギーより少ないと体重が減り、食べるエネルギーが運動で使うエネルギーより多いと体重が増える。

問2　①

①正

②誤＝炭水化物は、消化されブドウ糖となる。

たんぱく質は、消化されアミノ酸となる。

③誤＝たんぱく質は、主に筋肉や血液、内臓を作る。

問3　②

①誤＝消化されると、アミノ酸になる。

②正

筋肉、血液、皮膚、血管などの体構成成分として、また酵素やホルモンの成分になる。

③誤＝20種類のアミノ酸から構成される。

問4　①

①正

②誤＝エイコサペンタエン酸は、n-3系脂肪酸である。

③誤＝必須脂肪酸は、体内で合成されない。

問5　③

①誤＝炭水化物のエネルギー産生効率は、脂質より低い。

②誤＝消化されると、ブドウ糖になる。

③正

激しい無酸素運動では、エネルギー源はブドウ糖であるが、緩い有酸素運動では、エネルギー源として、ブドウ糖と脂肪酸が利用される。

問6　②

①誤

炭水化物や脂質の腸管吸収を抑え、肥満、糖尿病、動脈硬化などの生活習慣病を予防する。

②正

③誤

問7　①

①正

②誤＝カルシウムが欠乏すると、骨粗鬆症になる。

③誤＝鉄が欠乏すると、貧血になる。

問8

脂溶性ビタミンには、ビタミンA、D、E、Kがある。ビタミンB₁、Cは、水溶性ビタミンである。

①正

②誤

③誤

問9　②

①誤

②正

③誤

問10　③

①誤

三色食品群で緑群は、野菜ときのこであり、体の調子をよくするものである。芋は力や体温となるものとして黄群となる。

②誤

6つの基礎食品群で、第3群はカロテンの供給源となる緑黄色野菜である。芋はエネルギー源となる第5群である。

③正

4つの食品群で第3群は、体の調子をよくするものとされ、野菜、芋、果物である。

問11　②

①誤＝第1群の乳・乳製品と卵は、いずれも良質なたんぱく質やビタミンB₂の供給源である。

乳・乳製品は、カルシウムの供給源でもある。

②正

第2群の魚介、肉、豆・豆製品は、良質たんぱく質の供給源である。

③誤＝第4群は、エネルギーの供給源である。

ビタミンCは、第3群が供給源となる。

問12　①

①正

②誤＝第2群は、血や肉を作る食品群である。

③誤＝第4群は、力や体温になる食品群である。

問13　②

①誤＝湯葉　――　第2群

第1群は、乳・乳製品、卵である。

②正

さやいんげんは、第3群である。第3群は野菜、芋、果物である。

③誤＝ピータン ── 第1群

第4群は穀類、油脂、砂糖、その他である。

問14 ②

緑黄色野菜は、原則として可食部100gあたりのカロテン含量が600μg以上のもの、およびβ-カロテン当量が600μg以上のものをいう。

①誤

②正

③誤

問15 ③

①誤＝主菜は、たんぱく質が主体の食品を用いた料理である。

②誤＝主食は、穀物を主材料とする料理である。

③正

問16 ③

①誤＝「1食」ではなく、「1日」である。

②誤＝果物を加えた5つの区分である。

③正

食事区分は上から、主食、副菜、主菜、牛乳・乳製品、果物となっている。

問17 ①

①正

②誤＝50〜70g

③誤＝30〜50g

問18 ③

①誤＝主食は、朝・昼・夕すべてでとることが望ましい。

②誤＝主菜の主材料は、3回の食事にふり分ける。

③正

問19 ③

①誤＝主食が2つになる。

②誤＝エネルギー過剰になる。

③正

野菜が加わることでビタミンが供給できる。

問20 ②

①誤

朝食の目玉焼きと「卵」が重なる。

②正

③誤

いちごがあるため、食品群に偏りが出る。

問21 ②

①誤

主菜の麻婆豆腐（豆腐）と材料が重なる。

②正

③誤＝脂質が多くなる。

問22 ①

①正

②誤

朝食に卵を使用した料理を選択したので、重ならないほうがよい。

③誤

昼食の麻婆豆腐に豚ひき肉が入るので、材料の重なりがあり適さない。

問23 ②

①誤

一汁三菜を基本とし、うま味を生かした料理や動物性脂肪の少ない食生活が日本人の長寿や肥満防止を支えている。

②正

無形文化遺産に登録された「和食」とは料理そのものだけを示すのではなく、生産・加工、調理、食事作法など日本の伝統的な食文化全体を指す。

③誤

④誤＝和食は、それぞれの地域の多様な食材を生かした食文化である。

問24 ①

おせち料理は、新年に幸せをもたらす年神様といっしょに家族がそろって食べるごちそうといわれている。おせち料理には、一つ一つに様々な願いが込められている。

①正

②誤＝きんとんは、商売の繁盛を願う。

③誤＝だて巻きは、知識が増えることを願う。

④誤＝田作りは、豊作を願う。

問25 ③

①誤＝ひな祭りには、ひしもちやハマグリの吸い物などを食べる。

②誤＝ぼたもちは春の彼岸。

こどもの日には、ちまきを食べる地域がある。

③正

問26 ②

①誤＝ほうれん草 ── 冬

②正

③誤＝さやえんどう ── 春

問27 ①

食事をともにする人が不快にならないことがマナーであり、国や地域によりマナーが異なる。食事

マナーは国や地域の歴史や文化を背景にしているため、それらを知り、共有していくことが大切である。

①正

②誤＝悪い箸使いで、探り箸という。

③誤＝悪い箸使いで、寄せ箸という。

問28 ③

ナイフは、刃を内側に向けて皿の右、フォークは左に配膳する。

①誤

②誤

③正

問29 ③

①誤

②誤＝最初は多めにとって盛り、次からはやや少なめにとって、上にそっとのせる。

③正

問30 ④

中国料理は火の料理といわれ、いため物、揚げ物、蒸し物など、温度が高い料理が多い。料理は食卓全員分を大皿に盛りつけ、各自がとって食べることが一般的である。取り皿は料理ごとに取り換え、飯茶わん以外はテーブルに置いたまま食べる。汁はさじ（れんげ）を使って飲む。

①誤

②誤

③誤

④正

問31 ③

①誤

砂出しは、貝類で行う動作である。

②誤

水、酢水、塩水に浸漬することで、酵素（ポリフェノールオキシダーゼ）の作用を抑えることができる。

③正

問32 ②

ゆでる、煮るなどのほかに、水蒸気を利用する蒸すも、湿式加熱である。

①誤

②正

③誤

問33 ③

①誤＝素揚げは、衣をつけずに揚げることである。

②誤＝冷凍コロッケは、180～190℃で揚げる。

140℃で揚げるのは、ポテトチップスなどである。

③正

問34 ③

①誤＝カツオこんぶだしのカツオ節は、沸騰してから入れる。

②誤＝煮干しこんぶだしの煮干しは、水から入れる。

③正

問35 ①

①正

②誤＝3～7℃は野菜室

③誤＝－1～2℃はチルド室

問36 ①

①正

出力（W）数と食品重量により、加熱時間の調整が必要である。

②誤

金属製のなべをのせてスイッチを入れると、トッププレート下のコイルに電流が流れ、磁力線が発生する。その際、金属のなべ底に誘導電流（うず電流）が生じて、発熱する。

③誤＝電子レンジには、金属容器、金の模様入りの器、漆器、クリスタルガラスなどは使用できない。

問37 ③

①誤＝白玉粉はもち米である。

②誤＝白玉粉は熱湯でこねるとだまが残り、均一になりにくいため、水が適している。

③正

問38 ③

①誤

パンや中華まんじゅうなどは、イーストの発酵で発生した炭酸ガスで生地をふくらませる。

②誤

スポンジケーキは、生地中の卵の気泡が熱によってふくらみ、生地をふくらませる。

③正

シューは、生地中に発生する水蒸気圧により生地を押し上げることで、空洞ができる。

問39 ①

①正

②誤＝豚肉のヒレ ── ロースト、ソテー、カツレツ

③誤＝鶏肉のささ身 ── 蒸し物

問40 ②

①誤

酢、ワイン、酒、しょうゆ、みそなどの調味料に

漬け込むと、pH は酸性側になり保水性が向上し、肉がやわらかくなる。

②正

③誤

④誤

たんぱく質分解酵素を含む、しょうが、パイナップル、パパイヤ、キウイフルーツに漬け込むと、肉がやわらかくなる。

問41 ②

①誤

②正

魚類には、DHA（ドコサヘキサエン酸）や EPA（エイコサペンタエン酸）などの不飽和脂肪酸が多く含まれる。ブリ、サバ、サンマ、イワシ、サケ、アジなどに多く含まれる。

③誤

問42 ②

①誤

魚に塩をふってしばらくおくと、水分とともに生臭い成分が出るため、ふきとってから調理する。

②正

煮汁を煮立ててから魚を入れると、うま味が流失しにくい。

③誤＝焼き始めは強火で素早く表面を焼きかため、その後火力を弱めて中まで火を通す。

問43 ②

①誤＝卵黄は75～80℃、卵白は約80℃で凝固する。

②正

食塩の Na イオンは、熱凝固を促進する。

③誤

火が弱すぎると、もろくて破れやすくなる。

問44 ①

①正

牛乳のたんぱく質は、有機酸などを含む食材と長時間加熱すると凝固する。

②誤

牛乳に含まれる糖やアミノ酸の影響で、焼き菓子を作るときに入れると、茶褐色の色がつきやすい。

③誤

クリームの温度が高くなると分離しやすくなるため、氷水などで冷やしながら泡立てる。

問45 ③

①誤

大豆はたんぱく質を約35％含み、良質なたんぱく質源として有用な食品である。

②誤

あずきは吸水しにくいので、浸水せずにすぐに煮ることが多い。

③正

一度に砂糖を入れると、豆がかたくなる。

問46 ②

ほうれん草はアクが多く色も変化しやすいため、重量の5～8倍量のゆで湯が必要となる。ふたをしてゆでると野菜の有機酸が揮発しにくく、ゆで湯が酸性になって色が悪くなりやすい。加熱後、ただちに水にとり、完全にさますことで、色や食感のよい状態に仕上がる。

①誤

②正

③誤

問47 ②

①誤＝さつま芋の皮の紫色 ── アントシアニン
赤かぶや紫キャベツも同じ色素。

②正

③誤＝かぼちゃのオレンジ色 ── カロテノイド
にんじんも同じ色素（カロテノイド）。調理で使う酸やアルカリの範囲では、色は変わらない。

問48 ①

①正

②誤＝電子レンジで短時間加熱すると、酵素の働きが失なわれ、甘みが弱くなる。

③誤

さめると細胞が分離しにくく裏ごすのに力が必要となり、無理に力を加えると細胞が壊れてでんぷんが流出し、粘りが出てくる。

問49 ③

①誤＝プロテアーゼは、パイナップルやパパイヤに含まれる、たんぱく質を分解する酵素である。

②誤

③正

問50 ①

①正

②誤

③誤＝かんてんゼリーは、かんてん濃度が高いほど透明感が低くなり、白っぽくなる。

問51 ③

①誤

②誤＝砂糖は、親水性が高い物質であり、糊化でんぷんの老化を抑制する。

③正

問52 ②

400gの6％は24g。砂糖大さじ1杯は9gなので、大さじ2と2/3杯となる。

①誤
②正
③誤

問53 ③

①誤＝食品や料理の適温は、体温±25〜30℃とされている。
②誤＝酢の物は、冷やしても酸味の強さはあまり変わらない。
③正

問54 ①

①正
爪と指の間は細菌が多くいるため、短く切る。
②誤
異物混入を防止するためである。
③誤

問55 ②

①誤
②正
魚は真水で洗うことにより、海水中に存在していた細菌が死滅または減少する。
③誤＝火が通りにくいため、中心温度を確認する。たとえば、平たく厚みのある食品ならば最も厚い部分の中心部を、もしくは大きい食品の中心部を測定し確認する。
④誤＝二枚貝の中心部を85〜90℃・1分30秒加熱したことを確認する。

問56 ④

①誤＝寄生虫による食中毒は、年間を通じて発生が認められる。
②誤＝細菌性食中毒は、5月くらいから増加し始め、6〜10月に多発する。
③誤＝きのこによる植物性食中毒は、きのこが採取される9〜10月に多発する。
④正
ウイルス性食中毒は、夏に比べ冬の発生が多い。

問57 ①

水分活性（Aw）が低いほど、細菌の増殖は抑えられる。食中毒の原因となる細菌類の多くは好湿度微生物に属し、Aw0.90以上でないと発育できない。
①正
②誤

③誤
④誤

問58 ③

缶詰は、比較的保存期間が長いため、賞味期限が表示される。賞味期限表示は、比較的保存期間が長い食品に、年月日または年月が表示されている。期限は、未開封で記載されている保存条件を守った状態の期限であるため、開封後は無効となる。

①誤
②誤
③正
④誤

問59 ①

①正
特別用途食品マーク（消費者庁による表示マーク）である。
②誤
全国飲用牛乳公正取引協議会のマークである。
③誤
各都道府県が地域特産品認証事業を実施し、認証基準を定め、認証した食品に表示される地域特産品認証食品マーク（Eマーク）である。
④誤
日本介護食品協議会が定めた規格に適合する介護用加工食品に表示されるユニバーサルデザインフードのマークである。

問60 ①

①正
②誤
環境への配慮（生活排水対策）。油汚れのついた食器や器具は、新聞紙や古布で油をふきとってから洗う。
③誤
環境（生活排水対策）と衛生への配慮。炊飯器の内釜や茶わんは、水に浸けておくことにより汚れがとり除きやすくなる。排水も少なくてすむ。
④誤
環境への配慮（生活排水対策）。軽い汚れのものから先に洗う。

問1　③

①誤

②誤＝昔は季節の区切りに用意する食事を、おせち料理といった。

おせち料理は、現在は正月に食べる料理を指す。

③正

その地域でとれる野菜や魚を利用した料理をいう。

問2　③

エネルギー産生栄養素は、炭水化物、脂質、たんぱく質である。

①誤

②誤

③正

問3　①

必須アミノ酸とは、体内で必要量を合成することができないので食物から摂取しなければならないアミノ酸のことである。たんぱく質を構成する約20種類のアミノ酸のうち、9種類が必須アミノ酸である。良質たんぱく質とは、必須アミノ酸をバランスよく豊富に含んでいるたんぱく質で、動物性食品、大豆・大豆製品に含まれるたんぱく質は良質である。

①正

②誤

③誤

問4　①

①正

②誤＝飽和脂肪酸は、肉類に多く含まれる。

③誤＝エイコサペンタエン酸は、魚に多く含まれる。

問5　②

①誤＝乳糖は、牛乳に多く含まれる。

②正

③誤

砂糖は消化・吸収が速いので、肥満や糖尿病を招きやすい。

問6　③

①誤＝食物繊維は、人の消化酵素では消化されない食品中の成分である。

腸での働きを介して、病気の予防や健康の増進に役立つ。

②誤

③正

血中コレステロール濃度や血糖値を低下させ、肥満、糖尿病、動脈硬化などの生活習慣病を予防する。

問7　①

①正

②誤＝鉄は、酸素の運搬を行う。

ナトリウムやカリウムは、体液の浸透圧を調節する。

③誤＝ナトリウムは、体液量を調整する。

問8　③

①誤＝通常、ビタミンは体内で合成することはできない。

②誤＝ビタミンCは水溶性であるため、過剰な分は尿中に排泄される。

③正

脂溶性ビタミンであるビタミンAは肝臓に蓄積され、とりすぎると過剰症が生じる。

問9　②

①誤

②正

③誤

問10　②

①誤＝主食・主菜・副菜の分類は、食事バランスガイドである。

②正

③誤＝4つの食品群は、肉を第2群、卵を第1群としている。

問11　①

①正

第1群の乳・乳製品と卵は、いずれも良質なたんぱく質、ビタミンB_2、ビタミンAの供給源である。また、乳・乳製品はカルシウムの供給源である。

②誤＝第2群の魚介、肉、豆・豆製品は、良質たんぱく質の供給源である。

③誤

問12　②

①誤＝第1群は、栄養を完全にする食品群である。

②正

③誤＝第3群は、体の調子をととのえる食品群である。

問13　②

①誤＝豆乳は、第2群である。

169

第1群は、乳・乳製品、卵である。

②正

こんにゃくは、第3群である。第3群は野菜、芋、果物である。

③誤＝チーズは、第1群である。

第4群は穀類、油脂、砂糖、その他である。

問14 ③

①誤

たんぱく質は、動物性食品、穀類に含まれる。

②誤

脂質は、動物性食品、大豆類、油脂類に含まれる。

③正

緑黄色野菜には、β-カロテン、ビタミンC、ビタミンK、葉酸、カリウム、食物繊維が多く含まれる。

問15 ①

①正

②誤

ビタミン源となる食品を用いた料理は副菜である。

③誤

問16 ①

食事バランスガイドでは、食べる量を「つ（SV、サービング）」で示している。点数で示しているのは四群点数法である。

①正

②誤

③誤

問17 ③

①誤＝ゆでうどんは、230gである。

②誤＝豚肉とキャベツのいため物の豚肉は、30〜50gである。

③正

問18 ①

主食、主菜の順に献立を決める。その後主菜に使用した野菜（つけ合わせなど）や調理法、味つけも考慮して副菜を決める。

①正

②誤

③誤

問19 ③

①誤＝みそが重なっている。

②誤＝油脂の摂取量が多い。

③正

問20 ①

主菜がないため第2群の魚介、肉、豆・豆製品、

第1群の卵から主材料を選択する。調理法の重なりと調理作業を考慮する。ミネストローネではたんぱく質が少ない。

①正

②誤

③誤

問21 ③

大学芋は、揚げ料理で油が多い。マカロニサラダは、スパゲティ類なので食材が重なる。

①誤

②誤

③正

問22 ②

エビフライと鶏肉のから揚げは、揚げるので脂質が多くなるため、焼き物（油脂の使用量が少ない料理）が適している。朝食が卵、昼食がミートソーススパゲティで肉を使用した料理なので魚を選択したい。

①誤

②正

③誤

問23 ②

一汁三菜を基本とし、うま味を生かした料理や動物性脂肪の少ない食生活が日本人の長寿や肥満防止を支えている。また旬を生かした料理や季節に合った器で、季節感を楽しむ工夫がされている。

①誤

②正

③誤

④誤

問24 ②

おせち料理は、新年に幸せをもたらす年神様といっしょに、家族がそろって食べるごちそうといわれている。おせち料理には、一つ一つに様々な願いが込められている。

①誤＝エビは、長寿を願う。

②正

③誤＝だて巻きは、知識が増えることを願う。

問25 ③

①誤＝節分 ―― 恵方巻

恵方巻は、1970年代ごろから関西で広がり、全国的になったのは2000年ごろ。

②誤＝七夕 ―― そうめん

③正

問26 ③

野菜や魚など一番収穫量が多い時期を、旬という。旬が一番栄養価も高いといわれている。

①誤＝竹の子 ── 春

②誤＝しそ ── 夏

③正

問27 ③

①誤

悪い箸の使い方を「嫌い箸」という。箸で器を引き寄せることを「嫌い箸」の中の「寄せ箸」という。器は、手に持って移動させる。

②誤

箸で料理をフォークのように刺してとることを「嫌い箸」の中の「刺し箸」という。料理は、箸で挟んで取る。

③正

問28 ③

①誤＝中国料理は、大皿に盛った料理を各自取って食べる。

②誤＝洋食の会食は、前菜、スープ、魚料理、肉料理、デザートの順に食べる。

③正

問29 ②

①誤＝ごはんは茶わんの縁のカーブと、盛りつけたごはんの外側のラインがそろうように盛りつける。

②正

③誤＝焼き魚のつけ合わせは、皿の右手前に盛りつける。

問30 ③

①誤＝ディナー皿は25～27㎝、デザート皿は18～21㎝、パン皿は14～17㎝である。

②誤＝オードブルは、デザート皿に盛りつける。

③正

主菜はテーブルナイフ、魚料理はフィッシュナイフなど、用途に対応した食具を用いる。

④誤

問31 ②

①誤

②正

③誤

問32 ③

①誤＝蒸している間は調味ができないので、加熱前に下味をつけたり、加熱後につけ汁やあんをかける。

②誤＝蒸気が上がる前に入れると、食品が水っぽく

なったり、食品のうま味や味が出てしまう。

③正

問33 ②

①誤＝フライパンやオーブンを用いて焼くのは間接焼きである。

②正

投入量が多すぎると撹拌しにくいため、なべの容量の1/3～1/2が適量である。

③誤

問34 ②

①誤＝カツオ節、煮干しはふたをすると生臭みがこもる。

②正

③誤＝浸漬や加熱の時間が短いと、乾物からうま味成分が出にくい。

問35 ③

①誤＝加熱後の肉や魚は、生の肉・魚用のまな板と分けたほうがよい。

②誤＝さびにくく、手入れが楽なのは、ステンレスの包丁などである。

③正

問36 ②

①誤＝電磁調理器では、なべ底そのものが発熱するので、トッププレートに接する面積が広いほうがよい。底が丸いなべでは、発熱が不十分である。

②正

③誤

問37 ②

①誤＝食べてちょうどよい塩分は飯の0.6～0.7％程度であるため、米重量に対しては、1.3～1.5％の塩分を加えるのが目安である。

②正

③誤＝飯が熱いうちに合わせ、飯に酢を吸収させる。

問38 ①

①正

②誤

でき上がった蒸しパンの色が黄色くなるのは、重曹を使用した場合である。重曹はアルカリ性のため、小麦粉中のフラボノイド色素が反応し生地が黄変する。

③誤＝ルウの加熱終点は、ホワイトルウで120℃程度、ブラウンルウで180℃程度である。

問39 ④

シチュー（煮込み）にはバラ、肩、すね、テール、舌が適している。

①誤

②誤

③誤

④正

問40 ①

①正

②誤＝ヒレやロース肉は、コラーゲンが少ないため、長時間煮てもやわらかくならない。

③誤＝生のパイナップルなど、たんぱく質を分解する酵素を含む食材を使う。

缶詰のパイナップルは、たんぱく質を分解する酵素が失活している。

問41 ③

①誤

②誤

③正

問42 ①

①正

煮汁を煮立ててから魚を入れると、うま味がにげにくい。

②誤＝赤身魚は、筋形質たんぱく質が白身魚より多いため、加熱によりかたくしまる。

③誤＝浸透圧によって魚表面の水分や生臭みを引き出し、生魚の身を引きしめる。

問43 ①

①正

卵の希釈性および熱凝固性を利用した料理である。

②誤＝卵白の泡立ち（起泡性）を利用した料理である。

③誤＝油と水を撹拌することにより、水中油滴型のエマルションを形成（乳化）したものである。

問44 ②

①誤＝70℃以上の高い温度にすると加熱臭が生じるので、好みによって温め加減を調節するとよい。

②正

③誤＝ケーキのデコレーション用には、脂肪分35％以上のクリームを使う。コーヒー・紅茶用のクリームの脂肪分は、20％が適している。

問45 ①

①正

②誤

豆乳を凝固させ、重石をして水分を抜いたもめん豆腐はかためだが、絹ごし豆腐は重石をしていないので水分が多く、くずれやすい。

③誤＝油抜きをすると、表面についている油が除か

れ、味がしみ込みやすくなる。

問46 ②

①誤＝ふたをすると有機酸が揮発しにくいため、ゆで湯の pH の低下によって野菜の緑色が悪くなる。

②正

③誤＝アクが少ないので、比較的少量の湯でよい。

問47 ①

①正

②誤＝フラボノイドは酸性だと白色を呈する。アルカリ性で黄色に変化する。

③誤＝カロテノイドは調理に使う程度の酸やアルカリ性では変化しない。

問48 ③

じゃが芋の芽や緑色の部分に含まれている毒性のある成分は、ソラニンである。芽や緑色の部分の除去が完全でないと、食中毒になる可能性がある。

①誤

ヤラピンは、さつま芋を切ると出てくる乳白色の粘液で、空気に触れると黒く変色する。

②誤

ガラクタンは、里芋をゆでると出てくる粘質物である。

③正

問49 ②

①誤＝果糖の多い果物は、冷やすと甘味を強く感じる。

特に果糖を多く含むりんごや梨のような果物で、この効果が期待される。

②正

キウイフルーツには、たんぱく質分解酵素（プロテアーゼ）が含まれている。他に、パパイヤ、パイナップル、イチジクにもたんぱく質分解酵素が含まれる。

③誤＝果物は、カリウムの供給源である。

問50 ②

①誤＝使用濃度は、液体に対して0.5〜1.5％が適している。

②正

③誤＝砂糖添加はゲル強度・透明度を高め、離水（離漿）を抑制する。

問51 ①

①正

茶わん蒸しの卵を固まりやすくするなどの調理例がある。

②誤＝みりんに含まれるアルコールと糖が、煮くず

れを抑制する。

また、みりんを加えることで、煮汁がやや酸性側になることも煮くずれ抑制の一因とされる。

③誤＝砂糖は親水性のため、糊化でんぷんの老化を抑制する。

問52 ②

200 g の 4 ％は 8 g。砂糖大さじ 1 杯は 9 g なので、大さじ 1 杯弱となる。

①誤

②正

③誤

問53 ①

①正

②誤＝だしに少量の食塩を加えるとうま味が強くなることを、対比効果という。

③誤＝おしるこに少量の食塩を加えて甘味を強めることを、対比効果という。

問54 ③

異物となるものは、毛髪、爪、スポンジの切れ端、イヤリングやピアスなどのアクセサリーなどが多い。調理前に髪の毛をブラッシングし、着衣に付着した髪の毛を取り除くと、料理に毛髪が混入するのを防止することができる。

①誤

②誤

③正

④誤

問55 ③

①誤＝ふきんは、中性洗剤などで洗浄後、5 分以上煮沸し、乾燥させる。

洗浄後、次亜塩素酸ナトリウムの溶液につけ、すすいで乾燥させるのも有効である。

②誤＝手指は、石けんで洗ったのち、乾燥させてアルコールで消毒する。

③正

問56 ①

①正

②誤＝クドアは、寄生虫による食中毒の原因となる。

③誤＝サルコシスティスは、寄生虫による食中毒の原因となる。

④誤＝カンピロバクターは、細菌性食中毒の原因となる。

問57 ④

毒素型食中毒は、食中毒菌が食品内で増殖する過程で産生された毒素そのものを、人が摂取するこ

とによって起こる。その毒素は、耐熱性毒素と易熱性毒素に分類される。易熱性毒素であるボツリヌス菌の毒素は、十分な煮沸で食中毒を予防できるが、黄色ブドウ球菌、嘔吐型セレウス菌、ウェルシュ菌の毒素は耐熱性毒素である。

①誤

②誤

③誤

④正

問58 ④

期限表示には消費期限と賞味期限がある。賞味期限表示は、比較的保存期間が長い食品に、年月日または年月が表示されている。期限は、未開封で記載されている保存条件を守った状態の期限であるため、開封後は無効となる。

①誤

②誤

③誤

④正

問59 ②

①誤＝特別用途食品マーク（消費者庁による表示マーク）である。

②正

③誤＝JAS マーク（農林水産省による表示マーク）である。

問60 ③

家庭から出る食品ロスの原因は、野菜や果物の皮を厚くむきすぎたりする「過剰除去」、保存したままで消費期限切れになり未開封のまま食べずに廃棄する「直接廃棄」、作りすぎなどで残してしまう「食べ残し」がある。①と④は「直接廃棄」を無くすための対策である。②は「食べ残し」を無くすための対策である。

①誤

②誤

③正

④誤

問1　③

①誤＝男性の肥満者の割合は、30％を超えている。女性は約20％。

②誤＝65歳以上の低栄養傾向の割合は、女性約21％、男性約13％。

③正

20歳代女性のやせの者の割合は、20％を超えている。

問2　②

食事バランスガイドは、厚生労働省、農林水産省によって作成されたもので、食事の栄養バランスを「コマ」にみたてて、食卓での皿のそろえ方を料理単位で示した栄養教育教材である。

①誤

②正

③誤

問3　①

①正

コレステロールやリン脂質は、細胞膜の主要な構成成分である。

②誤

③誤＝食物繊維は、炭水化物に分類される。

炭水化物は、糖質と食物繊維からなる。

問4　②

①誤

②正

体たんぱく質を分解して不足を補うため、体力や免疫力の低下、病気への抵抗力が弱くなる。

③誤＝高齢期での摂取不足は、フレイルの原因となりやすい。

問5　①

①正

リン脂質、コレステロールは細胞膜を構成する成分である。また、コレステロールは体内でホルモンや胆汁酸に変化する。

②誤＝過剰な脂質は、体内では中性脂肪として蓄積される。

③誤＝中性脂肪はエネルギーとして利用される。体内でホルモンに変化するのはコレステロールである。

問6　②

①誤

穀類に含まれる炭水化物は多糖類、それに対して砂糖に含まれる炭水化物は二糖類である。多糖類は二糖類に比べて消化に時間がかかる。

②正

エネルギー源としては、炭水化物、たんぱく質、脂質があるが、激しい運動のときには、炭水化物が主に筋肉で利用される。

③誤

一般的な食生活の場合、穀類からの炭水化物摂取量は200～300 g 程度、砂糖からの炭水化物摂取量は10 g 程度である。

問7　②

①誤

②正

鉄はお茶に含まれるタンニンによって吸収が阻害される。

③誤＝亜鉛は、フィチン酸によって吸収が抑制される。

問8　②

①誤

葉酸やビタミンB_{12}は赤血球生成に働く。

②正

③誤

ビタミンEやビタミンCは抗酸化作用がある。

問9　②

①誤

②正

体重の変化量、または体格指数（BMI）を用いる。BMI ＝体重(kg)÷身長(m)÷身長(m)で求める。

③誤

問10　①

①正

②誤＝野菜は350 g を1点としている。

③誤＝第1群～第3群をそれぞれ3点ずつ、合計9点摂取する。

問11　③

①誤＝食パン（6枚切り）1枚 ―― 2点

②誤＝バナナ小1本 ―― 1点

③正

問12　③

①誤＝炊き込みご飯は主食である。

②誤＝サケのムニエルは主菜である。

③正
問13 ②
75歳以上では、虚弱を回避するために、目標とするBMIの範囲は、21.5〜24.9kg/m²とする。
①誤
②正
③誤
問14 ②
①誤
②正
③誤
問15 ③
①誤
肥満は、食物繊維源として、主食に食物繊維の多い飯、パン、パスタがよい。
②誤
脂質異常症は、飽和脂肪酸の摂取を減らすようにする。
③正
高血圧は、カリウム源として、野菜、芋類、果物類を摂取する。
問16 ②
成長に必要な分のエネルギーや、栄養素の摂取が必要である。体重1kgあたりでは成人より必要量は多い。1回に多くの量が食べられないため、食品量あたりの栄養素含有量の多い食品選択が重要である。
①誤
②正
③誤
問17 ③
①誤
食事の準備性から考えると、現実的ではない。
②誤
エネルギー産生栄養素バランスが崩れる。
③正
問18 ②
高齢期の食事計画では、低栄養状態によるサルコペニア、フレイルティ（フレイル）、ロコモティブシンドロームの回避が重要である。
①誤
②正
③誤
問19 ③
①誤＝妊娠に伴う必要量の増加への対応は、妊娠期

を3区分として考える。
②誤
間食として、牛乳・乳製品、豆乳等大豆製品、果物類、芋類をとり入れる。
③正
問20 ②
①誤
②正
腸内の有害菌の働きを抑え、腸内環境をよくする。
③誤
日本人の食事摂取基準（2020年版）における1日の目標量は、成人（18〜69歳）で男性21g以上、女性18g以上である。
問21 ①
主菜がないため第2群の魚介、肉、豆・豆製品、第1群の卵から主材料を選択する。調理法の重なりと調理作業を考慮する。
①正
②誤
③誤
問22 ①
親子丼に野菜料理を追加したい。かきたま汁は卵が重なる。
①正
②誤
③誤
問23 ②
主菜の主材料として、魚を選択したい。他の料理は肉類、乳製品が朝食・昼食と重なる。
①誤
②正
③誤
問24 ①
①正
②誤＝古墳・飛鳥時代には、牛・馬・鶏を飼育するようになった。
③誤＝大正時代には、トンカツやコロッケが提供されるようになった。
問25 ③
本膳料理の形式は冠婚葬祭の正式な料理の形式として残っている。中央の本膳の配置（左に飯わん、右に汁わん、奥に主菜や副菜を置くこと）が現在の献立の基本として引き継がれている。
①誤
②誤

③正

問26 ②
①誤＝重陽の節句 ── 菊酒
②正
③誤＝人日の節句 ── 七草がゆ

問27 ①
①正
②誤＝ブイヤーベースはフランスの冬の魚介なべ料理。
③誤＝ラタトゥイユはフランスの夏野菜の煮込み。

問28 ②
日本では中国から入ってきた箸・さじのうち、箸だけで食べる文化が成立し、食器を持ち上げて食べる文化がマナーとなった。
①誤
②正
③誤

問29 ②
日本では中国から入ってきた箸・さじのうち、箸だけで食べる文化が成立し、食器を持ち上げて食べる文化がマナーとなった。そのため、和食器の多くは手で持てる大きさ、重さが基本である。また、和食器は懐石の影響が大きく、正方形、長方形、扇形、木の葉などさまざまな形がある。
①誤
②正
③誤

問30 ③
①誤＝西洋料理では、つけ合わせは主材料の向こう側に盛りつけ、主材料は中央よりやや手前に盛りつける。
②誤＝大根おろしは右手前に盛りつける。
③正

問31 ②
①誤
②正
塩蔵品を薄い塩水に浸ける方法がある。これを呼び塩、迎え塩という。
③誤＝干ししいたけは、低温の水でゆっくりもどしたほうが食味がよい。

問32 ②
①誤＝スチーム解凍は、調理品など水蒸気中で解凍する方法で、急速解凍に分類される。
②正
流水解凍は、生鮮食品の解凍などに用いられる。

緩慢解凍に分類される。
③誤＝冷凍コロッケなどを解凍せずに、油で揚げる方法で、急速解凍に分類される。

問33 ④
①誤＝食塩や酢を添加するとぬめりが出にくくなり、ゆで汁は粘性が低下する。
②誤＝あずきは表皮がかたいため吸水に時間がかかり、一般的に浸水せず加熱する。
③誤＝有機酸が湯にとけ込み酸性になると緑色が退色するため、有機酸が揮発するようにふたはしない。
④正

問34 ③
①誤＝こんぶだしは、水量に対しこんぶ2％が目安である。
②誤＝こんぶは水から投入し、30分以上浸漬させておくとよりうま味が出やすくなる。
③正
④誤＝煮干しとこんぶは水に30分ほど浸漬し、加熱後沸騰直前にこんぶを取り出し、その後アクを取りながら弱火で6分程度加熱する。

問35 ④
①誤＝煮汁にでんぷんを加えてからませるのは、吉野煮である。
②誤＝煮つけは、材料がちょうど浸かる程度、加熱終了時に煮汁が少し残る程度の煮物である。
煮しめは、煮汁がほとんど残らない煮物である。
③誤＝煮豆やさつま芋煮などがある。
うま煮は、甘・辛の両方の味をしっかりつける煮物である。
④正

問36 ②
①誤＝水蒸気の凝縮熱で加熱されるため、「ゆでる」と違い水溶性成分の溶出がなく、また食品の風味も保持されやすい。
②正
ふたをずらして蒸気量を調節すれば、100℃以下の加熱も可能である。茶わん蒸しやプディングなどは、85〜90℃程度の温度帯である。
③誤＝米でんぷんを十分に糊化させるために、強火で蒸す。
強火から中火に調節するのは、まんじゅうなどである。
④誤＝希釈卵は100℃の高温で蒸すと、す立ちができてなめらかに仕上がらないため、85〜90℃で

加熱する。

問37 ②

①誤＝卵液を入れるときの温度が低いと、ゼリー状に凝固して破れやすい薄焼き卵になる。
卵液を入れる前にしっかりとフライパンを熱するとよい。

②正
ホットケーキは、でんぷんの糊化や膨化に時間を要する。強火で加熱すると、糊化や膨化が不十分なうちに焦げてしまうため、中火で焼く。

③誤＝干物は水分が少なく焦げやすいので、比較的弱火で焼く。

④誤＝みそやみりんなどの調味液に漬けてあり、焦げやすいので、弱火で焼く。

問38 ④

①誤
高温になったいため油が食材を覆い、高温短時間で全体が均一に加熱されるように撹拌しながら加熱する。

②誤
いため油は加熱の熱媒体の1つでもある。1～3％程度では食材全体に油がまわらず均一の加熱が難しくなるため、5～10％がよい。

③誤
水が付いているなど水きりが悪いと、なべ内の温度が上がるまでに時間がかかる。またなべ底に水がたまり煮物のような状態になるのを防ぐために、野菜類の水けはしっかりときってからいためる。

④正
効率よく仕上げることができ、加熱時間延長を避けられる。

問39 ②

①誤
天ぷらは加熱中に衣の水と油が交代して、サクッとした食感になる。しかし、グルテン形成が多いと重たい衣になり水と油の交代がうまくいかず、べちゃっとする。グルテンはたんぱく質であることから、たんぱく質の含有量が少ない薄力粉が適している。

②正

③誤＝はるさめをつけて揚げるのは、変わり揚げである。

問40 ③

①誤
金属のなべ底が電気抵抗体として発熱するため、

ガスコンロに比べ熱効率が高い。

②誤
圧力なべによる炊飯は高温のため、でんぷんの糊化が十分進み、老化もしにくい。米粒周囲部の組織が崩壊し、付着するでんぷん量も多いため、粘り強いと報告されている。

③正
食品内部の水分を利用した加熱方法のため、水分が蒸発しやすく、乾燥しやすい。

問41 ②

①誤

②正

③誤＝うるち米の加水量は、炊飯方法、用途、好みにより変動するが、目安は米の重量の1.3～1.5倍である。

問42 ①

①正

②誤＝70℃以上の湯を入れると、たんぱく質が変性してグルテン形成は悪くなる。

③誤＝生地をねかせると、グルテン形成の促進と均一化がはかられ、生地は伸ばしやすくなる。

問43 ②

①誤
肩ロースのほうが、肉質に結合組織が入り組んでいるため、煮込むとゼラチン化しほぐれやすくなり、煮込み料理に向いている。

②正

③誤

問44 ①

①正

②誤
筋形質たんぱく質が少なく、筋線維が太い白身魚は、筋線維がほぐれやすいため、そぼろ（でんぶ）に向いている。

③誤
「煮こごり」はカレイなどの皮や軟骨に含まれるコラーゲンが加熱時に分解され煮汁に流出し、冷蔵保存によってゼリー状に凝固したもの。

問45 ③

①誤＝濃厚卵白は、泡立ちにくいが、泡の安定性がある。

②誤＝卵白の凝固開始は58～60℃程度、卵黄の凝固開始は65℃前後である。

③正

問46 ②

①誤＝脂肪含量20％前後のクリームは、泡立てても保形性のある状態にはならない。

コーヒーや紅茶用として利用される。

②正

③誤＝植物性脂肪クリームは乳化剤や安定剤が加えられており、分離しにくい。

問47 ④

①誤＝あずきはでんぷんが多く、あんを作れる豆である。

②誤＝未熟新鮮豆は水分が多く、野菜に近い。

枝豆、そら豆、さやいんげんなどが該当する。

③誤＝トリプシンインヒビターが含まれ、大豆自体の組織もかたいので、生大豆は食用に適さず消化も悪い。

④正

問48 ④

①誤＝果実中のペクチンが砂糖と酸の作用によってゲル化することで、ジャムになる。

過熱な果実は、ペクチンが酵素分解されているためゲル化能が低下している。

②誤＝生パイナップルにはたんぱく質分解酵素が含まれており、肉の軟化に用いられる。

③誤

④正

問49 ②

①誤＝こんぶ表面の白い粉状の物質は、マンニトール（甘味を持つ）である。

②正

③誤

問50 ②

①誤

②正

③誤

問51 ③

①誤＝5〜12℃の氷水や冷蔵庫の温度帯でゲル化するのは、ゼラチン溶液である。

②誤＝ゼラチン溶液のゲル強度を増加させるのは、砂糖、牛乳などである。

③正

④誤＝マシュマロは、ゼラチン液を撹拌して作る。

問52 ②

①誤＝砂糖を添加すると凝固力が減少し、かたさが低下するためなめらかな食感になる。

②正

砂糖の添加は卵白の粘度を高めて泡立ちにくくするが、きめが細かくなり、離水しにくい安定した泡となる。

③誤＝ペクチンを持つ果実に対し、多量の砂糖を加えゲル化させることでジャムを作る。

④誤

時間が経つと糊化でんぷんは離水し、水分が蒸発して乾燥しかたくなることを老化という。そのため砂糖を添加すると、砂糖の親水性によってでんぷんの老化が抑制される。

問53 ④

①誤

みりんは約43.2％/100mLの糖分が含まれる。みりん6gは小さじ1（5mL）であるため2.16g/5mL糖分となる。

②誤

みりんを加熱初期から投入すると、みりんに含まれるアルコールと糖類がペクチンの溶出を抑制し、軟化を遅らせる。この性質を利用して煮くずれを防ぐ方法もある。

③誤

酢、しょうゆ、みそに含まれる有機酸や香りなどは、料理のおいしさの大事な要素である。揮発成分のため、調理の後半に加えて香気成分をできるだけ失わないようにする。

④正

みそは魚の生臭さを軽減させるため、最初から加えて煮る。

問54 ②

$200\,g \times 0.015 \div 0.12 = 25\,g$

①誤

②正

③誤

問55 ①

サルモネラ属菌は、広く自然界に分布している。原因食品としては、食肉、特に鶏肉が多く、鶏卵による食中毒も多い。

①正

②誤

海産魚介類を原因とする食中毒の発生が多い細菌は、腸炎ビブリオである。

③誤

缶詰や真空包装された食品により発生する食中毒は、ボツリヌス菌による。

問56 ④

大量に作られた料理の中心部は空気がない状態であり、嫌気性菌にとっては生きやすい環境である。料理を放置する過程で、発育に適した温度まで下がると急速に増殖し、食中毒の原因となる。①～③は通性嫌気性菌であるが、十分な加熱をすることにより死滅する。ウェルシュ菌は嫌気性菌であり、熱に強い芽胞を作るため、高温加熱しても死滅しない。

①誤
②誤
③誤
④正

問57 ①

ヒスタミンは、サバ、カツオ、イワシなどヒスチジンを多く含む魚類が、モルガン菌の汚染を受けて、鮮度の低下に伴い生成される物質である。鮮度のよいものを選ぶことにより、食中毒を予防できる。ソラニンは、じゃが芋の緑色部や芽に含まれている自然毒の一種であり、これを除去することが食中毒の予防には重要である。腸炎ビブリオは、海中に生息し、3％塩分を好む好塩菌で、真水で死滅する。

①正
②誤
③誤

問58 ①

期限表示には、消費期限と賞味期限がある。消費期限はおおむね5日以内に消費する食品を対象としている。賞味期限は、比較的長く保存できる食品を対象としており、賞味期限が過ぎても必ずしもすぐに食べられなくなるわけではない。規定されている保存方法を守ることによって有効であり、開封後は無効となる。

①正
②誤
③誤

問59 ①

特にアレルギーを起こしやすい食品（特定原材料）として表示を義務づけられているものは、卵、乳、小麦、そば、落花生、エビ、カニ、くるみの8品目である。

①正
②誤
③誤

④誤

問60 ①

資源有効利用促進法で指定表示製品に指定されている缶の素材は、アルミとスチールである。金属以外では、飲料・酒類・特定調味料PETボトル、紙製容器包装、プラスチック製容器包装がある。

①正
②誤
③誤
④誤

問1 ②
①誤
平均寿命と健康寿命の間には9〜13年の差がある。
②正
③誤
平均寿命と健康寿命の差は不健康な期間で、医療費、介護費用が必要である。

問2 ③
「コマ」のイラストは、多くとりたい食事区分の順番、すなわち、主食、副菜、主菜の順番で示されている。最も多くとりたいものとして主食が「コマ」の一番上に配置されている。
①誤
②誤
③正
「コマ」の回転は食事と運動のバランスの重要性も示している。

問3 ②
①誤＝1gあたりのエネルギー産生量が最も多い栄養素は、脂質である。
②正
③誤＝脂質1gのエネルギー産生量は、9kcalである。

問4 ②
①誤＝約20種類のアミノ酸が結合してできた化合物である。
②正
③誤

問5 ③
①誤＝リノール酸は、n-6系脂肪酸である。
②誤＝中性脂肪は、エネルギー源になる。
③正
コレステロールは、細胞を作ったり、ホルモンや胆汁酸の原料になる。

問6 ①
①正
②誤＝人の消化酵素で消化できる炭水化物を、易消化性多糖類という。
③誤＝でんぷんは、植物性貯蔵多糖類である。
動物性貯蔵多糖類は、グリコーゲンなどである。

問7 ③
①誤＝カルシウム —— 乳製品
カルシウムは、骨ごと食べられるワカサギやイワシなどにも多い。
②誤
鉄は、赤身の肉や魚、アサリなどに多い。
③正

問8 ③
①誤＝ビタミンD —— カルシウムとリンの吸収促進
ビタミンDは、その他に骨の硬質強化の働きがある。
②誤＝ビタミンB_1 —— 糖質代謝の維持
血液凝固因子の形成は、ビタミンKの働きである。
③正

問9 ①
①正
耐容上限量は、過剰摂取を回避する摂取量である。
②誤＝目安量は、特定の集団における、ある一定の栄養状態を維持するために十分な量である。
③誤＝目標量は、生活習慣病の一次予防を目的とした指標である。

問10 ①
第1群から第3群は各3点である。
①正
②誤
③誤

問11 ③
①誤＝普通牛乳 —— 130g
②誤＝鶏卵 —— 55g
③正

問12 ①
①正
第2群の魚介、肉、豆・豆製品は、主菜になる。
②誤＝第3群の野菜、芋は、主菜にはならない。主に副菜である。
③誤＝第4群の穀物は、主菜ではなく、主食となる。

問13 ②
エネルギー摂取量の目標値を設定する際には、目標とするBMIの範囲を考慮して設定する。18〜49歳は18.5〜24.9kg/m²、50〜64歳は20.0〜24.9kg/m²、65歳以上は21.5〜24.9kg/m²の範囲を維

解答と解説／2級②

持できるエネルギー量を考える。

①誤

②正

③誤

問14　①

①正

②誤＝朝食欠食者は、なにか1品でも朝食として食べるようにすることがたいせつである。
野菜ジュースや牛乳など、エネルギーだけでなく、ビタミンやミネラルが摂取できるようなものが望ましい。

③誤
旬の食材を使用すると、食費を抑えることができ、味的にも栄養的にも品質がよい。

問15　①
腹囲（へそ周り）が男性85cm以上、女性90cm以上であると、内臓脂肪蓄積による肥満のリスクが高く、これに加え、血清脂質、血圧、血糖のうち2つ以上が基準から外れると、メタボリックシンドロームと診断される。

①正

②誤

③誤

問16　②

①誤＝肥満傾向にある場合には、運動量を多くし、食事量の制限はなるべく避ける。

②正

③誤＝やせ願望がある場合には、食事量を変えずに運動量を増やす。

問17　③

①誤＝外食の機会が多いため、肉類など脂質量の多い料理に偏りやすい。

②誤＝めん類だけの場合、野菜の摂取が少なくなる。

③正

問18　③

①誤
高齢者では、活動量が低下するとエネルギー摂取量が低下し、低栄養を招く可能性がある。適度な運動を行ないながらエネルギー摂取量を調整する。

②誤＝体重を定期的に測定し、適正体重を維持するように食べる量を計画する。

③正

問19　③

①誤

②誤＝1回の食事量を少し多くするとともに、間食

によって栄養素量を補う。
妊娠により多くのエネルギー、栄養素量が必要となる。

③正
妊娠前のBMIにより、妊娠期間中の推奨体重増加量が決められている。

問20　①
食物繊維はエネルギー源としてではなく、腸の働きを盛んにし、血糖値の上昇を穏やかにしたり、コレステロールの吸収を抑制するなどの生活習慣病予防としての生理機能が期待されている。

①正

②誤

③誤

問21　②

①誤＝緑黄色野菜がとれない。

②正

③誤＝ミモザサラダは卵を使うので、目玉焼きと食材が重なる。

問22　②

①誤＝主菜があるので、酢豚のような主菜となる料理は不要。

②正

③誤＝あえ物はすでに入っているので不要。

問23　①

①正

②誤＝朝食に卵を使用した料理を選択したので重ならないほうがよい。

③誤＝昼食の麻婆豆腐に豚ひき肉が入るので、材料の重なりがあり適さない。

問24　①
奈良時代、平安時代や、安土・桃山時代、明治時代には、海外からの影響で食生活が大きく変化した。戦後は食料輸入が増加し、さまざまな国の食事が普及した。

①正

②誤＝南蛮料理は、安土・桃山時代に伝来した。

③誤

問25　①
日本料理は米を基本に据え、飯＋汁＋菜（おかず）が基本の構成で「一汁三菜」のように汁とおかずの数で表す。室町時代に武家の正式な儀式料理として本膳料理が成立し、その後日本料理の配膳の基礎となった。

①正

②誤＝本膳料理は、銘々膳で床にすわる。

③誤

問26 ①

①正

②誤＝上巳の節句 —— よもぎもち、白酒

③誤＝端午の節句 —— ちまき、柏もち

問27 ①

①正

②誤＝枝豆ごはんは、夏に作られる料理である。

③誤＝ハマグリの潮汁は、春に作られる料理である。

問28 ①

①正

②誤＝「渡し箸」とは、茶わんの上に箸を渡すように置くことをいう。

③誤＝「合わせ箸」とは、箸から箸へと食べ物を受け渡すことをいう。箸渡しともいう。

問29 ①

①正

②誤

③誤＝大皿とは、直径30cm以上の皿のことである。

問30 ①

①正

②誤＝天盛りには、「誰も手をつけていない」という意味がある。

③誤

問31 ③

①誤

かつらむき、皮むき、そぎ切りなどに適している。

②誤

刺し身の薄切りには、刺し身包丁が適している。

③正

問32 ①

①正

②誤＝ゼリーは、氷水で冷やすとゲル化が促進される。

ゼラチンのゲル化温度は、5〜12℃である。

③誤

緩慢解凍の方法に冷蔵庫内の解凍、自然解凍、水中解凍などがある。電子レンジ解凍は、急速解凍である。

④誤

最大氷結晶生成帯（−1〜−5℃）を素早く通過させると品質低下が抑えられるため、−30℃以下での急速凍結が望ましい。

問33 ①

①正

②誤＝野菜を投入すると湯温は低下する。

その際、湯量が多いほうが温度低下の影響は少ない。

③誤

水の沸点は100℃のため、それ以上に湯温が上がることはない。例外として、圧力なべを使用した際は120℃程度になる。

④誤

酸性では、ペクチンの軟化が抑制される。重曹はアルカリ性で、ペクチンの軟化が促進される。

問34 ④

①誤

カツオ節、煮干しはふたをすると生臭みがこもるため、ふたはせずにだしをとる。

②誤

③誤

こんぶは水から投入し30分以上浸漬させておくと、よりうま味が出やすくなる。

④正

問35 ②

①誤

煮汁が少ない場合は味つけに上下差がでやすいため、落としぶたをすることでふたに煮汁があたり調味が全体にまわる。

②正

③誤

塩や砂糖といった調味料が食材の細胞内に拡散することを拡散現象という。加熱によって細胞膜の半透性は失われる。

④誤

みそやしょうゆなどの発酵調味料は酸性のため、青菜などの緑色野菜は退色する。

問36 ④

①誤＝食材を直に蒸すため、直接蒸しである。

②誤＝食材を直に蒸すため、直接蒸しである。

③誤＝器に入れて蒸すため、間接蒸しである。

④正

問37 ①

①正

鉄板の伝導伝熱が主な加熱のため、間接焼きである。

②誤＝天板の伝導伝熱や庫内熱風の対流伝熱等による加熱のため、間接焼きである。

③誤＝石や石板を利用して焼くため、間接焼きである。

④誤＝食品に串をうち炭火やガス火などの放射伝熱による加熱のため、直火焼きである。

問38 ①

①正

②誤

ごはんが冷たいと、かたまりになってほぐれにくい。

③誤

水きりが不十分だと、なべの温度が低下して加熱時間も延び、仕上がりが水っぽくなる。

④誤

長時間加熱はビタミンを破壊し、また煮汁にビタミンが溶出する。高温短時間加熱でいためると、ビタミン類の損失が少ない。

問39 ①

①正

②誤

加熱中に衣や食材の脱水が生じると同時に油が吸着する。この水と油の交代がうまく進まないと、水が多く残ってべちゃっとした状態になる。

③誤

油の比熱は水の約1/2倍で、水より温度が上りやすく下がりやすいということである。そのため油温の上下が著しくなる。

④誤

油が泡立ったり着色した場合は、油の酸化が進んでいる状態である。

問40 ③

①誤

アルミニウムは熱伝導率が高値のため、熱が伝わりやすい。そのため湯わかしやゆでものに向いている。

②誤

ステンレスは、熱伝導率が低値で、熱が広がりにくく、部分的に高温となるため、焦げつきやすい。

③正

ほうろうは、表面がガラス質のため、食品成分に安定である。ジャム（pH3程度の酸性）などの加熱に適している。

問41 ③

①誤＝洗米時の付着水は、米重量の約10％である。

②誤＝加水量の目安は、米重量の1.3〜1.5倍である。

③正

飯の冷蔵による食味低下は、でんぷんの老化によるものである。凍結したほうが老化は抑制できる。

問42 ①

①正

②誤＝重層を用いたまんじゅうの皮はアルカリ性になるため、生地が黄色くなる。

③誤

問43 ①

①正

②誤

煮込みに向いているのは、もも、バラ、肩などである。

③誤

すき焼きに向いているのは、肩ロース、リブロース、サーロインなどである。

問44 ③

①誤＝焼き魚（切り身）の下処理に用いるふり塩の量は、魚重量の1％程度である。

②誤

筋形質たんぱく質が多く含まれる魚は、加熱すると身がかたくなり、煮魚には向かない。

③正

タラやカレイは筋形質たんぱく質が少ないので、ゆでたり蒸したりすると線維がほぐれやすくなる。この性質を利用したのが「そぼろ」である。

問45 ②

①誤＝卵白は、80℃で完全に流動性を失い凝固する。

②正

③誤

100℃の高温で加熱するとす立ちができ、なめらかには仕上がらない。85〜90℃で加熱する。

問46 ①

①正

②誤

③誤＝クリームは乳脂肪と脱脂乳の比重差を利用し、全乳を遠心分離して作る。

④誤＝ホエーには水溶性たんぱく質、ミネラル、ビタミンなどが含まれる。

問47 ①

①正

②誤

1％程度の食塩水中では、豆腐のす立ちが抑えられる。

③誤

一般的に高野豆腐は、60℃程度の多めの湯で20分程度浸すと、乾燥重量の約5倍になる。

④誤

サポニンが含まれて吹きこぼれやすいのは大豆である。沸騰後は火力を弱めて加熱する。

問48 ①

①正

②誤

すりおろして組織が損傷するとミロシナーゼが作用して辛味が生じ、時間をおくとイソチオシアネートが分解減少し、辛味が弱まってくる。

③誤

ごぼうに含まれるポリフェノールと鉄製フライパンの鉄イオンが反応し、黒ずんだ色に変化する。

④誤

クロロフィルは長時間加熱によって退色しやすい。ほうれん草を冷却せずにしばらくおくと、余熱で退色する。

問49 ④

①誤＝寒天の原料はてんぐさ、おごのりなどの紅藻類である。

②誤

芽ひじきのもどし倍率は10倍、長ひじきは4～5倍である。

③誤＝わかめは、湯通しすると鮮やかな緑色になる。

④正

問50 ①

①正

早期にβ-アミラーゼが失活すると甘みが弱くなる。

②誤

じゃが芋に含まれるビタミンCはでんぷん粒に囲まれており、加熱しても比較的安定である。

③誤

問51 ④

①誤＝カラギーナン　──　海藻抽出物

②誤＝ペクチン　──　野菜・果物抽出物

③誤＝寒天　──　海藻抽出物

④正

問52 ②

①誤

紅茶中のタンニンとカフェインの化合物が析出して白く濁る現象である。急速冷却すれば起こらない。

②正

③誤

玉露は比較的低温の湯を用い、タンニン（渋み）の溶出を抑えてテアニン（うま味）を溶出させる。

④誤

ウーロン茶は沸騰水（95～100℃）、煎茶は80℃程度で抽出する。

問53 ①

①正

同じ味質の2種類の呈味物質が共存すると、その味が強められる効果を相乗効果という。

②誤

2種類の異なった味を同時にまたは続けて味わうと、一方の味が弱められる効果を抑制効果という。

③誤

2種類の異なった味を同時にまたは続けて味わうと、一方の味が強められる効果を対比効果という。

④誤

問54 ①

$300\,g \times 0.007 \div 0.12 = 17.5\,g$。みそは大さじ1杯が18gのため、約大さじ1杯となる。

①正

②誤

③誤

問55 ①

魚介類は真水でよく洗浄する。菌は熱に弱く、食す前の加熱（中心部75℃・1分以上）で死滅させることができる。

①正

②誤＝食中毒の主な症状は、激しい下痢である。

③誤

問56 ①

①正

②誤＝白花豆（ベニバナインゲン）　──　レクチン

③誤＝じゃが芋　──　ソラニンまたはチャコニン

④誤＝ぎんなん　──　4′-メトキシピリドキシン

問57 ②

①誤

耐塩菌などもいるが、多くの細菌はおおむね0.9％を最適塩分濃度とする。

②正

細菌はおおむねpH5～9の範囲で増殖する。多くの細菌の最適pHは7～7.6である。

③誤

水の自由度を示す指標を水分活性という。微生物などは、自由水を利用して繁殖するため、食品の

腐敗を防ぐには自由水を減少させることが必要である。

問58 ②

表示が認められるのは健康の維持・増進に役立つ、または適する旨の表示であり、疾病の診断・治療・予防等に関係する表示は認められていない。

①誤
②正
③誤

問59 ④

表示をすることを推奨されている食品は、アーモンド、アワビ、イカ、イクラ、オレンジ、キウイフルーツ、牛肉、サケ、サバ、大豆、鶏肉、豚肉、まつたけ、桃、山芋、りんご、ゼラチン、バナナ、カシューナッツ、ごま（20品目）である。

①誤
②誤
③誤
④正

問60 ④

3Rのうち、リサイクルは、ごみなどを原材料やエネルギー源として有効活用することである。リユースは、一度使用したものをごみにせず、くり返し使用すること。リデュースは、ごみの発生を少なくすることである。①・②はリデュースの例であり、③はリユースの例である。

①誤
②誤
③誤
④正

問1 ③

①誤

　炊飯器や冷蔵庫などの電化製品が家庭に普及したのは、1960年代である。

②誤＝1965年ごろは、エネルギー産生栄養素のうち炭水化物の比率が最も高かった。

③正

　エネルギー産生栄養素比率（PFCバランス）は、総エネルギー摂取量に対する、たんぱく質（P）、脂質（F）、炭水化物（C）のエネルギー比率のことである。

④誤

問2 ②

　地産地消とは、地域で収穫したものを地域で消費することである。

①誤

②正

③誤＝地域で生産された農産物を、地域で加工する。

④誤＝輸送距離を短くし、地球温暖化を防ぐことに貢献する。

問3 ④

①誤＝全国民が取り組むために策定されている。

②誤＝国民の健康増進のために策定されている。

③誤＝文部省、厚生省（当時）および農林水産省が連携して「食生活指針」を策定した。

④正

問4 ④

①誤

　生命を維持する働きは、食品の第一次機能の働きである。

②誤

③誤

　おいしさを高める働きは、食品の第二次機能の働きである。

④正

問5 ③

　1つの食品だけではたんぱく質の質がよくない場合でも、食品の組み合わせにより不足の必須アミノ酸を補い合って、質がよくなる。

①誤＝アミノ酸スコアが100に近いほど、良質たんぱく質であることを意味する。

②誤＝米のたんぱく質は、魚のたんぱく質に比べ

と劣る。

③正

④誤

問6 ②

①誤＝飽和脂肪酸は、過剰摂取により血中のLDLコレステロール値を増加させる。

②正

③誤＝ドコサヘキサエン酸（DHA）は、魚油に多く含まれる。

④誤＝エイコサペンタエン酸（EPA）は、血栓の形成を防ぐことで動脈硬化を予防する。

問7 ④

①誤＝少糖類 ―― 乳糖

②誤＝多糖類 ―― アミロース

③誤＝単糖類 ―― ガラクトース

④正

問8 ①

①正

②誤＝小児のビタミンDの欠乏は、くる病である。ペラグラはナイアシンの欠乏症である。

③誤＝葉酸の欠乏症は、巨赤芽球貧血である。口角炎はビタミンB_2の欠乏症である。

④誤＝ビタミンB_1の欠乏症は、脚気である。壊血病はビタミンCの欠乏症である。

問9 ④

①誤＝ビタミンA ―― 夜盲症

②誤＝葉酸 ―― 巨赤芽球貧血

③誤＝ビタミンD ―― くる病（小児）

④正

問10 ②

①誤＝穀類由来のエネルギーは40～45％程度で考える。

②正

③誤＝成人男性1日7.5g未満、成人女性1日6.5g未満とする。

④誤＝成人男性1日21g以上、成人女性1日18g以上を目標とする。

問11 ④

①誤＝副菜は、野菜料理5皿程度である。

②誤＝乳・乳製品は、牛乳で1本程度である。

③誤＝主菜は、肉・魚・卵・大豆料理から3皿程度である。

④正
問12 ④
①誤
②誤
③誤
④正
問13 ①
①正
②誤＝１食のエネルギー量のうち主食由来のエネルギー量を最初に設定する。
③誤＝主食となる食品が飯、パン、うどんと異なっても、主食由来のエネルギー量が同量となるようにそれぞれの量を決める。
④誤＝たんぱく質量が６ｇ以上となる食品を主菜の主材料にする。
問14 ①
①正
②誤＝体重あたりのエネルギー量や栄養素量、水分量は成人に比べて多く必要である。
③誤＝食べ方を変えても、１日のエネルギー量や栄養素は減らさない。
④誤＝夕食から寝るまでの時間が長いときは、１日４回に食事を分け、夜食をとり入れる。
問15 ①
朝食を欠食しており、夕食も外食が多いことから主食、主菜、副菜のそろう昼食をとることが望ましい。②は主食、主菜、副菜がそろっているが、副菜はつけ合わせであり、また、汁にも野菜が入っておらず、③と④は野菜が少ないため、①が適切と判断できる。
①正
②誤
③誤
④誤
問16 ③
１回の食事量が減ってくると必要な栄養素量がとりきれない。１回量を多くしても食べきれないため、間食をうまくとり入れる。塩味は特に濃くするのではなく、対象者に応じて、可能な限り薄くする。
①誤
②誤
③正
④誤

問17 ②
①誤
②正
妊娠前に比べてエネルギー、栄養素量の必要量が増えるため、分食して摂取するようにする。
③誤
④誤
問18 ④
①誤＝食物アレルギーによる生命の危険を伴う症状を、アナフィラキシーショックという。
②誤＝食物アレルギーの原因は、主に食物に含まれるたんぱく質である。
③誤＝加熱調理により、症状が出にくくなる。
④正
問19 ①
①正
早食いは、肥満と関係する。食事はゆっくりよく噛んで食べる。咀嚼（そしゃく）能力に問題がなければ噛みごたえのある食品を利用する。
②誤
食事の回数を減らすと、栄養素の確保が難しくなる。また空腹時間が長くなり１回の食べる量が増える。
③誤
遅い時間の夕食は、肥満になりやすい。また、朝食の欠食にもつながる。
④誤
炭水化物は、エネルギー比率で55％前後確保する。脂質エネルギー比率は20～30％とする。
問20 ①
レバーや肉類の赤身に含まれる鉄はヘム鉄といい、吸収がよい。また、ビタミンＣは鉄の吸収を助ける働きがある。ビタミンＣの多い果物、野菜、芋類をとることは鉄の吸収を助ける。納豆はたんぱく質源となり、鉄も含むので避ける必要はない。
①正
②誤
③誤
④誤
問21 ③
①誤
②誤
③正＝一汁三菜を基本にした、動物性脂肪が少ないバランスのとれた食事内容である。
④誤

問22 ①

①正

②誤＝クレソン ── 春

③誤＝オクラ ── 夏

④誤＝ニラ ── 春

問23 ②

①誤＝菖蒲の節句には柏もち・ちまきを食べる。
ひしもちは上巳（桃の節句、3月3日）である。

②正

③誤＝重陽の節句では、菊酒や栗ごはんをとる。

④誤＝冬至にはいとこ煮、あずきがゆ、こんにゃく
などを食べる。
七草がゆは人日（1月7日）である。

問24 ①

①正

②誤＝マス寿司 ── 富山県

③誤＝水炊き ── 福岡県

④誤＝きりたんぽなべ ── 秋田県

問25 ④

①誤＝日本の「肉食禁止令」（675年）は、農耕の
使役用牛馬を食べることを禁じていた。

②誤＝ヒンドゥー教は、牛肉を食べることを禁じて
いる。

③誤＝ハラールフードの「ハラール」とは、「許さ
れたもの」「合法的な」という意味である。

④正

問26 ①

①正

②誤＝途中で席を立つときは、ナプキンはいすの上
に置く。

③誤＝ワイングラスは、手の熱が伝わらないよう脚
の部分を持つ。

④誤＝フルコースの場合、パンは肉料理が終わるま
でに食べる。

問27 ①

グラス類は右奥、パン皿はメインディッシュの左
側に配置する。

①正

②誤

③誤

④誤

問28 ②

第1群はたんぱく質源となる魚、肉、大豆・大豆
製品が分類される。

①誤

②正

③誤

④誤

問29 ②

①誤

主食は朝食・昼食がパンなので、夕食はパンが重
ならないようにする。主菜は、朝食に「卵」、昼
食は「鶏肉、ベーコン（肉）」を使用しているので、
魚類を選びたい。

②正

③誤

炭水化物、脂質が中心で、たんぱく質、野菜が不
足している。

④誤

たんぱく質源が卵に偏っている。

問30 ③

①誤＝主食量が多くなる。

②誤＝主菜が重なる。

③正

④誤＝牛乳が重なる。

問31 ③

①誤＝大根のせん切り ── 水 ── 食感の向
上
シャキッとした歯ざわりにする。

②誤＝干ししいたけ ── 水 ── 食味よくも
どる
高温の湯ほど、うま味が増加しにくく、苦味アミ
ノ酸も出やすい。ふっくらと食味よくもどらない。

③正

④誤＝ごぼう ── 酢水 ── 褐変防止
ポリフェノールを多く含むごぼうは、切り口が褐
変しやすいため、酢水に浸すことが多い。

問32 ①

①正

②誤＝大豆 ── 2～2.2倍

③誤＝芽ひじき ── 約10倍

④誤＝カットわかめ ── 10～12倍

問33 ③

①誤

②誤＝ねじり梅は、花形にしたにんじんの断面に花
弁のような切り込みを入れる。
小さめのなすに縦に切り込みを入れてねじるのは、
茶せんである。

③正

④誤＝短冊切りは、1cmくらいの幅に切ってから、

薄切りにする。

問34 ③

①誤

対比効果は、2種類の異質の味の組み合わせ（例：甘味＋塩味）で、一方の味を強める効果である。相乗効果は同じ味質の組み合わせ（問題文はイノシン酸とグルタミン酸の組み合わせで、うま味＋うま味）により、うま味を強める効果である。

②誤＝家庭的なだしでは、水量に対し煮干し2％、こんぶ1％を目安とする。

③正

④誤

取り出すのはこんぶである。こんぶを過度に加熱すると、こんぶ臭や粘性が出てくるが、短すぎるとうま味が十分に出ない。そのため、水から入れて沸騰直前まで6分前後加熱するのがよいとされ、沸騰直前に取り出す。

問35 ②

①誤

落としぶたは、上下を返すと形がくずれるような食材の煮物において、煮汁が少なくても調味の均一化をはかることができるように用いられる。

②正

ナトリウムイオンがペクチンを可溶化し、軟化を促進する。

③誤

食材は加熱により細胞膜の半透性を失うため、食材内部に調味料が拡散することで味がなじむ。

④誤

希釈卵の蒸し物は、90℃を超える温度で加熱し続けると、すが立ってなめらかな状態に仕上がらない。

問36 ④

①誤

直火焼きは、網などを利用して、食材を熱源にかざして加熱する。間接焼きは、鉄板やオーブンなどを介して加熱する。

②誤

比熱は物質1gを1℃上げるのに必要な熱量をいう。油の比熱は水の1/2であるため、温度が上下変動しやすく、温度管理が難しい。

③誤

食材に衣をつけずに揚げるのは素揚げ、食材に小麦粉や片栗粉をつけて揚げるのはから揚げである。

④正

芋はでんぷんの糊化に時間を要するため、160℃程度で揚げる。魚介類は175℃前後で、パサつかないように短時間で揚げる。

問37 ④

①誤

$250\,g \times (100 - 20)/100 = 250 \times 0.8 = 200\,g$ となり、正味重量は200gである。

②誤

食材360g（イカ160g＋芋200g）の5％重量の砂糖を加えればよいので、$360 \times 0.05 = 18\,g$。砂糖は大さじ1杯＝9gであるから、18g＝大さじ2杯である。

③誤

食材360gの1％塩分の塩＝$360 \times 0.01 = 3.6\,g$。しょうゆは大さじ1杯＝食塩相当量3gであるから、大さじ1杯強となる。

④正

みりんは大さじ1杯＝砂糖6g分のため、砂糖大さじ2杯→砂糖大さじ1杯＋みりん大さじ1と1/2杯にすればよい。

問38 ①

①正

納豆は冷凍による品質変化が小さいが、豆腐は凍結による品質変化が大きく、冷凍前の状態とは異なるテクスチャーとなる。

②誤

老化の進行しやすい条件は、食品の水分量が30～60％、温度が0～5℃である。飯は水分60％で、冷蔵庫内（0～5℃）での保存が最も老化が進行する。

③誤

家庭用冷凍冷蔵庫のドアポケットは、牛乳のほかに卵、ビール、調味料の保存に適しているが、ドアの開閉で温度が上がりやすく振動が多い点に注意が必要である。

④誤

金属トレーは購入時の発泡スチロールトレーより熱伝導がよく、急速凍結できる。

問39 ②

①誤

電磁調理器の熱効率は約90％で、ガスコンロや電気コンロよりも高い。

②正

焼き網や串で食材を熱源に直接かざして焼く「直火焼き」はできない。

189

③誤＝なべ底が電気抵抗体として発熱する。

　電磁調理器は磁力線がなべ底を通るときに誘導電流（うず電流）を生じ、発熱する加熱機器である。トッププレートはなべをのせる部分で、ここでは誘導電流は生じない。

④誤

　中華なべは底がわん曲しており、トッププレートに接触する面積が小さく、材質にかかわらず電磁調理器には適さない。

問40 ④

①誤

　ゆで湯などを利用せず、短時間の加熱法であるため、ビタミン類の損失は少ない。

②誤

　じゃが芋のような球形の食品は、中心部分が高温になりやすい。

③誤

　マイクロ波を吸収するような材質の容器は、容器自体が変質するため使用できない。容器はマイクロ波を透過して内部に存在する食材が吸収できるものがよく、陶磁器や耐熱ガラスなどが向いている。

④正

　食塩を含む食材は、マイクロ波が吸収されると、ごく浅い部分で発熱するため、中心部は温まりにくい。

問41 ②

①誤

　ステンレスは合成金属で、さびにくい。しかし、熱伝導率が低値であるため、熱が広がりにくく、焦げつきやすい。

②正

　フッ素樹脂加工は、食材が付着しにくいようになべやフライパンの内側に塗布されたものだが、180～260℃程度の使用温度となるので、空焼きや強火での使用はよくない。

③誤＝アルミニウムは耐酸性がない。

　耐酸性をもたせたアルマイトのなべのほうが酸性の食材の加熱に向いている。

④誤

　パイロセラム（超耐熱ガラス）は、電子レンジやオーブンのほか、ガス火に直接使用することができる。直火で使用できないのは、耐熱温度が比較的低いパイレックス（耐熱ガラスなべ）である。

問42 ②

①誤

　蒸らし終了直後の熱いうちのほうが、合わせ酢が浸透しやすい。

②正

　糊化でんぷんが老化しやすい条件は、水分が30～60％、温度が0～5℃である。飯は水分が60％程度であり、電気炊飯器の保温は70℃程度のため、老化を抑制する。

③誤

　もち米は吸水量が多く、好まれる飯に仕上げるための加水量が少ないことから蒸し加熱が適しており、途中でふり水を1～2回行うことで飯のかたさを調節する。

④誤＝上新粉の一部を白玉粉に置きかえると、団子はやわらかくなる。

　上新粉、白玉粉、かたくり粉の配合を変えることで、目的に応じたものを作ることができる。

問43 ④

①誤

　パン生地に添加する砂糖は、酵母（イースト）の栄養源となり、生地中での発酵を促進する。塩はグルテン形成を促進するが、砂糖はグルテン形成を抑制する。塩と砂糖の両者はパン生地に必要な材料だが、各々は別の目的で添加されている。

②誤

　ベーキングパウダーを加えて、長時間放置すると膨化が悪くなる。それは、加熱前の生地中でも徐々に中和反応が進み、膨化にかかわる炭酸ガス（二酸化炭素）が発生し始めるためであり、できるだけ早く加熱したほうがケーキの膨化状態はよい。

③誤

　衣の撹拌が多い場合、グルテン形成が進むために衣の付着量も多くなり、衣の脱水の妨げになる。衣中の水分と油の交代がスムーズに進行しないと、天ぷらはカラッと揚がらない。粉のだまが残っても問題ないので、手早くザッと混ぜる程度にとどめたほうがよい。

④正

　ルウの加熱温度が高くなると、小麦でんぷんの表面が硬化し、またでんぷんのデキストリン化（でんぷんの構造が部分的に分解されること）が進むため、スープや牛乳でのばすときには、粘りの少ないソースになる。

問44 ①

①正

牛脂は体温より高温で融解する性質があるため、低温や室温で食べる料理に脂肪の多い牛肉を利用すると牛脂が口の中でざらついて、おいしくない。そのため、牛脂の少ない部位を利用するほうが食べやすい。

②誤

ばら肉は脂肪も多いが、結合組織も多いためにかたい部位である。短時間の加熱には向かない。回鍋肉などは、一度ゆでて薄切りにされている。

③誤

肉のたんぱく質は酸性・アルカリ性の両方で保水性（水を抱き込む性質）が向上する。保水性の高い肉は、加熱後も肉汁をある程度保持してパサつきや硬化が抑えられる。

④誤

たんぱく質分解酵素を含む果物や野菜類は、肉の軟化に利用される。漬け込む時間が長い場合には、過度に軟化して食味が低下する。

問45 ④

①誤＝イカの色素は、4層からなる表皮の1層目と2層目の間にある。

手でむきとれるのは1～2層目の部分で、ここに色素が存在する。

②誤

筋形質たんぱく質が多い魚は赤身魚で、加熱するとかたくしまる。

③誤

酢じめは魚の重量の2～5％の塩をふって30分ほどおいてから、酢につける。塩で魚肉をしめないで、直接酢に浸すと、白濁するが肉は膨潤した状態である。

④正

カツオやマグロは食肉と同じ色素ミオグロビンを含むため、加熱時に灰褐色になる。

問46 ②

①誤

30～40℃であれば、鶏卵のたんぱく質は熱変性する温度帯にはなく、卵の表面張力が低下して泡立てやすい。氷水のような低温では、泡立ちにくい。

②正

卵白は58～60℃程度から凝固し始めるが、卵黄は65℃前後で凝固し始める。

③誤

砂糖の親水性により、安定したきめ細かな泡となる。

④誤

ポーチドエッグは割卵したゆで卵である。湯に投入したときに散らばらずにできるだけ早く凝固するよう、酢や塩を湯に添加する。

問47 ③

①誤＝ホイップ用のクリームは、水中油滴型エマルションである。

ホイップ用のクリームは、コーヒー用のクリームに比べて油脂含量が高い。コーヒー用は20％程度と低く、撹拌しても泡立たない。

②誤

静置加熱により形成される皮膜は、脂肪とたんぱく質から成る。60～65℃で薄膜ができ始め、70℃付近でしっかりした膜になる。

③正

牛乳中に含まれるカゼインは、酸性で凝固するため、食材の有機酸などの含量が高い場合、煮汁がカゼインの等電点付近になると凝固しやすい。

④誤

牛乳中の脂肪球やたんぱく質の影響で、ゲルはやわらかくなる。

問48 ④

①誤＝大豆は、豆重量の4～5倍の水に浸してから加熱する。

大豆を水でもどすと、重量の2～2.5倍になるため、2倍重量の水では水量が少なくて、吸水が不十分となる可能性がある。

②誤

もめん豆腐は、90℃以上の沸騰状態で長時間加熱するとかたくなったり、す立ちが起こりやすい。1％程度の食塩を含有するみそ汁中のほうがす立ちが起きにくい。

③誤

あずきは表皮がかたく、吸水に長い時間がかかるため、一般には浸水せずに加熱を行う。

④正

大豆には塩溶性のたんぱく質が含まれるため、1％食塩水に浸して加熱すると、軟化が促進される。

問49 ①

①正

②誤＝ゆで湯に酢を少量加えると、れんこんの軟化が抑制される。

ゆで湯がpH4程度の場合、ペクチンの分解が抑制される。軟化を抑制してシャキッとした歯ざわりにしたい場合は、酢を少量添加するとよい。

③誤＝せん切りキャベツに塩をふるとしなやかになるのは、浸透圧により脱水されるからである。塩がペクチンの可溶化を促進するのは、加熱時である。

④誤
大根の辛味（イソチオシアネート）は、酵素（ミロシナーゼ）作用により生成するが、この辛味成分は時間経過とともに揮発・分解されるため、辛味は弱まる。

問50 ②

①誤
新じゃが芋は水溶化しにくいプロトペクチンが多く、煮くずれしにくい。煮くずれしやすいのは、でんぷんや水溶化しやすいペクチンが多く含まれる成熟した芋や貯蔵芋である。

②正
みょうばんは、ゆで湯に溶けると酸性となり、アルミニウムイオンが芋のペクチンに結びつき、軟化が抑制される。煮くずれを防ぐときに利用される。

③誤
里芋や山芋にはシュウ酸カルシウムの針状結晶が含まれるため、皮むきなどで皮膚が刺激されると、かゆくなる。

④誤
60℃以上の高温のだし汁を加えると、粘性が低下するため、だし汁の温度が高温のものは添加しないように注意する。

問51 ③

①誤＝同程度のかたさのデザートゼリーを作る場合、ゼラチンは棒寒天の約2倍の濃度が必要である。デザートゼリーでは、ゼラチンは2〜4％、棒寒天は1〜2％を使用する。

②誤
果汁は酸性のため寒天のゲル強度を低下させるが、火からおろして寒天液が60℃程度の状態であれば、かたさへの影響は少ない。果汁を加えて加熱すると、寒天分子が加水分解して、ゲル強度が低下する。

③正
カラギーナンは牛乳中のカルシウムイオンやカゼインと反応して、ゲルがかたくなる性質がある。

④誤
カラギーナンのゲル化温度は35〜45℃程度のため、室温で十分凝固する。

問52 ③

①誤
砂糖は親水性のため、砂糖濃度が高くなると、ゼリーからの離漿量は減少する。

②誤
砂糖を入れない寒天は比較的透明度が低く、白っぽく濁って見える。砂糖の添加量を多くすると、透明度が上昇し、透き通って見える。

③正
バターのような固形脂は、撹拌すると空気を抱き込む性質（クリーミング性）があり、それを膨化に利用したものにパウンドケーキがある。

④誤
クッキーは油脂のショートニング性を利用したもので、配合量の多いほうがグルテン形成を抑制して、もろい食感となる。

問53 ③

①誤
冷蔵庫内は低湿度で、乾燥しやすいため、食品は密閉袋などに入れて保存する。

②誤
冷凍保存中も、乾燥に伴い脂質酸化が起こりやすいので、食品はラップフィルムなどに包んで保存する。

③正
チルドは−1〜2℃程度で保管する方法で、乳製品など凍らせたくない食品に活用できる。

④誤
バナナやさつま芋は、長期冷蔵保管によって褐変などが生じて品質が低下する。

問54 ④

①誤＝エンテロトキシンは熱に強く、100℃・30分加熱しても安定である。

②誤＝エンテロトキシンは食品内で産生され、食中毒の原因となる。

③誤＝潜伏時間は3時間と短く、嘔吐が激しいことが特徴である。

④正

問55 ②

化学性食中毒では、サバ、カツオ、イワシなどヒスチジンを含む魚類で、鮮度の低下に伴いヒスチジンからヒスタミンが生成される。このヒスタミ

解答と解説／準1級 ①

ンの作用で発疹、頭痛、じんま疹等の症状を呈することがある。アレルギー様食中毒ともいわれている。

①誤

②正

③誤＝アニサキスは魚に多い寄生虫である。

④誤＝テトロドトキシンは、自然毒食中毒の原因となるフグ毒である。

問56 ③

①誤＝サバ　──　アニサキス

旋毛虫は豚肉、熊肉である。

②誤＝アユ　──　横川吸虫

③正

④誤＝ホタルイカ　──　旋尾線虫

サルコシスティスは馬肉である。

問57 ②

①誤

フグ毒はテトロドトキシンで、海洋細菌により生成され、それが餌を介し食物連鎖で濃縮され蓄積する。フグ以外に、ボウシュウボラなど他の生物からも検出されている。

②正

麻痺性貝毒は、餌となるプランクトンの毒化により貝に蓄積される。麻痺性貝毒はサキシトキシン、ネオサキシトキシンおよびゴニオトキシンで、中毒症状はフグ毒に似ている。

③誤

シガテラは、食物連鎖で毒化した魚の摂取で発生する。もともとは熱帯・亜熱帯での発生が多かったが、近年は北上傾向にある。有毒成分はシガトキシン、スカリトキシン、マイトトキシンなど複数認められており、ドライアイスセンセーションと呼ばれる独特の知覚異常を示す。

④誤

イシナギの肝臓は多量のビタミンＡを含み、肝臓を摂取することで中毒が発生する。

問58 ②

①誤

ソルビン酸は保存料で、殺菌効果ではなく静菌すなわち菌の増殖を抑制する目的で使用される。

②正

③誤＝亜硝酸塩は、発色剤として使用される。

亜硝酸塩は食肉の色素と反応し安定した色素を形成する。ボツリヌス菌への抗菌作用を有するが、ニトロソアミンの形成にもかかわる。

④誤

アルギン酸ナトリウムは増粘剤で食品になめらかさや粘りを与える。使用基準はない。

問59 ①

①正

②誤

遺伝子組換え農作物を利用して作られたしょうゆ、油などはたんぱく質や組換え遺伝子の残存がないことから表示の義務はない。

③誤

④誤

遺伝子組換えしたとうもろこしおよびその加工品は表示義務があるが、コーン油およびコーンフレークは遺伝子組換え食品を使用していたか否かの検査が難しく、組換え遺伝子やたんぱく質が製品から除去されていることから、表示しなくてもよいことになっている。

問60 ③

表示をすることを推奨されているものは、アーモンド、アワビ、イカ、イクラ、オレンジ、キウイフルーツ、牛肉、サケ、サバ、大豆、鶏肉、豚肉、まつたけ、桃、山芋、りんご、ゼラチン、バナナ、カシューナッツ、ごま（20品目）である。

①誤

②誤

③正

④誤

問1 ③

令和元年の20歳代女性のやせの割合は20.7%。

①誤

②誤

③正

④誤

問2 ①

①正

②誤

世界の人口増加に伴い、穀類・肉類の需要が増加し、肉類の生産には飼料として穀類が多く必要となる。

③誤

気候変動の干ばつ・洪水、地域紛争により農産物の収穫は減少している。

④誤

先進国の人口は減少しているが、低所得国の人口は増加し、世界的にみると人口は増加している。

問3 ①

食生活指針では10の目標が示され、具体的な実践方法が示されている。

①正

②誤

③誤

④誤

問4 ①

五大栄養素は、たんぱく質、脂質、炭水化物、ミネラル、ビタミンをいう。エネルギーはたんぱく質、炭水化物、脂質から産生されるもので五大栄養素ではない。

①正

②誤

③誤

④誤

問5 ②

①誤＝ヒトの体たんぱく質を構成するアミノ酸は、20種類である。

②正

アミノ酸スコアが100に近いほど、良質のたんぱく質であることを意味する。

③誤

米のアミノ酸スコアは61で、大豆は100である。

組み合わせるとアミノ酸スコアは高くなる。

④誤＝必須アミノ酸は、9種類である。

問6 ②

①誤＝コレステロールは、細胞膜の構成成分であり、またホルモンや胆汁酸の原料となる。

②正

③誤

飽和脂肪酸が多いが、中鎖脂肪酸であるため、代謝が特殊で血中脂質について改善効果が認められている。

④誤＝一価不飽和脂肪酸は、オリーブオイルやサフラワー油に多い。

問7 ④

①誤

②誤＝水溶性と不溶性に分類できる。

③誤＝アミロペクチンは、植物性貯蔵多糖類で、でんぷんの構成成分である。

④正

腸の働きを活発にする働きもある。

問8 ④

①誤＝欠乏症は脚気である。

②誤＝欠乏症はくる病、骨軟化症である。

③誤＝欠乏症は鉄欠乏性貧血である。

④正

問9 ④

①誤＝ビタミンA —— 夜盲症

②誤＝ビタミンD —— 骨粗鬆症、骨軟化症、くる症

③誤＝ビタミンB₁ —— 脚気

④正

問10 ④

目標量は生活習慣病の一次予防を目的として策定されている。現在の日本人の摂取量が少ない食物繊維やカリウム、逆に摂取量が多い飽和脂肪酸、ナトリウムなどについて策定されている。

①誤

②誤

③誤

④正

問11 ②

①誤＝ごはんは第4群。

②正

卵焼きの卵は第1群、砂糖・油は第4群。

③誤

磯辺あえのほうれん草とのりは第3群。

④誤

みそ汁のじゃが芋と玉ねぎは第3群、みそは第4群。

問12 ③

①は18〜49歳の目標とするBMIの範囲、②は50〜64歳の目標とするBMIの範囲、75歳以上の目標とするBMIの範囲は、21.5〜24.9kg/m²である。

①誤

②誤

③正

④誤

問13 ①

①正

②誤

カレーライスに野菜いためを加えると脂質が多くなる。

③誤

カレーライスにじゃが芋が使用されている可能性が高いので、芋類が多くなる。大学芋なので脂質が多くなる。

④誤

サバのみそ煮なので、みそ汁を加えるとみそが重なる。

問14 ④

①誤

この時期の朝食欠食は、発育だけでなく、生活リズムの乱れ、学習能力や持久力にも影響するため、欠食しない工夫が必要である。

②誤

③誤

④正

問15 ③

①誤

野菜類は摂取できるが、たんぱく質が不足する。

②誤

炭水化物、脂質が多く、野菜類が不足傾向である。

③正

主食、主菜、副菜、汁物の組み合わせでよい。

④誤

炭水化物が多い。

問16 ②

①誤

②正

③誤＝身体活動レベルの低い高齢者ほど、食欲がなくなるなど低栄養状態になりやすい。

④誤＝きざみ食は口腔内で食物のかたまりを作りにくく、かえって誤嚥につながりやすい。

問17 ④

①誤＝10〜13kgを目標とする。

②誤＝エネルギーの付加が必要である。

③誤＝鉄を多くする必要はあるが、特定の食品に偏らないようにする。

牛乳・乳製品は、鉄の多い食品ではないが、ビタミンC以外をバランスよく含む食品であるため適量摂取する。

④正

問18 ①

①正

献立作成の際に、アレルゲンとなる食品を含まない料理を考える。加工食品を使用する際に主要原因食物が含まれているかどうか、表示を見て確認する。作業スペースでの混入、器具を介した混入がないように注意することも重要である。

②誤

③誤＝最も多い症状は、皮膚症状である。

④誤

桃、バナナ、りんご、キウイフルーツ、オレンジなど、果物も原因食品となる。

問19 ①

①正

高血圧の予防としては、適正な体重維持のためのエネルギー量の摂取、食塩摂取量の調整、カリウムの積極的な摂取があげられる。肥満は血圧が高くなるため、肥満者は適正体重になるよう減量する。

②誤

③誤

④誤

ゆでると量は摂取できるが、カリウム摂取の面では、生や蒸し料理がすすめられる。

問20 ④

①誤

②誤

③誤

④正

ビタミンKは納豆や葉物の緑黄色野菜に含まれる。

問21 ②

安土・桃山時代には、南蛮貿易により南蛮菓子やアメリカ大陸の作物が伝来した。江戸時代にはしょうゆとみりんが調味料として使われるようになり、明治以降、西洋諸国との貿易により、急速に西洋化した。高度経済成長期になり、米の消費は減少し、パン・めん類の消費が増加した。

①誤
②正
③誤
④誤

問22 ③

①誤＝みょうが ── 夏
②誤＝しそ ── 夏
③正
④誤＝ふきのとう ── 春

問23 ③

①誤＝菖蒲の節句には柏もち・ちまきを食べる。端午の節句、田植えの時期であり農耕儀礼と習合した。
②誤＝彼岸は先祖供養の意味があり、ぼたもち（春）、おはぎ（秋）を作る。
彼岸は仏教行事で先祖の供養を行う。日本独自の行事である。
③正
④誤
冬至は一年で一番昼間が短く、いとこ煮やあずきがゆを食べる。

問24 ④

①誤＝いちご煮 ── 青森県
②誤＝深川丼 ── 東京都
③誤＝ぼたんなべ ── 兵庫県
④正

問25 ③

フランス地方は農業が盛んであり、各地方で産物を生かしたフランス料理が根づいている。ノルマンディ地方は酪農が盛んであり、料理に乳製品が多用される。観光地にモンサンミッシェルがあり、オムレツが有名である。プロヴァンス地方はニンニク、オリーブオイル、ハーブを多く使用する。ブルゴーニュ地方は最上級のワインの産地である。アルザス地方はドイツの影響を受けつつ、料理の主体は肉と乳製品である。

①誤

②誤
③正
④誤

問26 ②

箸の正しい使い方は、日常行って習得することが大切である。

①誤＝箸は右手で持ち上げたら、左手を受けて持ちかえてから食べる。
②正
③誤
④誤

問27 ①

日本では中国から入ってきた箸・さじのうち、箸だけで食べる文化が成立し、食器を持ち上げて食べる文化がマナーとなった。そのため、和食器の多くは手で持てる大きさ、重さが基本である。また、和食器は懐石の影響が大きく、正方形、長方形、木の葉などさまざまな形がある。

①正
②誤＝柳箸とは、正月などの宴に用いる両細の箸のことである。
③誤
④誤＝日本の食器は、さまざまな形である。

問28 ③

①誤＝最も多い症状は、皮膚症状である。
②誤＝食物アレルギーは、一般的に成長に伴い症状は軽快する。
③正
④誤＝鶏卵は、表示義務対象の特定原材料8品目の1つである。

問29 ②

①誤＝プリンは卵を材料に使用している。
②正
③誤＝クッキーは卵や牛乳を使用する可能性がある。
④誤＝ババロアは牛乳や生クリームを使用する。

問30 ②

①誤
マヨネーズは、全卵あるいは卵黄を生で使用しているので除去が必要である。
②正
鶏卵が原因の場合には、一般的には魚卵の除去は必要ない。
③誤
鶏卵が原因の場合には、一般的には鶏肉の除去は必要ない。

④誤

チーズは、乳由来の加工品であるので除去が必要である。

問31 ③

①誤

細胞膜の半透性により、細胞内部に水が入って細胞が緊張状態となりシャキッとする。

②誤

果物に含まれる果糖は、低温で β 型（α 型の3倍の甘味を持つ）が増加するため、甘味を強く感じる。

③正

すりおろすことで、酵素（ミロシナーゼ）が作用して辛味を生じる。

④誤＝ペイザンヌは、色紙切りのことである。

1cm角切りは和名で「さいの目切り」、洋名で「マセドワーヌ」である。

問32 ③

$200 / (100 - 20) \times 100 = 250\,\mathrm{g}$ となり、購入量は $250\,\mathrm{g}$。

①誤

②誤

③正

④誤

問33 ④

①誤＝せん切りのことを、中国語で絲（スー）という。

そぎ切りのことを、中国で片（ピエン）という。

②誤

③誤

④正

問34 ③

①誤

こんぶは2％ではなく1％を目安に。カツオ節に含まれるイノシン酸、こんぶに含まれるグルタミン酸の相乗効果を利用している。

②誤

こんぶを入れたまま長時間加熱すると、ぬめりやこんぶ臭が出てくるため、こんぶは沸騰直前で取り出す方法が一般的である。

③正

④誤＝煮干しだしは、イノシン酸が主なうま味成分である。

グアニル酸は、精進だしなどに利用される干ししいたけに含まれるうま味成分である。

問35 ③

①誤

うま味と塩味の組み合わせでは、塩味がうま味を強める対比効果によって、だしのうま味が強く感じられる。

②誤

一般的に、しょうゆやみそは食塩を含むが、有機酸や香りなどの揮発性の成分を含むため、後から加える。

③正

砂糖が塩より先に添加されるのは、小さな分子量の塩は浸み込みやすいのに比べ、大きな分子の砂糖は浸み込みにくいからである。

④誤＝炊き込み飯の塩は、米の吸収を阻害するため、炊飯直前に加える。

問36 ③

①誤＝1回にいためる量は、なべ容量の1/3～1/2が適当である。

1回の投入量が多いと、撹拌が困難になる。撹拌しにくい場合、加熱ムラができたり、加熱時間が長引いて食材から流出した水分で煮物のような状態になるなど、仕上がりがよくない。

②誤

煮物や汁物のように多量の水を用いないため、水溶性のビタミン類などの損失は比較的少ない。

③正

食材により幅があり、表面積の大きい食材は比較的多めの油脂が必要になる。

④誤＝いため物の下処理の油通しは、100～130℃程度で行われる。

かたくなりやすい鶏肉や魚介類などは、いためる前に低温で加熱する。また野菜なども油通しされるが、近年は健康志向から野菜はゆでる方法もとられる。

問37 ④

①誤

一般に乾燥ひじきはもどし倍率が4～5倍である。乾物50gを使用すると200～250gとなり、多すぎる。

②誤

材料合計270g(乾物はもどし後重量を対象に調味)に対して、砂糖4％であるから $270 \times 0.04 = 10.8\,\mathrm{g}$ となる。砂糖は大さじ1杯＝9gのため、必要量は大さじ1と1/5杯である。

③誤

必要な砂糖量は10.8g、その1/2量＝5.4g分をみりんにする。みりんは大さじ1杯＝約6g糖分であるので、大さじ1杯弱でよい。

④正

必要な塩分は270×0.01＝2.7g、しょうゆ大さじ1杯＝塩分約3gのため、大さじ1杯弱である。

問38 ②

①誤

解凍するとドリップが多くなるため、凍結状態で調理することが多い。

②正

急速凍結すると、食品内部の氷結晶が細かくなり、組織破壊が少ないため、解凍時のドリップが少ない。解凍時は内外の温度差が少ない緩慢解凍がドリップの量が少なくてよい。

③誤

流水解凍は魚肉の温度の内外差が大きく、中心が十分解凍される頃には外周部のドリップ流出が多くなる。冷蔵庫内は緩慢解凍で時間はかかるが、魚肉温の内外差は少ないため、ドリップが比較的少ない。

④誤

急速凍結した食材は、解凍時の品質低下を抑えることができる。金属トレーは購入時の発泡スチロールトレーより熱伝導がよく、急速凍結の条件になる。

問39 ③

①誤＝電磁誘導加熱を利用した加熱機器である。誘電加熱の機器は、電子レンジである。

②誤

中華なべのようになべの底面部分がわん曲した丸底のなべは、適するとはいえない。丸底はトッププレートとの接触面積が少なく、合理的に使用できない。

③正

アルマイトは、アルミニウムの表面に酸化被膜をほどこしたものである。オールメタル対応型であれば、アルミニウムおよびアルマイトが使用できる。

④誤

問40 ②

①誤

電子レンジ加熱は、水分が蒸発しやすく、乾燥しやすい。食品表面が100℃以上になるオーブンのような放射伝熱を利用しないため、焦げ目をつけ

る料理には向かない。

②正

マイクロ波加熱では、誘電特性により、氷よりも水のほうが温度上昇しやすい。氷と水が共存する冷凍食品の加熱は、解凍ムラになりやすい。

③誤

食塩を含む食品では、マイクロ波が食品表面で吸収されて発熱するため、中心部分は昇温しにくい。

④誤

角型は角部分が高温になりやすい。

問41 ③

①誤

ほうろうなべは、地金の鉄の表面にガラス質をコーティングしたもので、酸や塩などの食品成分に安定で、電磁（IH）調理器にも使用できる。

②誤

アルマイトは、アルミニウムの表面に酸化被膜をほどこしたものである。

③正

陶磁器製のなべは、金属を含まないため、電子レンジに使用することができる。

④誤

ステンレスは鉄とニッケルやクロムの合成金属で、さびにくい材質である。電磁（IH）調理器にも使用することができる。

問42 ②

①誤

無洗米は米表面の糠が各種の方法で除去されているため、洗米の必要がない。しかし、普通に炊飯する場合、浸水時間を十分とる必要はある。

②正

米の飽和吸水率は、もち米のほうがうるち米より10％ほど高値である。飽和に達するにはもち米のほうが時間を要し、うるち米が浸水時間60分でよいのに対し、もち米は2時間と長くかかる。

③誤

上新粉には小麦粉のようにグルテン形成するたんぱく質が含まれないため、生地がまとまりにくい。そこで、でんぷんの糊化による粘りをいかして、生地をまとめる。

④誤

米は炊飯後、米重量の2.2倍前後の飯になるため、米に対する油の計量では、実際には油が半分以下になっていためにくい。飯は米より粘りがあり、表面積も大きいため、米をいためるより多く油を

使用する。米をいためて作るのはピラフである。

問43 ②

①誤＝薄力粉と卵水を重量比１：1.6〜２で作る。

一般的に家庭の天ぷら衣は、薄力粉に粉重量の160〜200％の卵水を用いて作る。用いる卵水は卵：水＝１：３で作る。

②正

ホワイトソースの粘度は糊化でんぷんの粘性によるもので、高温でいためたルウはでんぷん粒表面の硬化やデキストリン化が進行して、粘性の低いサラリとしたものになる。

③誤＝蒸しパンの膨化剤に重曹を用いると、黄色く仕上がる。

蒸しパンの黄変化は、小麦粉中のフラボノイド色素が重曹のアルカリ性により変色したものである。

④誤

うどん作成時には、食塩水が使用される。食塩がグルテン形成を促進し、特有のこしが形成される。

問44 ②

①誤

副材料である玉ねぎとパン粉は、ひき肉の結着性をほどよく低下させて、食べたときのふっくらとしたやわらかい食感に仕上げる役割がある。

②正

リブロースはサーロインと並び、ステーキに向く部位である。

③誤＝手羽先は、手軽なだし材料として用いられる。皮など結合組織が多く、煮込みにしてもやわらかい。

④誤＝砂糖は親水性があるため、肉の保水性を向上させ、加熱時に肉がかたくしまるのを防ぐ作用がある。

問45 ①

①正

スズキやカレイのような白身魚は、筋基質（肉基質）たんぱく質が多く含まれることから、生の肉質がかたい。そのため、刺し身は薄い切り身にされる。

②誤＝そぼろには、タイやタラなどの白身系の魚が向いている。

これらの魚は、筋線維が太く、筋形質たんぱく質の含量が少ないために、加熱時にほぐれやすい。

③誤

筋形質たんぱく質（水溶性の球状たんぱく質）は、加熱時には筋線維間に豆腐状にゲル化するため、

このたんぱく質が多い魚は加熱によりかたくしまった食感になる。

④誤

塩じめ（塩をふって軽く身をしめる）せずに酢につけると、身は白濁するが、膨潤して身がしまらない。魚肉は酸性・アルカリ性の両方で保水性（水を抱き込む性質）が高くなるため、塩じめをしてから酢づけの工程にうつる。

問46 ①

①正

鶏卵は主に、重量比で卵殻：卵白：卵黄＝１：６：３の構成である。卵白は卵黄の約２倍重量となっている。

②誤＝卵濃度が高いと、たんぱく質の濃度が高く、凝固温度は低くなる。

また、ゲルはかたくなる。

③誤＝だしや牛乳には塩類が含まれ、それらがゲル化を促進するため、最低卵濃度20％あればゲル化が可能である。

④誤

鮮度が低下すると、水様卵白が多くなり、粘度が低いために泡立てやすい。しかし、安定性は劣る。濃厚卵白は粘度が高いため泡立てにくいが、安定性は高い。

問47 ②

①誤＝牛乳でじゃが芋を煮ると、軟化しにくい。

カルシウムがペクチンと結びつくためである。

②正

③誤＝バターは油中水滴型のエマルションである。

④誤

乳脂肪は室温だと分離しやすく、低温のほうが安定である。ボールの底を氷水にあてて５℃程度で泡立てたほうが空気を多量に抱き込み、軽い食感となる。温度が高いほど分離しやすい。

問48 ④

①誤

大豆は種皮全体から吸水するので予備浸水の効果は大きいが、あずきは種皮が強靭で吸水は種瘤部から少しずつ進行するため、10時間浸水しても吸水が10％程度である。そのため浸水せずに、加熱することが多い。

②誤

「渋きり」は、あずきを煮るときに一度ゆでこぼして、水を取り替える操作をいう。

③誤

やわらかく煮えた豆でも、砂糖を一度に多量に加えると、ショ糖濃度が急激に上昇して豆から脱水が起こり、かたくなる。そのため、数回に分けて砂糖を添加する。

④正

もめん豆腐は90℃以上で長時間加熱するとす立ちが起きやすい。しかし、みそ汁は食塩を含むため、す立ちが抑制され、すが立ちにくい。

問49 ③

①誤＝にんじんに含まれる色素のカロテノイドは調味料の酸などでは、色が変わらない。

②誤＝せん切りキャベツを水に浸すと、細胞内に水が入り、細胞が緊張状態になるため、シャキッとした食感になる。

③正

少量の酢の入った湯でゆでるとペクチンが分解しにくいために、シャキッとした食感になる。また、れんこんのようなフラボノイドを含む野菜は、酸性のゆで湯で白くゆでることができる。

④誤＝根菜類は水から弱火で加熱すると、酵素（ペクチンエステラーゼ）が作用し、軟化を抑制する現象が起こる。

特に大きく切った場合などは、温度上昇に時間を要し、約60℃で1時間加熱の場合、野菜は軟化しにくい。

問50 ②

①誤＝シュウ酸カルシウムの針状結晶による。

②正

③誤

さつま芋は原産地が暑い地域のため、冷蔵庫に入れると低温障害を起こす。

④誤

山芋の粘性は、60℃以上の高温になると低下するため、あらかじめだし汁を冷ましてから加える。

問51 ①

①正

粉寒天は棒（角）寒天の半量で、ほぼ同等のかたさのゼリーとなる。すなわち、棒寒天1gを粉寒天0.5gに置き換えると同等のかたさのゼリーとなる。

②誤

カラギーナン（デザート用は主に κ‐カラギーナン）は、だまになりやすいため、水と合わせる前に砂糖をよく混合してから水と合わせて加熱する。

③誤

たんぱく質分解酵素（プロテアーゼ）を含むキウイフルーツは、ゼラチン（主成分：たんぱく質）を用いたゼリーの場合にはかたまらない。寒天は海藻抽出物で、主成分が多糖類のため、そのような影響は受けない。

④誤

牛乳に含まれるカルシウムなどの塩類がゲル化を促進し、ゲルはしっかりと固まる。

問52 ①

①正

冷蔵庫から出した直後はかたい。しかし、室温にしばらく放置するとバターは軟化し、パンに塗ったり、パイ生地作りなどに利用される。

②誤＝オリーブ油の融点は0～6℃で、冷蔵庫内では白濁する。

③誤

加熱・糊化すると透明になるのは、根茎でんぷん（じゃが芋、くずなど）である。コーンスターチ（とうもろこしでんぷん）のような種実でんぷんは、加熱・糊化しても透明にならない。

④誤

問53 ③

①誤＝きゅうりのピクルスの保存性が高いのは、pH2.5～3.0程度だからである。

多くの食中毒細菌は、pH4.6以上（種類によりpH4.0～6.0）において発育が可能であるため、これ以下のpHでは保存性が高くなる。

②誤

食品中の水は自由水と結合水があり、微生物は自由水を利用して増殖するため、食品の腐敗を防ぐには、結合水を増加させるとよい。

③正

無機酸よりは、有機酸（酢酸・乳酸・クエン酸など）のほうが微生物の発育阻止効果が大きく、これらの有機酸は加工食品に広く利用される。

④誤

食品の保存性を高めるためには、水分活性を低下させることが重要である。水分活性は食品の水分に占める自由水の割合を反映する指標で、数値が低いほど保存性が高い。

問54 ③

①誤

細菌性食中毒のうち、感染型のものは食前に食品の中心部までしっかり加熱をすることにより防ぐことが可能である。しかし、ぶどう球菌のような

毒素型で、その毒素が熱に強い場合、食前の加熱によっても毒素の破壊ができず、食中毒が防げないこともある。

②誤＝寄生虫は、熱に弱く加熱により死滅する。ほとんどの寄生虫は冷凍により死滅し、予防が可能である。

③正

④誤

ノロウイルスは一般の細菌に比べ熱に強いが、85～90℃・90秒の加熱で失活させることができる。

問55 ②

細菌を病因とする食中毒は毎年多発している。細菌性食中毒の特徴として、原因となる主な食品をおさえておくことが必要である。

①誤＝サルモネラ属菌 —— 食肉

②正

③誤＝カンピロバクター —— 食肉

④誤＝黄色ブドウ球菌 —— 穀類加工品

問56 ③

①誤＝アニサキスは、マスなどを介し感染する。ヒラメを介し感染する寄生虫は、クドアである。

②誤＝肺吸虫は、モクズガニやサワガニなど淡水産のカニを介し感染する。

③正

ホタルイカには旋尾線虫の寄生が認められ、加熱処理、冷凍処理をすることがすすめられている。

④誤＝肝吸虫は、コイ科の魚類から感染する。

問57 ①

じゃが芋の緑色部、芽、皮および未熟なものには、植物性自然毒であるソラニンが含まれる。これは熱に強い。鶏肉はサルモネラ属やカンピロバクターに、魚類は腸炎ビブリオに汚染されている恐れがあるが、これらの菌は75℃・1分以上の加熱により死滅する。ホタテ貝のような二枚貝はノロウイルスに汚染されている恐れがあるが、85～90℃・90秒以上の加熱により死滅する。

①正

②誤

③誤

④誤

問58 ①

①正

加工助剤（食品加工の際に添加されるが、完成前に除去あるいは残留したとしても微量であり食品成分に影響を与えないもの）や、キャリーオーバ

ー（食品の原材料に使用され、かつ食品の製造や加工の際には使用されず、最終製品において効果を発揮しえない量しか残留しないもの）、栄養強化の目的で使用するものは表示が免除される。

②誤

③誤

④誤

問59 ②

しょうゆ、大豆油、コーン油、コーンフレーク、マッシュポテトは、遺伝子組換え食品を使用していたか否かの検査が難しく、組換え遺伝子やたんぱく質が製品から除去されていることから、表示しなくてもよいことになっている。また、全原材料中、重量が上位3位以外で、合わせて食品中に占める割合が5％以下のものは表示しなくてもよいことになっている。

①誤

②正

③誤

④誤

問60 ②

特定原材料として表示が義務づけられているものは、卵、乳、小麦、そば、落花生、エビ、カニ、くるみ（8品目）である。また、表示をすることを推奨されているものは、アーモンド、アワビ、イカ、イクラ、オレンジ、キウイフルーツ、牛肉、サケ、サバ、大豆、鶏肉、豚肉、まつたけ、桃、山芋、りんご、ゼラチン、バナナ、カシューナッツ、ごま（20品目）である。

①誤

②正

③誤

④誤

問1 ①

①正

米は、1960年から減少が続いている。

②誤

野菜は、1960～1970年は増加したが、減少し近年は横ばい。

③誤

牛乳および乳製品は、学校給食の影響もあり、増加している。

④誤

魚介類は、2000年頃から減少している。

問2 ③

日本は輸入食料により豊かな食生活となっており、フードマイレージの数値が高い。穀物、油糧種子は輸入元がアメリカ合衆国、カナダ、オーストラリアといった遠隔地であるため、比率が高い。

①誤

②誤

③正

④誤

問3 ②、③、④

①誤

健康寿命は平均寿命から不健康な期間を除く。健康寿命と平均寿命の差を小さくすることが医療費、介護費用の削減につながる。

②正

③正

④正

問4 ②

米に肉や魚、卵、大豆料理などアミノ酸スコアが高い食品や料理を組み合わせると、たんぱく質は良質となる。

①誤

②正

③誤

④誤

問5 ③

①誤＝ステアリン酸 ―― 肉

②誤＝オレイン酸 ―― オリーブ油、サフラワー油

③正

④誤＝エイコサペンタエン酸 ―― 魚類

問6 ①、④

①正

②誤

③誤＝ブドウ糖は、六炭糖である。

五炭糖は、リボースやデオキシリボースである。

④正

問7 ①、③

リンやシュウ酸、フィチン酸、過剰な不溶性食物繊維は、カルシウムの吸収を阻害する。フィチン酸は穀物や豆類など食物繊維の多い植物に豊富に含まれる。

①正

②誤

③正

シュウ酸は、葉物野菜やお茶類に含まれる。

④誤

問8 ②、③

糖質の代謝に必要なビタミンは、ビタミンB_1、ビタミンB_2、ナイアシン、パントテン酸、ビオチンがある。豚肉や玄米は、ビタミンB_1が多く含まれる。モロヘイヤにはビタミンAが、アーモンドにはビタミンEが多く含まれる。

①誤

②正

③正

④誤

問9 ③

①誤＝摂取することが望ましいエネルギーおよび栄養素の基準を示したものである。

②誤＝生活習慣病患者の重症化予防は、目的に含まれている。

健康な乳児から高齢者を対象者とする。

③正

経口で摂取するすべてのもの、一般の食品、ドリンク剤、栄養剤、サプリメントなども含んで考えられている。

④誤

問10 ②

①誤＝夕食のエネルギー配分が大きい。

②正

③誤＝夕食のエネルギー配分が大きく、朝食が欠食している。

④誤＝間食のエネルギー配分が大きい。

問11 ②

$1,800 \times 0.45 = 810\,\mathrm{kcal}$　　$810 \div 3 = 270\,\mathrm{kcal}$

$270 \div 80 = 3.4\,$点　$3.4 \times 23\,\mathrm{g} = 78.2\,\mathrm{g} \fallingdotseq 78\,\mathrm{g}$

①誤

②正

③誤

④誤

問12 ③

①誤＝エネルギー摂取量とエネルギー消費量はバランスがとれている。

②誤＝エネルギー摂取量は維持する食事計画でよい。BMI は普通の範囲なので、基礎代謝量は現体重を用いる。$21.5 \times 70\,(\mathrm{kg}) = 1,505\,\mathrm{kcal}$

③正

身体活動レベルⅠ（1.50）である。

$1,505\,(\mathrm{kcal}) \times 1.50 = 2,257.5$　約 $2,300\,\mathrm{kcal}$

④誤

望ましい食事のエネルギー量の配分は、朝：昼：夕：間食でそれぞれ 25％：35％：35％：5％程度などである。$2,300\,(\mathrm{kcal}) \times 0.35 = 805\,\mathrm{kcal}$

問13 ③

①誤

成長に必要な分のエネルギーの摂取が必要なため、体重あたりに換算すると成人より多くのエネルギー、栄養素が必要である。

②誤

1回に食べられる食事量は成人より少ないため、食品重量あたりの栄養素含有量の多い食品を選択する。

③正

④誤＝アクの強い苦みのある野菜の極端な使用は避ける。

食べやすい料理の工夫が必要である。

問14 ④

①誤＝野菜不足である。

②誤＝油の摂取量が多い献立である。

③誤＝食塩の摂取量が多い献立である。

④正

問15 ③

①誤

長時間煮てやわらかくするために、だし汁を多くする。

②誤

きざみ食は、口腔内で食物のかたまりを作りにく

いので、誤嚥につながる。

③正

やわらかくとろみのある料理は、食塊を形成しやすい。

④誤

問16 ③

①誤

つわりの時期は、食べられるときに食べたいものを食べるように勧める。

②誤

妊娠前の体格が低体重の場合、体重増加量は12〜15 kg を目安とする。

③正

④誤

「主食」を中心に摂取することを勧める。

問17 ①、④

①正

食物アレルゲンは、加熱や酸、酵素により変化したり、消化酵素の働きでアミノ酸とのつながりが切断されると症状が出にくくなる。

②誤＝原因となる食品は、少量の摂取でも症状が起こる。

③誤

多い症状は、じんましんや腫れ、かゆみ、鼻水、くしゃみなどの皮膚症状や粘膜症状である。

④正

問18 ③

生活習慣病の発症には、エネルギーおよび各栄養素の摂取量の過不足が関係している。

①誤

②誤

③正

④誤

問19 ③

①誤＝高齢者では、BMI を $21.5 \sim 24.9\,\mathrm{kg/m^2}$ を目安にエネルギー摂取量を計画する。

②誤＝リンを多く含む加工食品の過剰摂取に注意する。

③正

④誤

牛乳で必要な量のカルシウムを摂取するには、1週間に2回では不足する。十分な量を毎日摂取する。

問20 ①

①正

縄文時代後期には、稲作が伝来し、弥生時代には水田稲作が日本列島全域に広がった。

②誤＝肉食禁止令は、675年に発せられた。

③誤

味つけがほとんどされておらず、各人が塩、酢、酒、醤などの調味料をつけて食べていた。

④誤＝江戸時代には、炊干法で炊飯されるようになった。

問21 ②

①誤＝アジは、夏が旬の食材である。

②正

③誤＝ブリは、冬が旬の食材である。

④誤＝カツオは、夏が旬の食材である。

問22 ④

①誤＝岩手 ―― わんこそば

治部煮は石川の郷土料理である。

②誤＝山梨 ―― ほうとう

フナずしは滋賀の郷土料理で、三大なれずしの1つである。

③誤＝岡山 ―― ばらずし

箱ずしは大阪の郷土料理である。

④正

問23 ①

①正

②誤

手のひらに収まらない大きい器は、置いたままで食べる。

③誤

ふたつきの器は食べ終えたあと、ふたをもとにもどす。

④誤＝渡し箸とは、器の上に箸を渡すように置くことである。

遠くの食器を箸で手元に引き寄せるのは、寄せ箸である。

問24 ④

BMI は $22.9\,kg/m^2$［$70\,(kg)/1.75^2\,(m)$］で、体格は普通である。血圧が高い。空腹時血糖値、脂質値は特に問題がない。減塩とカリウム摂取のため、生の野菜や果物の摂取を勧める。

①誤

②誤

③誤

④正

問25 ②

生の野菜や果物が摂取できる昼食とする。

①誤

②正

③誤

④誤

問26 ③

①誤

弾力が強く粘りがあるものは、噛み切りにくく詰まりやすい。

②誤

滑りやすいものは、のどにそのまま入り、危険である。

③正

飲み込みにくくなってきた際の食事の形態は、水分を含んでやわらかく、適度に変形しやすいものである。

④誤

「きざみ食」は口腔内で食物のかたまりを作りにくく、かえって誤嚥しやすい。

問27 ③

①誤

弾力が強く、水分が少ないので飲み込みにくい。

②誤

滑りやすく、のどにそのまま入り、危険である。また噛み切りにくく、細かくなるとまとまりにくい。

③正

④誤

「きざみ食」は口腔内で食物のかたまりを作りにくく、かえって誤嚥しやすい。

問28 ③

①誤

BMI は $24.6\,kg/m^2$ で、体格は普通である。

②誤

腹囲は85cmであり、メタボリックシンドロームの基準90cm以上に該当しない。

③正

中性脂肪は高値である。メタボリックシンドロームの診断基準である150mg/dLを超えている。

④誤

問29 ②

①誤

部活動前には、水分補給、エネルギー補給を行う。

②正

水分補給として、お茶、牛乳もよい。

③誤

エネルギー補給は、糖質主体の食品とし、脂質や
たんぱく質の多い食品は避ける。
④誤

問30 ③
①誤
肥満や脂質異常、高血圧などの家族全体のことを
考え、脂質の多い調理法に偏らないようにする。
②誤
かたいものが噛みにくくなっているので、根菜類
はやわらかく煮た料理が食べやすい。
③正
家族の健康状態から考え、野菜の摂取量を増やし
たい。
④誤
祖母は血圧が高いため、薄味でおいしく食べられ
るような工夫が必要である。

問31 ④
①誤
貝類は、ふり洗いでは汚れが落ちにくい。殻がか
たいため、こすり洗いをしたほうがよい。ふり洗
いは、組織のやわらかい野菜類などの洗浄方法で
ある。
②誤
③誤＝呼び塩は、塩蔵品を薄い食塩水に浸して塩抜
きする方法をいう。
塩蔵食品から塩出しをする場合、真水を用いるよ
り薄い塩水につけると、食品表面と中心部の食塩
が均一に程よく抜ける。
④正

問32 ①
①正
②誤
にんじんなど、かたい野菜を切るときは、押し出
し切りにする。
③誤＝刺し身などは、引き切りにする。
④誤＝肉は線維に対し平行に切ると、加熱時に形状
を保ちやすい。

問33 ③
①誤
圧力なべは機種によって上昇する温度が異なるが、
110〜120℃程度で加熱される。150℃のような高
温にはならない。
②誤＝油通しは、100〜130℃の温度帯である。
140〜160℃は、油通しとしては高い。この温度は、
素揚げなどで用いられる温度域になる。

③正
④誤
オーブンで魚の焼き物をする場合、180〜200℃
では低い。香ばしい焼き色がつき、内部がパサつ
かないように仕上げるには、220〜250℃程度の
温度域が多い。

問34 ②
①誤
アクの強い緑黄色野菜をゆでるには、食材重量の
5〜8倍量の多量の湯が必要である。湯量が少な
くてよいのは、アクの少ない野菜である。
②正
少量の酢が入ったpH4程度で短時間ゆでる場合、
ペクチンが分解しにくいため、シャキッとした歯
切れのよい状態になる。
③誤
④誤
塩はペクチンの可溶化を促進するため、軟化効果
がある。しかし、しょうゆは酸性（pH4.6〜4.8）
の調味料で、特に加熱始めから添加すると根菜類
の軟化を抑制する。

問35 ④
①誤＝食材の投入量は、なべ容量の1/3〜1/2量
が適切である。
2/3量では多すぎて、撹拌しにくい。
②誤
③誤＝キャベツ400gのいため油の適量は、大さじ
2〜3杯である。
材料重量の5〜10％の油脂が適量のため、キャ
ベツ400gなら20〜40gの油となり、大さじ1と
2/3杯〜大さじ3と1/3杯に相当する。
④正

問36 ②
①誤＝対比効果によってうま味が強くなる。
②正
③誤＝抑制効果で苦みが弱くなる。
④誤＝変調効果で水が甘く感じる。

問37 ②、③
①誤
電磁誘導加熱は、IH調理器の加熱原理である。
IH調理器の熱効率は約90％と高い。ガスコンロ
の場合、熱効率は50％程度で、調理に用いられ
ずに周囲へ逃げる熱が多い。
②正
③正

アルミニウムは酸に弱い材質である。そのため、ジャムのように酸を多量に含む料理には不向きである。

④誤

ステンレスは熱伝導率が低値で、熱があたった部分から周囲へ広がりにくいため、部分的に高温となりやすく、焦げつきやすい。

問38 ④

①誤

電磁（IH）調理器は金属製の平底なべがよい。中華なべはわん曲しているために接触面積が少なく、合理的に発熱できない。

②誤

パイロセラム（超耐熱ガラス）は、なべ底が電気抵抗体となることができないため、電磁（IH）調理器には利用できない。

③誤

圧力なべの仕様はメーカーにより異なるが、120℃程度である。

④正

ステンレスはアルミニウムより熱伝導率が低値のため、同じ水量の湯を沸かすには時間がかかる。アルミニウムのほうが、短時間で湯を沸かすことができる。

問39 ①

①正

②誤

好ましいとされるこわ飯は、もち米重量の1.6〜1.9倍であるため、480〜570ｇ程度の範囲が好ましい。問題文はこわ飯重量が米重量の2.2倍のため、かなりやわらかいテクスチャーである。

③誤

米粉（上新粉・米粉）にはグルテン形成するたんぱく質が含まれない。そのため、生地をまとめにくいことから、上新粉では熱湯を利用する。しかし、白玉粉は乾燥したかたまり状であることから、熱湯を使うと生地内にダマができてしまうため、水を加えてこねる。

④誤

水を10倍容量加えて炊く。米1に対して水を5倍容量加えて炊くのは、全がゆである。

問40 ②

①誤

②正

③誤＝ブール・マニエは、スープのとろみづけに用

いられる。

小麦粉とバターを練り合わせたもので、油脂が混入しているので、液体に加え混ぜてもかたまりができない。

④誤

小麦粉を油脂でいためて作るホワイトルウの加熱終点は120℃程度と高温である。高温のルウに液体が加わると、ダマをつくりやすい。ルウは粗熱をとり（ある程度冷まし）、液体を加えたほうがダマになりにくい。ルウと液体の混合は、30〜40℃程度が作りやすい。

問41 ④

①誤

肉の中心温度が75℃程度の焼き方は、ウェルダンである。ミディアムは65〜75℃程度になるような焼き方である。

②誤

長時間の煮込みで低分子化して軟化するのは、コラーゲンである。筋線維は加熱を継続しても軟化することはない。

③誤

④正

肉たたきは肉の組織構造を機械的に破壊し、加熱による収縮や硬化を抑制する。

問42 ①、③

①正

肉の色素も同様である。

②誤＝エビの殻の色素は、加熱によって変性してアスタシンとなる。

エビの殻の色素アスタキサンチンは、加熱前はたんぱく質と結合し青色を呈している。

③正

④誤＝魚の酢じめを作るときは、魚肉重量の2〜5％のふり塩をし、そのあと酢でしめる。

問43 ④

①誤＝希釈卵液の卵濃度は、25〜33％程度である。レシピや嗜好により幅がある。問題文の卵濃度40〜45％では、ゲルがかたくて卵豆腐のような状態である。

②誤

砂糖の溶解促進およびす立ち抑制のため、卵液を温めて加え混ぜる操作が行われる。卵の凝固開始と牛乳の被膜形成を考慮し、60℃を超えないほうがよい。

③誤

卵の蒸し物は90℃を超えた状態で長時間加熱すると、す立ちが多くなり、なめらかに仕上がらない。

④正

カスタードプディングは蒸し器での加熱のほか、天板に湯を入れて160℃で加熱する方法がある。

問44 ②

①誤

乳脂肪クリームは植物性脂肪クリームより脂肪球が大きく、短時間で泡立つが、ホイップクリームは空気を抱き込む量（含気量）が少なく、重い食感となる。含気量が多い植物性脂肪クリームのホイップクリームのほうが軽い食感となる。

②正

植物性脂肪クリームは乳化剤や安定剤が添加されているため、分離しにくい。冷却しながら泡立てた場合でも、乳化剤を含まない乳脂肪クリームは、過度に泡立てると分離してふんわりした状態に仕上がらない。乳脂肪クリームは、デリケートな扱いが必要なクリームである。

③誤＝牛乳中のカルシウムは、カスタードプディングのゲル化を促進する。

希釈卵液のゲル化は、牛乳中のカルシウムイオンが凝固を促進している。

④誤

牛乳中のカルシウムが芋のペクチンと結合すると、不溶性のペクチンとなるため、芋が軟化しにくくなる。

問45 ④

①誤＝豆は洗って、400〜500mL の水につけておく。

乾燥豆の浸漬は、豆重量の4〜5倍の水を用いる。

②誤＝豆の吸水に必要な時間は、水につけて5〜8時間である。

乾燥豆の吸水は、一般的に一晩ともいわれる（吸水は一定時間で平衡になるため、それ以上の時間がとられていればよい）。

③誤

豆の品種・保存法・浸水条件・水きりなどにより幅があるが、ゆでた豆は、乾燥重量の約2.0〜2.5倍になる。問題文の重量では少なく、加熱不足が考えられる。

④正

比較的多量の砂糖を加える甘煮では、十分ゆでてやわらかくしておかなければ、砂糖添加後にかた

くしまって、食感が好ましくなくなる。

問46 ①

①正

②誤

辛味は揮発性で、時間をおくと弱まる。

③誤

④誤＝干ししいたけは、低温で長時間かけてもどすと、酵素の作用でうま味が増す。

問47 ②、③

①誤

60℃以上のだし汁を加えると、粘性は低下する。

②正

③正

④誤

煮る・ゆでる程度の温度では分解しないため、下処理段階できちんと除去することが必要。

問48 ③

①誤＝ゼリーに適するゼラチンの使用濃度は、2〜4％である。

②誤

寒天など食物繊維のゲル化剤と比べ、消化はとてもよい。

③正

④誤＝ゼラチンは、冷却時間が長いとゲル強度が高くなる。

問49 ③

①誤

102〜103℃で調製するシロップ（ショ糖濃度50〜60％）は、冷蔵保存が可能である。ショ糖の溶解性は高く、0〜10℃であれば64.2〜65.6％のため、密栓してあれば結晶はできない。

②誤

一般的に煮詰め温度は、フォンダンが107〜115℃、抜糸は銀糸（140〜145℃）および金糸（160〜165℃）である。フォンダンのほうが低温になる。

③正

④誤

ハチミツは果糖やブドウ糖を多く含み（ショ糖は少ない）、特にブドウ糖を多く含むハチミツは低温で白濁しやすい。

問50 ④

①誤

紅茶は発酵茶、ウーロン茶は半発酵茶である。

②誤

煎茶はおよそ80℃、番茶は沸騰状態の高温でい

れる。

③誤

クリームダウンは茶が緩慢冷却した場合に起こる白濁現象で、タンニンとカフェインの化合物である。急冷すれば、この現象は起こらない。

④正

紅茶もウーロン茶も沸騰状態の高温の湯で、香り高くいれる。

問51 ①

①正

②誤

解凍後の変性が大きく、冷凍保存には不適である。

③誤

熱いうちに入れると、冷凍庫内温度が上昇するのでよくない。

④誤

野菜の種類によるが、ゆでて冷凍する場合が多い。

問52 ①

①正

砂糖の調理の1つ「抜糸（バースー）」である。色がつかない銀糸（140〜145℃）と色がつく金糸（160〜165℃）がある。

②誤

上白糖には転化糖が含まれるため、アミノカルボニル反応が起こりやすい。そのため上白糖を用いたカラメルの色は褐色が強く、ケーキなども濃いきつね色になる。

③誤

④誤

食塩（NaCl）が水に溶け、解離した Na イオンは、ペクチンの可溶化を促進するため、野菜は早く軟化する。

問53 ②、③

①誤

②正

絵柄を正面にし、ふたがついている際は器とふたの絵柄を合わせるようにふたをする。

③正

④誤

問54 ③

①誤

くず桜は、半糊化状態の生地であんを包み、透明感が出るまで蒸す。冷却時間が長いと、老化して白濁する。

②誤

上新粉（原料：うるち米）に白玉粉（原料：もち米）を配合すると、やわらかくなる。

③正

水ようかんの寒天濃度は、でき上がり重量に対して、棒寒天であれば0.8％程度のかたさである。500 × 0.008 ＝ 4 g となる。

④誤

水ようかんやしるこのように甘味主体の食べ物に少量塩味が加わると、対比効果によって甘味が増す。

問55 ②、③

①誤

干しエビは、使用前にもどすが、手軽なだし材料として汁物に利用される。

②正

スープ類のとろみづけは、でんぷんの粘性を利用している。食材としては、薄力粉、じゃが芋、かぼちゃ、ご飯などがある。ご飯はにんじんのポタージュなどで利用される。

③正

④誤＝吸い物の仕上げに添える木の芽などを、吸い口という。

吸い口は汁の味を引きしめ、香りを添え、季節感を演出する役割がある。吸い物のあしらいは、わん種との色彩や味の相性などを考慮して、料理の演出のために盛り添えるもの（季節の野菜や海藻など）をいう。

問56 ②、④

①誤＝ソース・ノルマンドなどを使用したクリーム系の料理が多い。

コック・オーヴァンはブルゴーニュ料理である。

②正

③誤＝エポワスは、ブルゴーニュ地方のチーズである。

マスタードはディジョンが有名である。

④正

問57 ④

①誤＝上湯（シャンタン）── 上等なスープ。

澄んだスープは、清湯（チンタン）である。

②誤

焼（シャオ）はいため煮である。

③誤＝清蒸（チンジョン）── 材料を、そのまま間接蒸しにする。

④正

問58 ④

①誤＝ナンプラーは、タイで使われる魚醤である。

②誤＝ベトナム料理は、植民統治時代のフランス料理の影響を受けている。

③誤＝トウバンジャンは、中国の調味料である。

④正

問59 ②

①誤＝ノロウイルスは、冷蔵庫内で数か月安定して生存する。

②正

③誤＝ノロウイルスは、人の腸のみで増殖する。

④誤＝ウイルスを原因とする食中毒は、ノロウィスルによるものが多い。

問60 ③

①誤

②誤

③正

④誤

問1 ②、③

ヒトの体内時計は、25時間の概日リズムを持っている。体内時計の25時間周期と地球の自転、1日24時間では時間にずれが生じるので、体内時計を早めて生活をすることが必要である。朝起きて日光を浴び、朝食をとることで目覚め、生活リズムを作ることができる。休日寝坊をしたり、寝だめをすることは体内リズムが乱れ、疲れやすくなる。

①誤

②正

③正

④誤

問2 ①、③

①正

②誤

イタリアのカルロ・ペストリーニ氏が、ファストフードに対して唱えた。

③正

日本スローフード協会では、「味の箱舟」という取り組みを行っている。

④誤

小さな作り手の限られた食品や、将来的に消滅の危機がある食品である。

問3 ①、②、④

①正

②正

③誤

食事バランスガイドには、外食事業者向けマニュアルもある。

④正

問4 ④

必須アミノ酸は、イソロイシン、ロイシン、リシン、メチオニン、フェニルアラニン、トレオニン、トリプトファン、バリン、ヒスチジンの9種類である。

①誤

②誤

③誤

④正

問5 ①

①正

②誤

③誤

多価不飽和脂肪酸は酸化されやすい。ビタミンEのほか、抗酸化物のカロテノイドやビタミンC、フラボノイドを多く含む食品とともに摂取すると酸化されにくくなる。

④誤

問6 ③

①誤＝ショ糖は、二糖類である。

②誤＝キチンは、不溶性の多糖類である。

③正

④誤

問7 ②、④

スキムミルク、煮干し、湯葉乾物、大豆乾物、水煮缶、きな粉などは、常温保存である。

①誤＝冷蔵保存である。

②正

③誤＝冷蔵保存である。

④正

問8 ②

①誤＝乳児がビタミンD不足になると、くる病となる。

骨軟化症は、成人のビタミンD欠乏症である。

②正

③誤＝葉酸の摂取では、葉菜類を十分に摂取することが重要である。

④誤

ビタミンB_2、B_6、B_{12}、葉酸は、造血を促進する働きがある。

問9 ②

①誤

②正

推定平均必要量と推奨量はすべての栄養素に作成されていない。

③誤

ナトリウム（食塩相当量）の推定平均必要量は、1日600mg、食塩相当量で1.5gである。食事計画には、目標量を目安とする。

④誤＝エネルギーと各栄養素は、1週間程度で過不足を調整すればよい。

問10 ④

①誤

豚ロースなので脂質が多い。豚肉が重なっている。

②誤

揚げ物なので脂質が多く、肉豆腐との組み合わせはエネルギーが高い。

③誤

丼ものなので、ごはんの量が多く、丼にから揚げはエネルギーが高い。

④正

油が少なく、野菜が多い。

問11 ④

①誤＝1日の適正なたんぱく質量は、58.5〜90g である。

適正なたんぱく質エネルギー比率は、13〜20％E である。

②誤＝1日の適正な脂質量は、40〜60g である。

適正な脂質エネルギー比率は、20〜30％E である。

③誤

$1,800 (kcal) \times 0.3 = 540 kcal$

④正

1回の食事が540kcalであり、その45％が穀類由来のエネルギーとすると243kcalとなる。80kca＝1点分の飯の量は50gであるので、約3点分で150gである。

問12 ①

①正

必要なエネルギー量の約半分量が主食で決まってくるため、主食の種類と量を決め、主菜、副菜、汁を考えていく。

②誤

③誤

④誤

問13 ②

①誤

たんぱく質の必要量は、思春期の女子は男子に比べ少ない。

②正

③誤

カルシウムの必要量は、思春期の女子は男子に比べ少ない。

④誤

ビタミンCの必要量は、思春期の女子と男子は同じである。

問14 ④

①誤＝日本酒は1合が目安である。

②誤＝夕食時間が遅くなるときは、19時頃に軽食

（おにぎりやパンなどの主食）をとる。

③誤

砂糖入り缶コーヒーなどの清涼飲料水由来のエネルギー量に注意が必要である。

④正

問15 ①、③

①正

フレイルティ（フレイル）は、加齢による衰弱した状態である。

②誤

カルシウム摂取量が不足しないようにする。ロコモティブシンドロームは、運動器障害のことである。

③正

サルコペニアは、筋力や筋肉量の減少である。

④誤

メタボリックシンドロームは、内臓脂肪型肥満をベースに高血糖、高血圧、脂質異常を伴う病態である。

問16 ①、③

①正

②誤

③正

④誤

神経管閉鎖障害のリスク低減のために、妊娠1か月前から妊娠3か月までの間、食品からの葉酸摂取に加えて、いわゆる栄養補助食品から1日あたり400μgの葉酸摂取が勧められている。

問17 ②、③

①誤

きな粉は大豆を炒って皮をむき、引いた粉である。

②正

ナンは、小麦粉と塩、水、酵母を主材料とする平型のパン。西アジア、南アジアなどの地域の料理として供される。

③正

小麦粉を原材料とする細い麺である。

④誤

ご飯をすりこぎですりつぶし、芯にした棒ににぎりつけて焼いた、秋田県の郷土料理である。

問18 ②

①誤

②正

オリーブオイルやサフラワー油には一価不飽和脂肪酸が多い。酸化しにくく、動脈硬化の予防効果

が期待される。

③誤

魚油にはエイコサペンタエン酸やドコサヘキサエン酸が多く含まれ、LDLコレステロールや中性脂肪を減らし、HDLコレステロールを上昇させる作用がある。

④誤

問19 ④

①誤

動物性たんぱく質を適正量摂取する。たんぱく質は、造血と栄養状態の改善に役立つ。良質のたんぱく質を摂取する。

②誤

レバー、赤身の肉、魚などヘム鉄の多い食品のほうが吸収がよい。

③誤

緑茶や紅茶に含まれるタンニンは、鉄の吸収を阻害するので注意する。

④正

香辛料を適宜使用し、胃酸の分泌を促進することは、鉄の吸収を助ける。

問20 ①

①正

②誤＝食器は、基本的には漆器を使用する。

③誤＝五の膳まである場合は、本膳の左に三の膳が置かれる。

④誤＝基本的に香の数は菜の数には入れない。

問21 ②

①誤＝オクラは夏が旬の食材である。

②正

③誤＝アスパラガスは春が旬の食材である。

④誤＝三つ葉は春が旬の食材である。

問22 ①

①正

陰暦7月15日、現在は8月15日を中心に先祖の霊を祭る行事である。

②誤

よもぎの強い香りは邪気を払うと考えられ、上巳によもぎもちが作られる。

③誤＝祝事には、厄除けになると考えられる赤色の食品が使われる。

④誤

柏の葉は新芽が出るまで親の葉が落ちないことから、家が代々続くことを願って柏もちに使われる。

問23 ②

①誤＝和食器は基本的には手で持つが、焼き物皿や刺し身皿は手で持たない。

②正

③誤＝唐津焼きは、陶器である。

④誤＝曲げわっぱは、杉で作られる。

問24 ④

①誤

②誤

生活の大部分が座位で、静的な活動が中心の場合の身体活動レベルである。

③誤

座位中心の仕事だが、職場では移動、立位の作業があったり、通勤、買い物・家事、軽いスポーツ等のいずれかを含む場合の身体活動レベルである。

④正

問25 ②

外食や中食が多いと、エネルギー、脂質、食塩量が多くなりやすい。野菜摂取量が少なくなりやすく、食物繊維、ビタミンが十分に摂取されにくい。

①誤

②正

③誤

④誤

問26 ①

①正

BMIが$27.2\,\mathrm{kg/m^2}$で、肥満であり、中性脂肪値が高い。食事の内容をみてもエネルギーの過剰である。

②誤

③誤

食塩の摂取量も多いことが想定されるが、血圧は現在のところ問題とはいえない。

④誤

アルコール飲料は何かの機会に飲む程度なので、現在のところ問題とはいえない。

問27 ①、③、④

①正

②誤＝エネルギーや食塩のとりすぎになるため、好ましくない。

③正

④正

問28 ③

メタボリックシンドロームの診断基準は、腹囲が男性85cm以上、女性90cm以上の人で、以下の

３つのうち２つ以上に当てはまる人である。
i 血圧：収縮期血圧 130mmHg 以上かつ／または拡張期血圧 85mmHg 以上
ii 血糖値：空腹時の血糖値 110mg/dL 以上
iii 血中脂質：中性脂肪 150mg/dL 以上かつ／または HDL コレステロール 40mg/dL 未満

①誤＝ BMI は23.5kg/m² であり、普通体重の範囲である。

②誤＝腹囲が84cm であるので、男性の診断基準の85cm より少ない。

③正

④誤

問29　④

①誤＝ BMI は23.4kg/m² であり、普通体重の範囲である。

②誤

③誤

④正

問30　③

①誤

成長期の子どもを含む家族構成であるが、たんぱく質、脂質のバランスを考え、肉に偏らず、魚や大豆製品をとるようにする。料理法も揚げ物に偏らないようにする。

②誤

必要量の個人差は、家庭の食事でも主食を中心に考慮する。

③正

④誤

夕食の時間が遅い場合、主食をとり、魚や大豆製品、野菜などを中心に脂質の多い料理を避けて組み合わせる。

問31　②

①誤

0.2％の重曹水に浸漬することがある。１％重曹水では、濃度が高すぎる。

②正

③誤＝山菜のアク抜きは、0.2％程度の重曹水に浸す。

山菜はクロロフィルを含み、酢水に浸すと退色するので、用いられない。

④誤＝貝類に砂を吐かせるために約３％の塩水に浸すことを「砂出し」という。

問32　③

①誤

菜切り包丁は両刃であることから、野菜を垂直に切るのに向いている。かつらむきは、薄刃包丁のような片刃の包丁が向いている。

②誤

出刃包丁は片刃で厚みがあり、重い。魚をおろしたり、骨を切るのに向いている。

③正

イカの切り込みは、調理用途により変わる。

④誤

繊維に対して直角に切ると、繊維が短く断ち切られ、比較的噛み切りやすい食感になる。

問33　①

①正

②誤＝蒸す　――　100℃

③誤＝焼く　――　150～300℃

④誤＝揚げる　――　150～200℃

問34　③

①誤＝凝縮熱を使用する加熱法である。

凝縮熱とは、水蒸気が水にもどる際に放出される熱のことである。

②誤＝赤飯や芋類は、終始強火で蒸す。

③正

④誤＝茶わん蒸しや卵豆腐は、初期のみ強火で、その後弱火で蒸す。

問35　③

①誤＝衣の薄力粉は、約1/2カップが適量である。

必要な薄力粉は、材料250ｇの20～25％であるから、約50～60ｇになる。薄力粉は１カップ110ｇのため、約1/2カップに相当する。

②誤＝卵水は、薄力粉重量の160～200％必要である。

③正

④誤

ししとうの素揚げは150～160℃程度で揚げる。魚介類は170～180℃程度でパサつかないように短時間に揚げる。

問36　①

①正

②誤

③誤

④誤

問37　③

①誤

電磁（IH）調理器では、金属製のなべ底面にうず電流（誘導電流）が発生して発熱する。

②誤＝発熱の電気抵抗体となっているのは、金属製のなべ底である。

食材や煮汁などの水分が発熱源となっているのは、電子レンジ加熱である。

③正

放射伝熱が主体の直火焼きは、電磁（IH）調理器ではできない。

④誤

セラミック製のなべは、窯業製品（金属を含まない）のため、電磁誘導加熱の原理をもつ電磁（IH）調理器では発熱せず、使用できない。

問38 ③

①誤

電磁（IH）調理器では、なべ底にうず電流が発生することが必要であるため、金属製でなければ使用できない。

②誤

ステンレスは鉄・クロム・ニッケルなどの合成金属のため、さびにくい。電磁（IH）調理器には、使用できる。

③正

④誤

鉄イオンの存在により、れんこんに含まれるフラボノイド色素は、黒っぽい色に変化する。

問39 ①、③

①正

②誤

米のでんぷんは、アミロースとアミロペクチンから成るが、アミロースの含量が高くなるほど、老化しやすくなる。

③正

④誤＝好ましいこわ飯の炊き上がり重量は、米重量の1.6〜1.9倍である。

米重量の2.1〜2.3倍は、好ましい白飯の炊き上がりである。

問40 ③

①誤＝パン生地に加える砂糖は、イーストの栄養源となり、発酵を促進する。

砂糖は親水性が高いため、グルテン形成を抑制する。パン生地に添加する場合はグルテン形成ではなく、イーストを活性化させて発酵を促進する。

②誤＝中華めん特有の色は、小麦粉中のフラボノイド色素がアルカリ性で黄変化したものである。

フラボノイド色素は、小麦粉や玉ねぎなどに含まれる無色〜淡黄色の水溶性色素である。酸性で白

色、アルカリ性で黄色になる。中華めんにはアルカリ性のかん水が用いられるため、特有の黄色を呈する。

③正

ルウは高温でいためられるほど、でんぷん粒の表面の硬化とデキストリン化が進行し、ソースにすると粘性が低くなる。

④誤＝天ぷらの衣は、薄力粉と粉の160〜200％の卵水（卵：水＝1：3）を加えて作る。

問41 ③

①誤

リブロースは、サーロインと並んで結合組織の少ない部位の肉である。肉質がやわらかいため、ステーキに向いている。煮込んでやわらかくなるのは、結合組織の多いバラなどの部位である。

②誤

砂糖は親水性のため、加熱によるたんぱく質の変性を抑制し、肉がかたくしまるのを防ぐ。

③正

重曹はアルカリ性のため、下処理に用いると肉の保水性を向上させ、その後加熱するとやわらかく仕上がる。

④誤

牛脂の融点は人の体温より高いことから、脂肪が少ない部位のほうが喫食温度を問わず、長時間食味よく食べられる。脂肪が多いと、室温での喫食は脂肪が固まってザラつき、食味がよくない。

問42 ②

①誤

ヒラメは肉質がかたいため、薄めの切り方にする。平作りや角作りは、肉質のやわらかいマグロやカツオで行われる。

②正

一般に刺し身は皮をはいだ身を用いるが、松皮（別名：皮霜）作りは、皮つきの魚肉表面に熱湯をかけ熱変性させ、冷水にとるもので、特有の口ざわりを楽しむ。

③誤

さく取りした魚肉の表面を軽く熱湯処理して冷水にとったもので、魚肉表面が熱変性して白くなるところが、霜が降りたようにみえることから、この名称がある。

④誤＝しめサバは、塩で軽く身をしめたあと、酢につけるものである。

冷水中でふり洗いして、特有のかたさにする料理

は、「洗い」である。

問43 ①、③

①正

砂糖は親水性のため、たんぱく質変性を抑制する。砂糖の分量が減少すると、たんぱく質が凝固しやすくなり、すが立ちやすくなる。

②誤

カスタードプディングは加熱前、事前に希釈卵液を予備加熱（凝固しない60℃程度まで）しておくと、卵液の温度上昇が緩慢な状態となり、すが立ちにくい。また、牛乳を温めてから卵に加え混ぜる方法も同様の効果がある。

③正

共立ては全卵のまま泡立てる方法だが、卵黄に油脂が含まれるため、卵白だけで泡立てるよりも泡立てにくい。40℃程度の湯せんで泡立てると、卵の表面張力が低下するため泡立てやすい。

④誤

卵白に砂糖を添加してから撹拌すると、砂糖の溶解によって卵白の粘度が上昇し、泡立ちにくくなる。通常、卵白を少し撹拌してから砂糖を添加するが、このほうが泡立ちやすく、砂糖の親水性によって安定した泡が形成できる。

問44 ②

①誤

牛乳にはアミノ酸や還元糖が含まれ、加熱時にアミノカルボニル反応が進行し、焼き色がつきやすくなる。

②正

③誤

クリームに含有する脂肪球は、植物性脂肪のクリームより乳脂肪のクリームのほうが大きく、撹拌時に凝集しやすいため、短時間である。

④誤

砂糖がたんぱく質変性を抑制して水分の分離を減少させ、クリームの安定性を増す効果がある。

問45 ②

①誤

早く均一に加熱するには、通常のなべ加熱でも圧力なべでも、大豆の予備浸水は必要である。

②正

③誤

さらしあんは、生あんを乾燥させたもので、簡単にあん作りができる。使用する際は、たっぷりの水分（約2倍量）が必要である。あずきをゆでて

つぶし、沈殿した部分を集めたものが生あん（こしあん）である。

④誤＝あずきの渋きりは、アク成分を除くために行う。

問46 ③

①誤

淡色野菜はアクが少ないため、比較的少量の湯でよい。

②誤

野菜の細胞壁に存在するペクチンエステラーゼは、60℃程度で活性が高い酵素で、この酵素が作用すると、軟化が抑制される。

③正

アントシアニンは酸性で、鮮やかな赤色を呈する。

④誤

ジャムは適熟果がよい。過熟な果物はペクチンが低分子化しているため、ジャムには適さない。また、未熟果はプロトペクチン（不溶性のペクチン）が多く、ジャムには適さない。

問47 ④

①誤

ソラニンは芽や緑の表皮に含まれる有毒成分で、100℃程度の加熱では分解しない。そのため、あらかじめ十分取り除くことが必要である。

②誤

プロトペクチンは、未熟な芋に多く含まれる不溶性のペクチンである。新じゃが芋はプロトペクチンが多いため、煮くずれにくい。

③誤

チロシナーゼの作用によるものである。プロテアーゼはたんぱく質分解酵素のため、褐変とは関係しない。

④正

山芋の粘性は60℃以上で低下するため、添加するだし汁はさめているほうがよい。

問48 ④

①誤

寒天は多糖類であるため、たんぱく質分解酵素の影響は受けない。高温のかんてん液に果汁を加えると（特に添加後の長時間加熱）、酸の影響でゲル強度が低下する。また、ジュース中に果肉の一部や繊維が混在する場合、寒天の分子の網目構造の固定を物理的に阻害し、ゲル強度を低下させる。

②誤

カラギーナンは室温で凝固するが、ゼラチンは

10℃以下のような低温でなければ凝固しない。

③誤

デザートゼリーで使用される場合、寒天は0.5〜1.5％、ゼラチンは2〜4％で、前者は後者の約半量でよい。

④正

問49 ①、④

①正

②誤＝室温で固体のあぶらを「脂」という。

採油する動植物の種類にかかわらず、融点により「油」「脂」は区分される。

③誤

15〜16℃は軟化する温度であり、この段階では可塑性を有し、クッキーやパイなどの生地の成形をしやすくする役割がある。

④正

やわらかい固体脂は撹拌すると空気を抱き込み、それがパウンドケーキの膨化を促進する。

問50 ②

①誤＝標準的ないれ方として、煎茶に用いる湯は80℃である。

50〜60℃は玉露を入れる場合である。

②正

③誤

味の相互作用のうち、苦味（主）＋甘味の組み合わせは、苦味が弱くなる現象があり、これを抑制効果という。

④誤＝緑茶の主なうま味成分は、テアニンである。

タンニンは渋味、カフェインは苦味を呈する成分で、うま味ではない。

問51 ③

①誤

液状のクリームを凍結すると、分離する。菓子類に使用する場合、砂糖を加えたホイップクリームにして凍結保存する。

②誤

調理食品は冷却後に収納する。熱いまま収納すると庫内温度が上昇して、細菌の増殖の原因となる。

③正

液体は凍結すると体積が10％増加するため、容器容積の80〜90％程度に入れ、保存容器の変形や破損を避ける。

④誤

しっかりと凍結させたい場合は、冷凍庫に入れる。冷凍庫の温度基準は、−18〜−25℃である。−2

〜−3℃（微凍結温度帯）はパーシャル室の温度であり、刺し身、魚肉類、生鮮食品の解凍などに用いる。

問52 ②

①誤

塩は分子量が小さいため、食材内部への拡散速度が速く、砂糖よりも短時間に拡散する。

②正

③誤

しょうゆには食塩も含まれるが、酸性であるためにペクチンの分解を抑制し、軟化しにくくなる。

④誤

みそに含まれる食塩は、す立ちを抑制する。

問53 ③

①誤＝一汁三菜の食事では、汁の左側に主食を置く。

②誤＝中国料理では、箸やちりれんげはナイフのように「右側に縦」に置くことが多い。

③正

④誤＝西洋料理の配膳では、パン皿は向かって左側に置く。

問54 ②

①誤＝カスタードクリームのとろみづけには、小麦粉やコーンスターチのような種実でんぷんが用いられる。

②正

ドーナッツは、十分な膨化と小麦でんぷんの糊化に時間を要するため、160℃程度の油が適する。油温が高いと、十分膨化する前に表面が固まり、内部に生の生地が残っているのに表面が焦げる。揚げ物としては、比較的低めから中程度の温度で、ゆっくりと揚げる。

③誤＝パウンドケーキは、バターと砂糖を十分撹拌後、卵を加え、さらに小麦粉を加えて生地を作る。パウンドケーキは、薄力粉、バター、砂糖、卵が同量の配合で、固形脂のクリーミング性を利用した膨化調理である。バターは完全にとかさずに、可塑性のある状態で撹拌して、空気を抱き込ませる。卵を十分泡立てた後に薄力粉を加えるのは、スポンジケーキである。

④誤

バターをとかして生地に加える方法をとる。卵と砂糖で十分起泡していても、油脂の混入で泡が消えてしまうため、薄力粉を加えた後、とかしバターを加えて過度にならないよう撹拌する。

問55　④

①誤

ポタージュはスープのことで、ポタージュ・クレール（澄んだスープ；コンソメなど）とポタージュ・リエ（濁ったスープ；裏ごし野菜やクリームを用いたスープ）がある。

②誤＝ベニエは、フリッター（衣揚げ）のことである。

コース途中で肉料理の後に出される冷菓は、グラニテである（メニュー中にソルベと記されることもある）。口の中をすっきりさせる口直しが目的である。グラニテは、ソルベ（シャーベット）より甘味が少なく、ざらっとした食味との説明もある。

③誤

ムニエルバターは、焦がしバターである。

④正

問56　③

①誤

複雑で重い料理となっていたフランス料理は、軽いソースや健康的で素材の持ち味をいかした料理へと変化した。この新しいフランス料理をいう。

②誤＝ポタージュ・リエは、ピュレ状の濃厚なスープのことである。

フランス料理ではスープ全般をポタージュと称する。

③正

④誤

普通のコーヒーカップの1/2の大きさのデミタスカップを使用し、通常の2倍の濃さに抽出されたコーヒーが供される。

問57　④

①誤

北部が小麦粉の産地であるため、小麦粉を用いた料理が出される。

②誤

点心は軽食あるいは間食の意であるが、宴席料理では口直しとして出されることもある。塩味の点心（餃子・焼売・肉包子〔ロウパオズ〕など）と、甘味の点心（月餅・元宵〔ユエビン ユエンシャオ〕・豆沙包子〔トウシャーパオツ〕など）に大別される。

③誤＝中国料理の前菜は、冷たいものと温かいものがある。

④正

八宝菜や酢豚などがある。

問58　④

①誤

卓袱〔しっぽく〕料理は大皿盛で、豚の角煮などの料理もある。江戸時代の長崎で日本と貿易のあった外国の料理が誘導し、独自に発達した料理である。

②誤＝懐石は、茶会の前に空腹をしのぐ軽食として供される料理である。

③誤＝本膳料理は、室町時代に武家社会で成立した料理である。

江戸時代に酒を楽しむ料理として供されたのは、会席料理である。

④正

問59　②

サケ、マス、タラ、ニシン、サバ、スルメイカなどの海産魚介類には寄生虫であるアニサキスが寄生している恐れがある。サルコシスティスは馬、トキソプラズマは豚、クドアはヒラメに寄生する恐れのある寄生虫である。

①誤

②正

③誤

④誤

問60　①

食品を摂取する際の安全性および、一般消費者の自主的かつ合理的な食品選択を確保するために、2015年に「食品表示法」が施行された。主な表示には、期限表示、遺伝子組換え食品に関する表示、アレルギー物質を含む食品の表示などがあり、表示が任意である場合と義務化されている場合がある。遺伝子組換え農作物を利用して作られたしょうゆ、油などはたんぱく質や組換え遺伝子の残存がないことから表示の義務はない。

①正

②誤

③誤

④誤

実技試験（二次）の評価

実技試験評価表

● 3級

基礎技能 問題1 きゅうりの輪切り

項目No.	1	2	3	4
評価項目	全量切れている	切り口が円形である（切れている分で評価）	厚さが4mm以下である（切り残しを含め、全体で評価）	厚さが均一である（切れている分で評価）
状態	できていない／できている	できていない／できている	7割未満／7割以上／9割以上	できていない／ほぼできている／あまりできていない
配点	0 ／ 20	0 ／ 20	0 ／ 20 ／ 40	0 ／ 10 ／ 20

調理技能 問題2 かきたま汁

項目No.	1	2	3	4	5
評価項目	盛りつけまで終了している	指定通りの調理である（材料、分量）	だしに適度なとろみがついている（かたくり粉の塊もない）	指定通りの調理である（加熱状態）	卵白と卵黄がよく混ざり、塊とならずに浮いている
状態	できていない／できている	できていない／できている	できていない／できている	できていない／できている	できていない／ややできている／できている
配点	0 ／ 10	0 ／ 10	0 ／ 20	0 ／ 30	0 ／ 15 ／ 30

● 2級

基礎技能 問題1 大根のせん切り

項目No.	1	2	3
評価項目	全量が繊維に沿って切れている（繊維と直角に切っているものは0点）（太さや均一さは問わない）	太さが5mm以下である（切り残しも含め全体で評価）（均一さは問わない）	切り口が正方形でそろっている（切れている分で評価）
状態	できていない／できている	5割未満／5割以上／7割以上／9割以上	できていない／あまりできていない／今少しだがほぼできている／ほぼできている
配点	0 ／ 20	0 ／ 10 ／ 25 ／ 40	0 ／ 10 ／ 25 ／ 40

調理技能 問題2 ポークソテー ピーマン添え

項目No.	1	2	豚肉 3	豚肉 4	ピーマン 5	ピーマン 6
評価項目	指定通りの調味で、盛りつけまで終了している	肉の表裏、肉とピーマンの盛りつけ位置が指定通りである	指定通りの筋切りができている（筋切りの箇所が適切で肉が大きくそり返っていない）	適度な焼き色で、加熱状態がよい	指定通りの切り方である	加熱状態が適度である
状態	できていない／できている	できていない／できている	できていない／できている	できていない／あまりできていない／今少しだがほぼできている／できている	できていない／できている	できていない／できている
配点	0 ／ 20	0 ／ 10	0 ／ 10	0 ／ 10 ／ 20 ／ 35	0 ／ 15	0 ／ 10

●準1級

基礎技能 問題1　りんごの丸むき

項目No.	1	2	3	4
評価項目	全量が横に丸くむけている（皮の幅・厚さ・なめらかさは問わない）	皮が幅2cm以下で連続してむけている（むき残しも含め全体で評価）	りんごの形に沿って、皮が適切な厚みでむけている（むき残しも含め全体で評価、なめらかさは問わない）	表面がなめらかにむけている（むけている分で評価）

状態・配点

No.	状態	配点	状態	配点	状態	配点	状態	配点
1	むけていない	0	むけている	10				
2	連続が5割未満	0	5割以上連続	10	7割以上連続	20	9割以上連続	30
3	できていない	0	あまりできていない	10	ややできている	20	できている	30
4	なめらかでない	0	あまりなめらかでない	10	今少しだがほぼなめらかである	20	ほぼなめらかである	30

調理技能 問題2　厚焼き卵を主菜とした日常の昼食献立

項目No.	1	2	3	4	5	6	7
		主菜（前盛りつき）			副菜①	副菜②	汁物
評価項目	盛りつけまで終了している	指定の材料、分量で調理され、準1級レベルの料理として完了している（準1級程度に達している）			指定の材料、分量で調理され、切り方、加熱状態、調味、盛りつけができている	指定の材料、分量で調理され、切り方、調味、盛りつけができている	指定の材料、分量で調理され、切り方、加熱状態、調味、盛りつけができている
		厚焼き卵	前盛り 位置	前盛り 切り方・調理			

状態・配点

No.	状態	配点	状態	配点	状態	配点	状態	配点
1	盛りつけられていない料理がある	0	すべての料理が盛りつけられている	15				
2（厚焼き卵）	ほとんど達していない	0	一部達している	10	おおむね達している	25	十分達している	30
3（前盛り 位置）	できていない	0	できている	5				
4（前盛り 切り方・調理）	できていない	0	できている	5				
5（副菜①）	できていない	0	あまりできていない	10	今少しだがほぼできている	15	できている	20
6（副菜②）	できていない	0	今少しだがほぼできている	10	できている	15		
7（汁物）	できていない	0	今少しだがほぼできている	5	できている	10		

221

●1級

基礎技能 問題1 大根のかつらむき ／ 調理技能 問題2 来客向きの昼食献立（松花堂弁当）焼き物・揚げ物

項目No.	評価項目	状態（配点）
基礎技能 問題1 1	全体の長さが60cm以上ある（2枚の合計でも可：うち1枚は40cm以上続けてむけているものがある）	できていない(0) ／ できている(20)
2	長く続けてむけている最も長い1枚で評価	40cm未満(0) ／ 40cm以上(10) ／ 50cm以上(20) ／ 60cm以上(30)
3	厚さが2mm以下である 60cm分で評価	5割未満(0) ／ 5割以上(10) ／ 7割以上(20) ／ 9割以上(30)
4	厚みが均一である（湾曲含む）60cm分で評価	できていない(0) ／ ややできている(10) ／ できている(20)
調理技能 問題2 焼き物・揚げ物 1	指定された調理法で指定された材料がすべて入っている	できていない(0) ／ できている(5)
2	基礎的な調理技術ができている（切り方むき方・調味・加熱状態・盛りつけなど）	できていない(0) ／ ややできている(5) ／ できている(10)
3	料理が1人分として適量である	できていない(0) ／ できている(5)
4	料理の色彩や外観が美しい	できていない(0) ／ できている(5)

調理技能 問題2 来客向きの昼食献立（松花堂弁当）

項目No.	評価項目	状態（配点）
あえ物（酢の物含む）5	指定された調理法で指定された材料がすべて入っている	できていない(0) ／ できている(5)
6	基礎的な調理技術ができている（切り方むき方・調味・加熱状態・盛りつけなど）	できていない(0) ／ ややできている(5) ／ できている(10)
7	料理が1人分として適量である	できていない(0) ／ できている(5)
8	料理の色彩や外観が美しい	できていない(0) ／ できている(5)
煮物 9	指定された調理法で指定された材料がすべて入っている	できていない(0) ／ できている(5)
10	基礎的な調理技術ができている（切り方むき方・調味・加熱状態・盛りつけなど）	できていない(0) ／ ややできている(5) ／ できている(10)
11	料理が1人分として適量である	できていない(0) ／ できている(5)
12	料理の色彩や外観が美しい	できていない(0) ／ できている(5)
飯（香の物含む）13	指定された調理法で指定された材料がすべて入っている	できていない(0) ／ できている(5)
14	基礎的な調理技術ができている（盛りつけなど）	できていない(0) ／ できている(5)
15	料理が1人分として適量である	できていない(0) ／ できている(5)
16	料理の色彩や外観が美しい	できていない(0) ／ できている(5)
17	全体の献立構成（材料の使用数と組み合わせ・味の組み合わせ・重複材料があるかどうか・季節感）がよい	できていない(0) ／ できている(5)

実技試験合格のために

　基礎技能は、『家庭料理技能検定公式ガイド』（以下『検定公式ガイド』）の「切る」「むく」の種目から各級１問、「調理技能」は３級・２級は料理１問、準１級と１級は献立１問が出題されます。

　基礎技能については、『検定公式ガイド』の手順の写真や「家庭料理検定」のホームページの動画を見ながら、正しく包丁を使えるように練習するとよいでしょう。調理技能についても、『検定公式ガイド』に詳細に合格のコツが記載されています。よく読んで、合格を目指してください。

家庭料理検定ホームページ　https://www.ryouken.jp/
『家庭料理技能検定公式ガイド３級 改訂版』『家庭料理技能検定公式ガイド１級・準１級・２級 改訂版』
（227ページ。ともに女子栄養大学出版部）

３級

1）基礎技能
　包丁の使い方をマスターすることで、料理の仕上がり（美しさ）がワンランク上がります。３級では、基礎的な「切る」、「むく」ができることを目的に、試験問題が設定されています。
　まず、身支度を整え衛生面に配慮しながら、正しい姿勢、正しい包丁の持ち方、適切な切り方でていねいに何度でも練習し、均一に切れるようにしましょう。次に、少しずつスピードを上げて、指定時間で切れるようになるまで練習しましょう。早く切れても、均一に切れていなければ合格に結びつきません。
・「切る」：大根やきゅうりなどの食材を、同じ厚さに切ることができるようになりましょう。食材を押さえる手が大切です。包丁は真下に押し切るのではなく、前にスライドさせるように切るのがコツです。
・「むく」：丸ごとのじゃが芋や、等分に切ったりんごなどの食材の皮を、一定の厚さでなめらかにむくことが目標です。包丁を持つ手と食材を持つ手の動きを覚えましょう。

2）調理技能
　日常の食事によく用いられている、単品の料理（主菜・副菜・汁）を作ることが課されます。
①計量器具を正しく扱い、正確に調味料を計量すること。
②調理に必要な用具の扱い方を理解すること。
③料理に応じた切り方や下処理ができること。
④料理ごとの加熱加減を理解して、調理すること。
⑤食材や器具（まな板、包丁、なべなど）を衛生的に取り扱えること。

　3級の『検定公式ガイド』の巻頭カラーページの料理は、日常的に取り入れて、作れるようにしておきましょう。

2級

1）基礎技能

　3級よりやや高度な「切る」こと、「むく」ことができること。包丁の使い方が上達すると、3級より美しい仕上がりの料理が作れる力につながります。

　切り方の種類も、薄切り・細切り・せん切り・みじん切りと、バリエーションが多くなります。せん切りをそろえるためには薄切りの技術が必要なので、それぞれていねいに練習しましょう。いろいろな食材で練習することも上達の方法の1つです。たとえばせん切りは大根で出題されますが、にんじんやごぼう、キャベツなど、野菜の種類を変えて練習してみましょう。

　「むく」では、りんご1/2個を縦3等分にして皮をむきます。3級は2等分ですから切り分けやすいですが、2級の3等分は同じ大きさに切ることがむずかしくなります。角度をよく考えて切り分けてください。等分に切れない受験生が多く見られますので、合格のポイントの1つと考えられるでしょう。むくときは、1回に動かす包丁の距離を長く、なめらかにむいてください。

2）調理技能

　健康的な食生活を営むために、複数の食材を使った日常の自分の食事の1品（主食・主菜・副菜・汁それぞれ）が作れること。『検定公式ガイド』の巻頭カラーページの料理は、作れるようにしておきましょう。

　2級合格の要素には、3級で求められることに加えて、以下があげられます。
①複数の食材を用い、食材に適した切り方や加熱加減で料理を作れること。
②主菜には料理に適したつけ合わせも添えること。
③肉、魚、卵の生焼けなどのない、衛生的に心配のない安全な料理であること。

　もちろん、2級の基礎技能を用いての美しい料理であることが要求されます。

準1級

1）基礎技能

　日常的な料理を作る技術として完成度の高いレベルが求められます。基礎的な包丁技術が完成している級になります。

「むく」はりんごの丸むきで、1級の「かつらむき」の導入技術です。一定の厚さに長くなめらかにむけるようになること。これができると、1個分の皮がぜんぶつながった状態になります。

「切る」は大根、きゅうりなど、素材のかたさを問わず、より細くそろったせん切りができること。細いだけではだめで、そろっていることが重要です。そのためには第一工程の薄切りを同じ厚さにそろえるように練習してください。特にきゅうりのせん切りは、曲がったきゅうりに対して包丁の角度を少しずつ変えていくことで、そろった薄切りを作ることができます。薄切りがそろわないとせん切りはそろいません。

2）調理技能

日常の1食の献立料理が時間内に作れること。料理は基礎技能が備わっていないと合格できないので、きれいに効率よく調理ができるように練習してください。合格のために必要な条件は主に下記の3つです。

①問題に各料理の作り方が記載されているので、その条件を読み込む力があること。

②料理を指定通りに試験時間内に作り終われること。

③準1級の料理として、正しい味で、見た目も美しく盛りつけられていること。

切り方の指定がミリ単位で決められている料理もあるのに、まったくできていない作品が多く見られます。どんな条件なのか、よく頭に入れてから作りましょう。条件通り作っても、盛りつけが汚い、量が多い等で減点されることもあります。1人分の量を確認し、美しく盛りつけましょう。終了後に作った献立全体を見て、盛りつけなどを修正する時間の余裕が欲しいところです。

1級

1）基礎技能

日常の料理ではなく、お祝いや行事の食事、お客さま向けの食事が整えられる技術力が要求されます。切り方・むき方は、美しいだけでなくかなりのスピードが必要です。1級では、基礎技能と調理技能は同一試験時間内で両方を行います。たとえば90分の試験時間内にお客さま向け献立と大根のかつらむきを行うという試験内容だったら、90分以内であればかつらむきはいつ行ってもよいという方式です。

1級の「切る」は2mm以下のせん切りで、大根かにんじんです。2mmでも1mmでもいいので、そろっていることが重要です。1mmと2mmのものが混じり合った状態では合格できません。

「むく」は大根のかつらむきが課されます。かつらむきが上手になると、すべての食材の「むく」技術が格段に上がります。高さ5cmの大根は最初は難しいので、2〜3cmの低い状態から練習を始め、だんだん高さを増していくと、スムーズに上達します。まっすぐで均

ーなかつらむきを目指してください。

2）調理技能

　おもてなし料理を作成しますが、対象者のライフステージに合わせた栄養的配慮もできなくては合格に結びつきません。不合格者の作品は、『検定公式ガイド』をまったく読みこなせていないものが多く見られます。この級の完成度は高いレベルが要求されますから、まずは『検定公式ガイド』通りの見た目に作れるように何度も練習してください。

　おもてなしの献立なので、たんぱく質量が少し多くなっても大丈夫です。使用する食材は、ていねいに美しく下処理をし、調味や加熱もタイミングを考えて行うようにします。知識試験で得た知識を活用して調理してください。

『家庭料理技能検定公式ガイド 改訂版』のご案内

5級

食べるってたいせつ！
作るって楽しい！

AB判／120ページ／1,760円（税込）

小学校高学年向き。
食事の役割や食卓のととのえ方、栄養素の働き、調理の仕方などが学べます。楽しいイラストとクイズが満載で、子どもが楽しみながら読み進めることができます。

4級

食べることは、
未来の自分をつくること

AB判／128ページ／1,870円（税込）

おもに中学生が対象のレベル。
食事の役割や献立の立て方、野菜の切り方、調理の基本などをイラストつきで解説。料理レシピも掲載しているので、3級以上の実技試験に備えてぜひチャレンジを。

3級

料理の基本をマスターし、
食と健康の基礎を学ぶ

B5判／152ページ／2,860円（税込）

健康で安全な食生活の知識が学べます。3級から課せられる実技試験の対策も充実。料理の作り方をプロセス写真で紹介し、合格例や不合格例を示すなど、合格のポイントをわかりやすく解説します。

1級・準1級・2級

おいしい家庭料理を極め、
みんなの健康をつくる

B5判／248ページ／3,850円（税込）

健康で安全な食生活のための専門的な知識を持って、2級では、日常の料理を作ることが求められます。準1級では同様に、目的に応じた献立・調理ができること、1級は対象者に応じた献立・調理ができることが求められます。
本書では、それぞれの級に必要な技能と知識を解説し、合格へと導きます。

3級・2級レベル！
○×クイズで解く

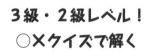

「うす口しょうゆは
濃い口しょうゆよりも
塩分が低い。○か×か？」
さて、正解は？※

ポケット版
家庭料理クイズ
新書判／224ページ
1,430円（税込）

この○×クイズを解くうちに、食事のマナーや食文化、食材や栄養の知識、調理の基本、食の安全、バランスのよい献立の立て方など、家庭料理に役立つ知識が自然と身につきます。

※正解は×。うす口しょうゆのほうが食塩濃度は約2％高くなります。

料検公式キャラクター

まだまだ
たくさんの仲間が
いるよ！

監修●香川明夫
●家庭料理技能検定専門委員会 編
協力●石田裕美 豊満美峰子 児玉ひろみ

デザイン・DTP●株式会社ビードット
校閲●くすのき舎
編集●株式会社ビーケイシー

家庭料理検定 公式サイト　https://www.ryouken.jp

家庭料理検定 模擬問題集
2024 年 4 月 20 日　初版第 1 刷発行

発行者●香川明夫
発行所●女子栄養大学出版部
〒 170-8481　東京都豊島区駒込 3-24-3
TEL 03-3918-5411（販売）
　　 03-3918-5301（編集）
ホームページ　https://eiyo21.com/

印刷・製本●株式会社ビードット

ISBN978-4-7895-6025-2
© Kagawa Education Institute of Nutrition 2024, Printed in Japan